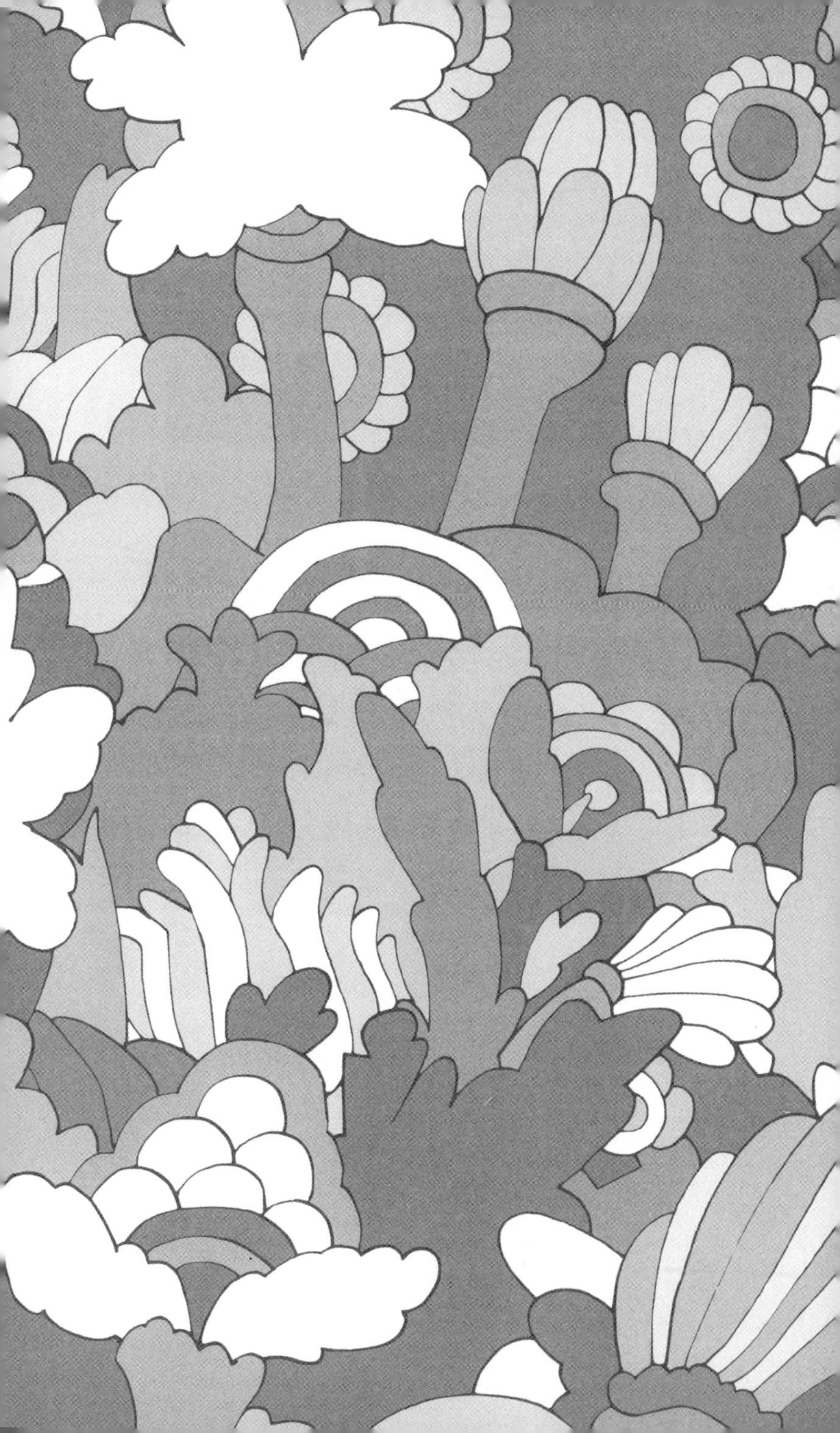

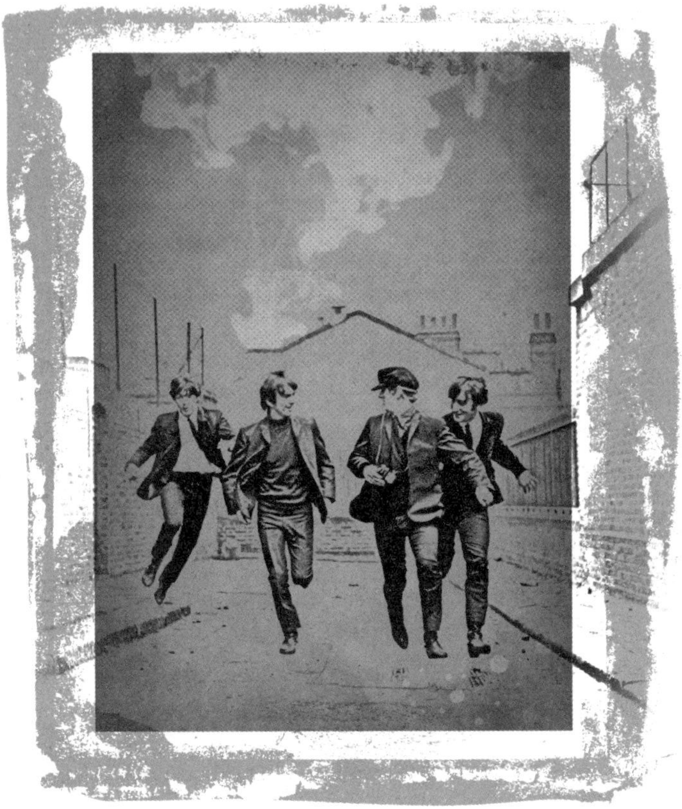

Maik Brüggemeyer

Schöner kann es gar nicht sein

The Beatles von 1957 bis 1970

Reiffer

Maik Brüggemeyer
Schöner kann es gar nicht sein
The Beatles von 1957 bis 1970

Umschlaggestaltung und Illustrationen
von Karsten Weyershausen
Lektorat: lektorat-lupenrein.de

Hergestellt mit Materialien aus verantwortungsvollen
Quellen (FSC® C107574)

ISBN 978-3-945715-43-7

Verlag Andreas Reiffer, Hauptstr. 16 b, D-38527 Meine
www.verlag-reiffer.de

»I say in speeches that a plausible mission of artists is to make people appreciate being alive at least a little bit. I am then asked if I know of any artists who pulled that off. I reply, ›The Beatles did‹.«

aus *Timequake* von Kurt Vonnegut

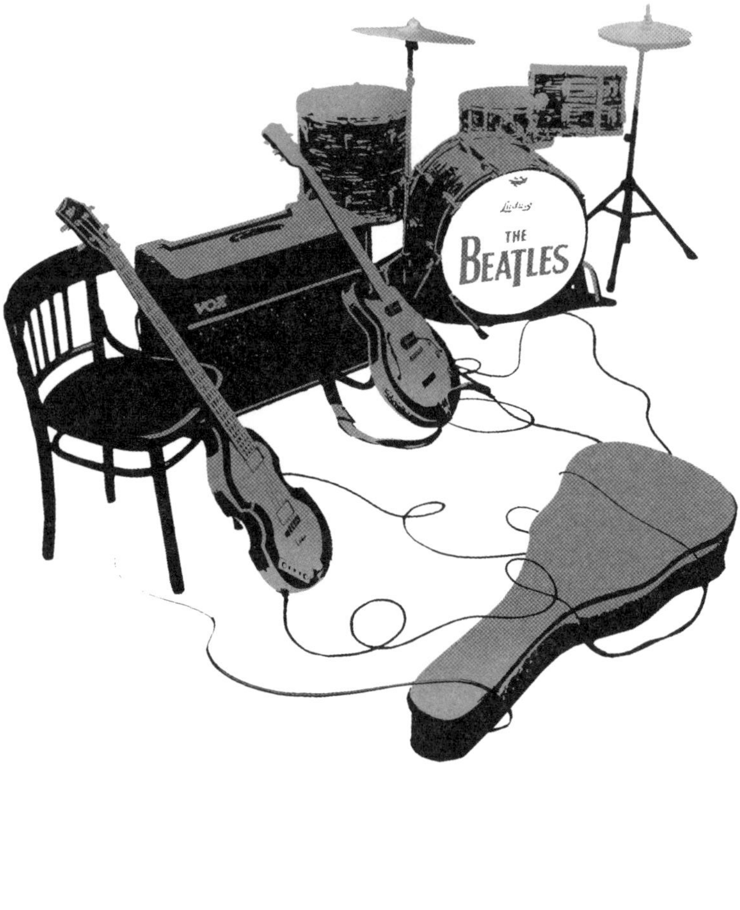
THE
BEATLES

Inhalt

Schöner kann es gar nicht sein

The Beatles von 1957 bis 1970 (und noch ein bisschen weiter)

Weit und breit kein Pilzkopf in Sicht. Camillo Felgen schaute auf die Uhr. Sie hatten schon fast eine Stunde Verspätung. Der elegante Sänger und Radiomoderator aus Luxemburg wartete in einem Tonstudio an der Rue de Sèvres im vornehmen Pariser Vorort Boulogne-Billancourt. Neben ihm saß Otto Demmler von der deutschen Niederlassung der Plattenfirma *EMI* in Köln, der die Idee zu dieser Reise hatte. Er hatte ihm, Felgen, den Auftrag gegeben, die beiden größten Hits der britischen Band The Beatles, »She Loves You« und »I Want To Hold Your Hand«, ins Deutsche zu übersetzen, denn mit dieser englischsprachigen Musik, so glaubte Demmler, könne ein Großteil der bundesrepublikanischen Jugend nicht viel anfangen. Und nun sollte Felgen den vier jungen Männern mit den langen Haaren helfen, seine Texte fehlerfrei zu singen. Sie konnten zwar ein bisschen Deutsch, weil sie zwei Jahre lang regelmäßig längere Gastspiele im Rotlichtmilieu von St. Pauli bestritten hatten, aber vermutlich würde das nicht reichen, um unfallfrei durch die beiden Lieder zu kommen.

Ihr Tontechniker Norman Smith und ihr Produzent George Martin waren bereits da, und Demmler ging zu ihnen in den Kontrollraum, um zu fragen, wo die Band denn bliebe. Martin rief sofort im noblen Hotel *George V.* im 8. Arrondissement an, wo die Beatles untergebracht waren. Es ging aber nur ihr Freund und Assistent Neil Aspinall ans Telefon. Er erklärte, die Beatles hätten keine Lust auf so eine alberne Aufnahmesession und sich entschlossen, im Hotel zu bleiben. Martin, nicht nur der Produzent der Band, sondern mit seinen 38 Jahren auch eine Art Erziehungsberechtigter, nahm gleich ein Taxi, um seine Jungs persönlich ins Studio zu zerren. So hatten sie ihn noch nie hängengelassen.

Als er an der Avenue George V aus dem Taxi stieg, schäumte er vor Wut. Rannte die Treppen zur Beatles-Suite hoch, riss die Tür auf und sah eine gemütliche Teerunde, in deren Mitte die rothaarige Schauspielerin und McCartney-Freundin Jane Asher an ihrer Tasse nippte und aussah wie Alice im Wunderland. Als die Beatles sahen, wer da in den Raum gestürmt war, stellten sie hektisch ihre Tassen ab, stoben in alle Richtungen und versteckten sich hinter Sofas, Stühlen und Lampenschirmen, wie anderthalb Jahrzehnte später die Mitglieder der Volksfront von Judäa bei einer römischen Razzia in Monty Pythons *Das Leben des Brian*. Da musste selbst der strenge und immer korrekte Martin lachen.

Zwei Tage später kamen die vier dann doch noch ins Studio. Eigentlich wollten sie nur ihre nächste Single »Can't Buy Me Love« aufnehmen, die bereits im März erscheinen sollte, aber wo sie schon mal da waren, erklärten sie sich reumütig bereit, auch die beiden deutschen Lieder noch einzusingen. Camillo Felgen war vor Ort und zeigte ihnen seine Texte. Er hatte versucht, die Übersetzungen möglichst einfach zu halten, damit sie leicht zu singen waren. Das wurde den Originalen nicht unbedingt gerecht, zumal er mit seinen 43 Jahren nicht gerade auf der Höhe der Jugendsprache war. So machte er aus dem lässigen »She says she loves you/ And you know that can't be bad« das schlagerhafte »Oh, ja sie liebt dich/ Schöner kann es gar nicht sein«.

Dass in Übertragungen jeglicher Art immer etwas verloren geht – egal ob man einen Text vom Englischen ins Deutsche übersetzt oder versucht, den Reiz eines Songs in einer Rezension in Sprache auszudrücken, ob man über eine andere Kultur schreibt oder als Nachgeborener über ein historisches Phänomen –, wurde mir sehr schnell klar, als ich begann, für den *Rolling Stone* über Popmusik zu schreiben. Doch im besten Fall können Leser solcher Übertragungen auch etwas gewinnen: ein Verständnis und eine emotionale Direktheit, die sich nur in der Muttersprache einstellen auf der einen Seite, eine Distanz, die einen Zusammenhänge besser erkennen lässt, auf der anderen. Das ist jedenfalls immer meine Hoffnung, wenn ich über Musik schreibe. Abgesehen davon möchte ich natürlich meine Liebe zum Gegenstand meines Schreibens vermitteln. Daher schien mir der Titel »Schöner kann es gar nicht sein« – als Charakterisierung eines Traumjobs, über das schreiben zu dürfen, was einen mit Leidenschaft erfüllt, und zugleich als Erinnerung an den ersten Beatles-Übersetzer im Speziellen und die Probleme der Übersetzung im Allgemeinen – geradezu ideal für diesen Band, der viele der Texte vereint, die ich in den vergangenen Jahren über die Beatles geschrieben habe.

Mein allererster Text über die Band war tragischerweise ein Nachruf auf George Harrison, der im November 2001 starb. Ich war damals Mitte 20, hatte gerade mein Studium beendet und war nach Hamburg gezogen, um als Redakteur beim *Rolling Stone* zu arbeiten. Harrison war seinerzeit mein Lieblings-Beatle. »Die Nachricht von Georges Ende traf mich nicht unerwartet«, schrieb ich damals. »Doch wünscht sich wohl niemand, vom RTL-Morgenmagazin über den Tod eines Weggefährten informiert zu werden. Die anschließenden Nachrufe gefielen mir alle nicht besonders. George war vielleicht der ›stille‹, unscheinbare Beatle, aber auch derjenige, mit dem man sich am besten identifizieren konnte. John war cool, keine Frage – aber am Ende auch ein Pantoffelheld und außerdem längst tot. Paul war ein genialer Musiker – aber auch brav und bieder. Ringo war etwas dümmlich und am Ende dafür verantwortlich, dass auf fast jeder Beatles-Platte ein schwacher Song drauf ist. George dagegen schien einfach sein Ding zu machen. Mit der Zeit gewann er als Korrektiv an Einfluss, schrieb wundervolle Songs wie ›You Like Me Too Much‹ und ›Love You To‹, machte als erster Beatle eine Soloplatte und brachte mich Jahre später mit ›If Not For You‹ von ›*All Things Must Pass*‹ auf Dylan (...) Außerdem erschien er gerade aufgrund seiner linkischen Zurückgezogenheit besonders geheimnisvoll und kam bei Mädchen, die ich mochte, damit am besten an.«

Als ich für dieses Vorwort meinen ersten Beatles-Text noch einmal las, konnte ich nicht glauben, was ich damals geschrieben hatte. Pantoffelheld? Brav und bieder? Dümmlich? Keines der wohl in jugendlichem Über-

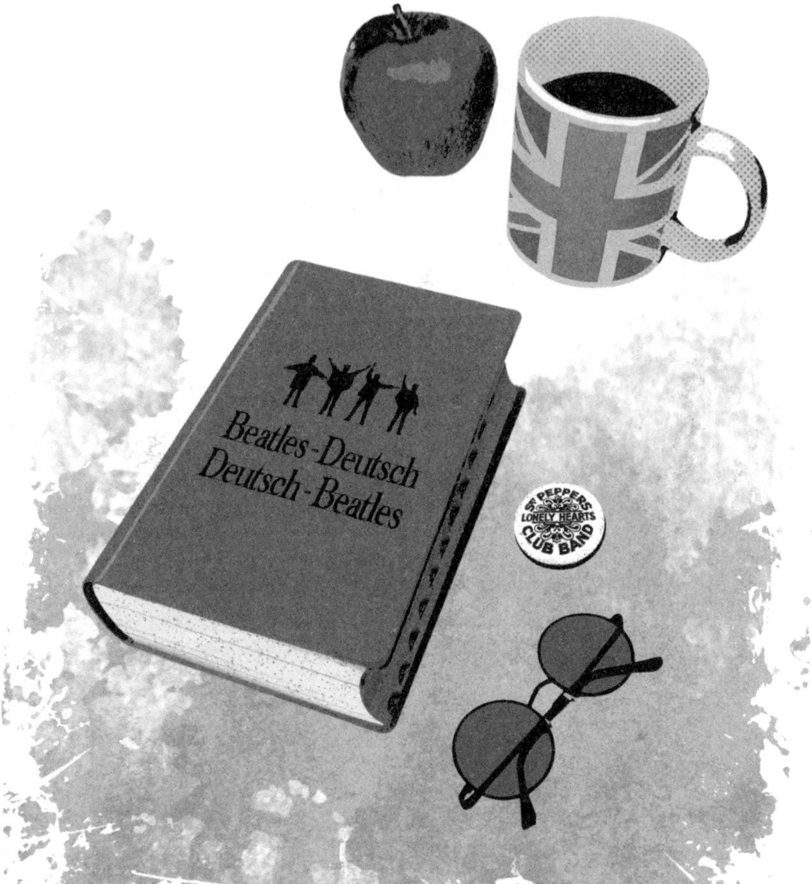
Beatles-Deutsch
Deutsch-Beatles
SGT. PEPPERS
LONELY HEARTS
CLUB BAND

schwang aus der Perspektive eines trauernden George-Fans gefällten (Vor-)Urteile schien mir noch zutreffend, und ich bin mir ziemlich sicher, dass sie auf den folgenden Seiten alle widerlegt werden.

Man sagt ja immer, Kindern sei der lustige Ringo der Liebste, für rebellische Teenager müsse es dann John Lennon sein, sinnsuchende Studenten folgten George Harrison, und wer vorhabe, selbst eine Familie zu gründen und das Leben und die Liebe ein bisschen besser verstanden habe, bevorzuge Paul McCartney – am Sterbebett jedoch kämen dann Zweifel: Ist vielleicht am Ende doch Ringo der beste Beatle?

Ich bin, da ich dies schreibe, 44 Jahre alt und daher in meiner Paul-Phase, die im September 2005 allerdings nicht mit der Gründung einer Familie begann (auch wenn es zu der Zeit erste Versuche gab), sondern mit der Veröffentlichung seines Albums »*Chaos And Creation In The Backyard*«, auf dem er, getrieben von dem Radiohead-Produzenten Nigel Godrich, alle Register seines Könnens zieht und noch einmal den klassischsten und romantischsten aller Beatles, den Beathoven quasi, gibt.

Knapp drei Jahre später hatte ich Gelegenheit, meinen neuen Lieblings-Beatle persönlich zu treffen: 2008 durfte ich in den *Abbey Road Studios* der Vorstellung eines Albums beiwohnen, das er mit dem Produzenten Youth unter dem Projektnamen The Fireman aufgenommen hatte. Ein Angestellter der Plattenfirma bat die versammelten Journalisten ins Studio 3, um uns die Platte vorzuspielen. Die Beatles, die normalerweise im größeren Studio 2 aufgenommen hatten, hatten hier während der Sessions zu »*Revolver*«

und dem so genannten »Weißen Album« öfter gearbeitet. Es gab Kaffee aus *Abbey Road Studio*-Tassen, von denen keine einzige mehr auf dem Tisch stand, als die neue Fireman-Platte, die den Titel »*Electric Arguments*« trug, an ihr Ende gekommen war – alle hatten sich ein Souvenir aus dem berühmtesten Tonstudio der Welt mitnehmen wollen und stiekum in ihre Jacken und Jutebeutel gesteckt. Schien niemanden zu stören. (Als ich meine Beute am nächsten Tag zu Hause ausspülte, stellte ich fest, dass auf dem Boden der Tasse eine Art Stempel aufgedruckt war: »Stolen from Abbey Road Studios«.)

Anschließend gab es Wein und Snacks, und ich alberte mit einem österreichischen Kollegen rum. Plötzlich stand McCartney leibhaftig in der Tür: »Hello Guys«, sagte er, mischte sich unter die Journalisten und beantwortete Fragen. »Hello Paul, do you remember me?«, fragte etwa eine junge, asiatisch anmutende Frau, »We did a telephone interview five years ago.« Der Angesprochene antwortete: »Yes, sure! You're from Japan, right?« Als ich an die Reihe kam, hatte ich mir schon genügend Mut angetrunken, um ihm eine vollkommen irrelevante Nerd-Frage zu stellen, die er geduldig und höflich beantwortete, nachdem er mich nach meinem Namen gefragt hatte. Anschließend klopfte er mir lachend auf die Schulter.

In den folgenden Jahren, als die Alben der Beatles runde Jubiläen feierten, die im *Rolling Stone* jeweils mit längeren Artikeln begangen wurden, kam ich noch öfter ins Studio an der Abbey Road, um mir beispielsweise bis dahin unveröffentlichte Aufnahmen anzuhören, die in einer Jubiläums-Edition erscheinen sollten, oder mit George Martins

Sohn Giles zu sprechen, der ebenfalls Produzent geworden war und die Aufgabe hatte, die alten Platten soundtechnisch in die Gegenwart zu holen. Auch er ist also – wie Camillo Felgen und ich – ein Übersetzer.

Im September 2019 schrieb ich in einer Ankündigung zur Oktoberausgabe des *Rolling Stone* mit einer Titelstory zum 50. Geburtstag von »*Abbey Road*« in den sozialen Medien etwas vollmundig: »Ich schätze, all meine Beatles-Artikel der letzten Jahre würden zusammen mittlerweile ein gar nicht so dünnes Buch ergeben.« Mein hochgeschätzter Kollege Frank Schäfer hat sich ein Jahr später dankenswerterweise daran erinnert, als er mit Andreas Reiffer über mögliche Projekte für dessen Verlag sprach. So ist daraus nun tatsächlich ein Buch geworden, das, erweitert um einige umfangreiche, bisher unveröffentlichte Texte, persönliche Anmerkungen und nicht zuletzt die wundervollen Illustrationen von Karsten Weyershausen, tatsächlich gar nicht mal so dünn ist.

Dear Sir or Madam, will you read my book? It took me years to write, will you take a look?

Maik Brüggemeyer

In Liverpool

2018

Eigentlich hat alles damit begonnen, dass ich mich, noch Grundschüler, mit meinem Freund Thorsten durch die Plattensammlung seiner Eltern hörte. In der fanden sich neben Platten des Deutschrocksängers Udo Lindenberg und des Komikers Otto Waalkes auch das rote und das blaue Doppelalbum der Beatles. Zwei Sammlungen ihrer bekanntesten Stücke, die die Jahre 1962 bis 1966 (rot) beziehungsweise 1967 bis 1970 (blau) abdeckten (und in den Farben der beiden wichtigsten Fußballklubs der Stadt Liverpool gehalten sind). Mir war nach einem Nachmittag, den wir versunken in diese Musik verbrachten, klar, dass ich nicht mehr ohne diese Lieder würde leben können. Also erschien ich am folgenden Nachmittag mit meinem tragbaren Telefunken-Rekorder und zwei Leerkassetten erneut bei Thorsten und schloss mein Gerät über ein sehr dickes Kabel an den Dual-Plattenspieler seiner Eltern an. Mit meiner Beute zurück zu Hause, verließ ich mein Zimmer in den folgenden Jahren nur, wenn es unbedingt nötig war. Etwa um zur Schule zu gehen, bei Ferienjobs genügend Geld zu verdienen, um weitere Beatles-Platten kaufen zu können, und in unserer örtlichen Pfarrbücherei und der zehn Kilometer entfernt liegenden Bibliothek der nächsten Kleinstadt nach Büchern und Zeitschriften zu suchen, in denen ich Informationen über die Band finden konnte. Als Teenager besuchte ich in der Dortmunder Westfalenhalle mein erstes McCartney-Konzert, als Student verfolgte ich die *Beatles Anthology* im Fernsehen. Warum ich mich erst mehr als 30 Jahre nach meiner ersten Bekanntschaft mit den Beatles nach Liverpool aufmachte, ist mir selbst ein Rätsel. Doch einen perfekteren Anlass hätte es nicht geben können.

Aber der Reihe nach: Im Juni 2018 traf ich Giles Martin, den Sohn des Beatles-Produzenten George Martin, zum Interview in seinem Büro/Studio an der Abbey Road, um über die Neuauflage des als das »Weiße Album« bekannten Beatles-Doppelalbums von 1968 zu sprechen. Anschließend gab er mir eine kleine Tour durch das Studiogebäude, in dem die meisten Beatles-Aufnahmen entstanden sind. Er zeigte mir ein altes Mischpult, an dem sein Vater gearbeitet und das Klavier, auf dem Paul McCartney »Lady Madonna« gespielt hatte. Dann gingen wir für einen Kaffee in die Kantine, in der auch die Beatles schon ihre Marmite-Sandwiches gegessen hatten, und ich fragte ihn, ob er etwas über das bald erscheinende neue McCartney-Album wisse – er wusste offenbar mehr, als er mir erzählen wollte oder durfte. Ein paar Wochen später lud mich die Plattenfirma *Universal* nach Liverpool ein, wo McCartney, der gerade durch eine Folge der Reihe »Carpool Karaoke« des britischen Komikers James Corden einen Internet-Hype ausgelöst hatte, »ein Geheimkonzert« spielen sollte. Und wem lief ich dort über den Weg? Giles Martin. »Was machst du denn hier?«, fragte er und grinste wissend. Er war eigentlich gerade mit den Aufnahmen zum Soundtrack des Elton-John-Biopics *Rocket Man* beschäftigt, hatte sich aber zwei Tage freigenommen, um bei – wie sich herausstellte – zwei (!) Geheimkonzerten von McCartney für einen guten Klang zu sorgen und sie für eine mögliche Dokumentation aufzuzeichnen. Meine Geschichte über diese Reise mit dem neuen McCartney-Album »*Egypt Station*« als Schwerpunkt erschien als *Rolling Stone*-Titelgeschichte im September 2018. Der folgende Text legt den Blick stärker auf die Beatles, ihre Herkunft und die Magie des Ortes.

Die Liverpool Cathedral lag an diesem sonnigen Augusttag hinter einem diesigen Schleier, man konnte die Möwen hören, die kreischend den mächtigen Turm umkreisten. Einige von ihnen machten sich in einem Bogen über die Arbeiterhäuser und Pubs auf dem kleinen Hügel, von dem aus ich auf dem Bürgersteig der Hope Street stehend das alles beobachtete, zum Hafen auf. Bei diesem Anblik begann in meinem Kopf eine Mundharmonika zu spielen, in der die Schreie der Vögel, die diesige Luft und die Sehnsucht nach dem Meer und dem Land auf der anderen Seite des Ozeans mitschwangen. Das Lied, das sie spielte, war eng mit diesem Ort verbunden, ja, es *war* quasi dieser Ort, denn die beiden jungen Männer, die es geschrieben hatten, kamen aus dieser Stadt, waren nur ein paar Meter von dort, wo ich stand, zur Schule gegangen – zum Liverpool Institute for Boys in der Mount Street und der benachbarten Kunstakademie. Auch der Pub, den sie oft nach der Schule besuchten, war nicht weit. Ein unscheinbares weißes Haus mit schwarz umrandeten Fenstern und Türen und einem links vom Eingang baumelnden Blechschild mit dem Schriftzug der Bass-Brauerei, darunter stand klein der Name der Kneipe: *Ye Cracke*. Ich summte das Lied leise vor mich hin: »Da-da-da, da-da dum-dum-da, Da-da-da, da-da dum-dum-da/ If there's anything that you want/ If there's anything I can dooo/ Just call on me and I'll send it along/ With love, from me to you«.

Ich hatte mir vorher eigentlich nie viel aus diesem Song gemacht, aber nun schien er mit einem Mal der Schlüssel zu allem zu sein, was mich die vergangenen dreißig Jahre beschäftigt hatte. Ich hatte viel gelesen über Liverpool und die dort in den 1950er-Jahren entstandene verlangsamte, mehrstimmig gesungene Spielart des Rock'n'Roll, die man Merseybeat nannte und aus der eine neue bunte Welt hervorging, die man noch immer Popmusik nennt. Die Beatles waren und sind für mich das Fundament und der Himmel dieser Leidenschaft.

Ich hatte mich im *Britannia Adelphi Hotel* einquartiert, einer recht heruntergekommenen Touriabsteige, deren einstige Größe man nur noch erahnen konnte. In der riesigen Lobby, in der nun vor allem gerade aus dem Reisebus gestiegene oder gleich in den Reisebus steigende Senioren mit Beatles-T-Shirts auf Rollkoffern saßen, hatten einst Pagen das Gepäck von Frank Sinatra oder Judy Garland entgegengenommen, unter den von hohen dunklen Decken majestätisch herabhängenden Kronleuchtern, wo nun Bingo gespielt wurde, hatten einst Staatsmänner wie Franklin D. Roosevelt und Winston Churchill diniert, und auf einem der wegen Einsturzgefahr abgesperrten Balkone hatte 1965 Bob Dylan gestanden, um zwei nordenglische Mädchen in seine Suite hochzuwinken und ihnen vor der Handkamera des Dokumentarfilmers D.A. Pennebaker sein neuestes Album »*Bringing It All Back Home*« vorzuspielen.

Aber das waren alles nicht die Gründe, warum ich hier abgestiegen war. Die Spur von John Dykins, der hier in den 1950er-Jahren eine Zeitlang als Sommelier gearbeitet hatte, hatte mich hergeführt. Alle nannten ihn »Bobby«, nur der freche Sohn seiner Geliebten Julia nannte ihn »Twitchy«, weil Mr. Dykins einen nervösen Tick hatte. Dieser vorlaute Junge war John Lennon.

Selbst wenn man sich nicht so gewissenhaft wie ich auf den Besuch dieser Stadt vorbereitet hat, kann man den Beatles hier nicht entkommmen. Liverpool ist mehr oder weniger ein Beatles-Museum – man kommt am John Lennon Airport an, kauft sich die Walrus Card, um den Bus nutzen zu können, und läuft durch die von Menschen mit Beatles-Stadtplänen verstopften Straßen, während aus den mit Beatles-Fotos geschmückten Kneipen Beatles-Songs dröhnen.

Aber trotz des ganzen Trubels habe ich bei meinem Besuch diese stillen Momente erlebt, in denen ich mich ihnen ganz nah fühlte, in denen der Ort, das Leben und die Musik eins wurden wie die Hope Street, die Möwen und »From Me To You«.

Als ich John Lennons Weg von Mendips, dem Haus seiner Tante Mimi an der Menlove Ave, wo er aufgewachsen war, zur Quarry Bank High School for Boys nachging und dabei den Calderstone Park durchquerte, wurde mir bewusst, dass seine Spaziergänge durch den Central Park ihn ein Vierteljahrhundert später an seinen Schulweg erinnert haben mussten – und sah die viktorianische Villa, die die Heilsarmee einst als Waisenhaus genutzt hatte und die sich in einem Park befindet, der Strawberry Field heißt und in dem Lennon als Kind gespielt hatte, nicht ziemlich genauso aus wie das *Dakota Building*, in dem er seine letzten Jahre gelebt hatte? Vermutlich hatte er sich deswegen von Mimi Uhren und Bilder aus Mendips nach New York schicken lassen.

Den größten Eindruck allerdings machte auf mich das kleine Wohnzimmer einer historischen Sozialwohnung an der Forthlin Road im Liverpooler Stadtteil Allerton, wo die McCartneys einst gewohnt hatten. Ich hatte Bilder gesehen, die Paul und John zeigten, wie sie hier am Klavier oder mit ihren Gitarren auf dem Sofa gesessen und Lieder geschrieben hatten. Da man auf jedem dieser Bilder im Hintergrund eine andere Tapete erkennen konnte, hatte ich gedacht, dass es eine recht große Wohnung mit vielen Räumen gewesen sein musste. Nun stellte ich fest, dass jede Wand in diesem kleinen Zimmer mit einem anderen Muster tapeziert war: Eine zeigte asiatisch anmutende Motive vor hellblauem Hintergrund, eine war beige mit Ziegelsteinumrissen drauf, und eine weiß.

Paul McCartney und sein Bruder Michael hatten diese Tapentenbahnen 1956 billig abgestaubt und in der frisch bezogenen Wohnung angebracht, damit ihre Mutter, Mary, auswählen konnte, welches Muster das richtige wäre. Doch Mary starb wenige Monate nach dem Einzug in das rote Klinkerhaus an Brustkrebs. Paul war da 14, Michael 12 Jahre alt. Das Wohnzimmer blieb, wie es war, und erzählte so von der Tragödie, aber auch von der finanziellen Lage der McCartneys. Mary war als Hebamme die Hauptversorgerin der Familie gewesen, ihr Mann Jim arbeitete für ein bescheidenes Salär im Baumwollhandel. Als Paul vom Tod seiner Mutter erfuhr, war das erste, was er unter Schock sagte: »Wie sollen wir ohne ihr Geld über die Runden kommen?«

Er ließ den Verlust nicht an sich heran, versuchte einfach, weiter zu funktionieren, flüchtete sich in die Musik. Jim, der in den 1920er-Jahren Bandleader einer Jazzcombo gewesen war, hatte ihm das Klavierspielen beigebracht, denn als Pianist sei man, so seine Begründung, immer der Mittelpunkt von Familienfeiern und werde von jedem gemocht und eingeladen. Man konnte sich die Liebe, die einem fehlte, erspielen. Diese Einsicht sollte Pauls Leben bestimmen. Bezeichnend, dass Mary ihm zwölf Jahre später im Traum erschien, als seine Freundschaft mit John in die Brüche ging, weil der mit Yoko Ono eine neue Kreativ- und Lebenspartnerin gefunden hatte. Darüber schrieb er einen Song. Auf dem Klavier natürlich. Er hieß »Let It Be«.

Das Klavier, das heute im Wohnzimmer an der Forthlin Road steht, ist nicht mehr das, auf dem Paul und John einst spielten. Doch Berühmtheiten wie die Blondie-Sängerin Debbie Harry oder die britische Folkmusikerin Judy Collins haben bei ihren Besuchen des vom National Trust in den Originalzustand zurückversetzten Hauses an diesem Instrument gesessen – und auch McCartney selbst setzte sich beim Dreh der »Carpool Karaoke«-Episode mit James Corden an der Forthlin Road ans Klavier und spielte ein Lied, das er im Alter von 16 Jahren genau dort komponiert hatte: »Will you still need me, will you still feed me/ When I'm sixty-four«, sang er, mittlerweile 76 Jahre alt, bei seiner ersten Rückkehr ins Haus seiner Jugend.

»Immer wenn ich nach Liverpool fliege, nehme ich mir am Flughafen einen Leihwagen, und wenn ich in Begleitung reise, fahre ich manchmal die alten Straßen lang, um alles zu zeigen«, erzählte McCartney ein paar Stunden nach meinem Besuch an der Forthlin Road seinen Studenten des Liverpool Instituts of Performing Arts (LIPA), das er 1996 ins Leben gerufen hat, um jungen Menschen den

Weg ins Popgeschäft zu erleichtern. Die saßen nun im großen Saal des LIPA, der den Namen »The Paul McCartney Auditorium« trägt, und durften ihrem Schulgründer Fragen stellen. Ich hatte mich mit ein bisschen Hilfe von Giles Martin auch hineingemogelt. Moderiert wurde das ganze vom ehemaligen Sänger der Band Pulp, Jarvis Cocker.

Früher war das Paul McCartney Auditorium die Aula des Liverpool Institute gewesen, einer High School für Jungs, die er zwischen 1953 und 1960 besucht hatte. Auch George Harrison, den er im Bus kennengelernt hatte, war dort Schüler gewesen. »Da wo ihr jetzt auf diesen komfortablen Sitzen Platz genommen habt, waren früher Holzbänke«, berichtete McCartney scinen Studenten. »Ich erinnere mich, wie ich in einer der hinteren Reihen saß und in einem Musikmagazin, dem *NME*, blätterte und ein Bild von Elvis sah *(es war eine Anzeige für die Single »Heartbreak Hotel«, Anm. des Verfassers)*. Wow! Wir waren verzaubert von diesem Typen, und als wir dann zum ersten Mal seine Platten gehört haben, war's das: Wir wollten so sein wie er!«

Bald darauf saß McCartney mit einem zwei Jahre älteren Freund aus einer feineren Gegend von Liverpool, den er im Sommer 1957 auf einem Kirchweihfest kennengelernt hatte und der das neben dem Institute gelegene Liverpool College of Art besuchte, im Wohnzimmer an der Forthlin Road und versuchte, eigene Lieder zu schreiben. Unter jeden Songtext, den sie notierten, schrieb er stolz »A Lennon–McCartney original«. Mittlerweile unterrichtet er selbst Songwriting-Klassen am LIPA.

»Ich weiß eigentlich bis heute nicht, wie man einen Song schreibt«, gestand McCartney. »Wenn ich mich hinsetze, um etwas zu schreiben, will ich auch gar nicht wissen, wie es geht und was ich als nächstes machen muss. Ich will nicht vorhersehbar werden. Wenn meine Studenten aus der Songwriting-Klasse mir ein Stück von sich vorspielen, kann ich nur sagen: ›Wenn ich mir vorstelle, dass wir diesen Song zusammen schreiben, würde ich dir jetzt das und das vorschlagen, aber du musst das nicht annehmen, denn es ist dein Song.‹ Aber meist nehmen sie meine Vorschläge an.« Dann schaute er ins Auditorium und lachte.

Als er mit Lennon angefangen habe, Lieder zu schreiben, sei die Faustregel immer gewesen, dass man sich am nächsten Tag noch an sie erinnern können musste, sagte er. Anders wäre es auch gar nicht gegangen, denn sie hatten weder ein Tonbandgerät, noch beherrschten sie den Notensatz. »John und ich haben nachmittags etwas geschrieben, abends sind wir ausgegangen, und da versuchte man sich dann zu erinnern: ›Wie war das noch? O mein Gott, ich hab's vergessen!‹ Aber am nächsten Morgen kam es meist zurück.«

Dass man heute jede Songidee gleich auf dem Smartphone festhalten könne, sei zwar bequem, aber nicht unbedingt hilfreich: »Ich habe Tausende von Skizzen auf dem Telefon. *(Hält sich seine linke Hand wie ein Telefon vor den Mund und singt:)* Da-da-dada-dap-dada-da – das müsste reichen, irgendwann werde ich das fertig machen. Ich habe also Tausende von Sachen, die ich fertig machen muss. Ich glaube, das ist nicht gut. Als man das noch nicht hatte, war man gezwungen, den Song sofort fertig zu machen.« Deswegen arbeite er am liebsten nach der alten, mit Lennon erprobten Methode: »Wenn ich die Anfangsidee für einen Song habe, muss ich sie zu Ende bringen. Das ist besser, als nach Monaten zu einem Fragment zurückzukehren und zu versuchen, den Vibe wiederherzustellen, in dem einem das damals eingefallen ist.«

Da hatte er nebenbei die Ästhetik des zeitgenössischen Pop erklärt. Die vielen kleinen Hooks und Ideen, das Fehlen großer Melodiebögen und eines Flows, der auf einem Album auch mal über ein einziges Stück hinausgeht, sind wohl dem wichtigsten Instrument des modernen Songwriters geschuldet: dem Smartphone.

Nachdem die Kameras ausgeschaltet waren, die diese Fragestunde für Fans weltweit übertragen hatten, gab McCartney seinen Studenten noch ein kleines intimes Privatkonzert: Mit akustischen Gitarren, Akkordeon und Besenschlagzeug spielten er und seine Band sich durch seine Vergangenheit. Mit »Confidante« stellte er auch einen neuen Song vor. »Ich saß eines Abends zu Hause und sah, wie mich eine Gitarre, die in einer Ecke stand, anschaute«, erzählte er. »Und ich erinnerte mich, wie exzessiv ich früher auf ihr gespielt hatte und wie sehr ich sie in den vergangenen Jahren vernachlässigt habe. Sie war mal mein Gefährte, mein engster Freund, da dachte ich, ich schreibe ihr ein Lied.« Eine Strophe des Songs sei vom Besuch der Beatles beim Maharishi Mahesh Yogi in Rishikesh im Februar/März 1968 inspiriert, wo Songs wie »Blackbird« und »Mother Nature's Son« auf ebendieser Gitarre entstanden: »In your reflected glory/ I could dream of shining far-off lands/ Where serpents turned to bits of string/ And played like kittens in the sand«

»Es war eine schöne und friedvolle Zeit, die wir nach all dem Trubel bitter nötig hatten«, so McCartney über die Indienreise der Beatles. »Abends gab es immer diese Meditations-Sessions mit dem Maharishi, einem sehr lustigen kleinen Mann, der kicherte wie ein kleines Kind. Und da war ein Typ aus New York, der schreckliche Angst vor Schlangen hatte, und der Maharishi hatte ihm geraten, seiner Angst ins Auge zu sehen. Eines Tages erzählte dieser Mann dann von einem Traum, den er gehabt hatte. Eine Schlange war auf ihn zugekrochen, und er hatte ihr in die Augen gesehen, bis sie sich in ein Stück Schnur verwandelte.«

Es war eine unwirkliche Erfahrung, McCartney so nahe zu sein, wenn er aus der fernen Vergangenheit erzählte, und ich zweifelte kurz, ob das nicht vielleicht doch eine Projektion war, die ich dort, ein paar Meter entfernt, lässig und frisch, wie man ihn aus Hunderten Clips kennt, vor mir sah. Doch dann stimmte die Band »From Me To You« an, das ich schon am Morgen ein paar Meter von hier vor mich hingesummt hatte, und ich meinte für einen Moment sogar, John Lennon auf der Bühne stehen zu sehen; er trug eine Fischermütze – sein Markenzeichen, bevor er die Nickelbrille aufsetzte. »Morgen geben wir ein Geheimkonzert in Liverpool«, verkündete McCartney verschwörerisch, bevor er und seine Band sich mit »We Can Work It Out« verabschiedeten.

Mit dieser Ankündigung versetzte er eine ganze Stadt in Aufruhr. In den nächsten Stunden war es egal, welches Gespräch auf den Plätzen oder in den Pubs man belauschte – der Name McCartney fiel immer irgendwie. Am nächsten Morgen um zehn Uhr wurden Zeit und Ort des Geheimkonzerts in den sozialen Medien bekanntgegeben:

zwei Uhr nachmittags im *Cavern Club*. Wo auch sonst? Es musste der legendäre Keller in der Mathew Street sein, den sie hier den »birthplace of the Beatles« nannten. Ist auch nicht ganz falsch. Zwar war der *Casbah Coffee Club* im Vorort West Derby ihre eigentliche Heimat, und ihre ersten Auftritte im *Cavern*, noch als The Quarrymen, hatten wenig Eindruck gemacht – ja, sie waren sogar des Clubs verwiesen worden, weil sie Rock'n'Roll spielten, der damals dort (noch) nicht gefragt war. Aber als sie im Februar 1961 von ihrem ersten Hamburg-Aufenthalt zurückkehrten, wurden sie schnell zur Attraktion, und es war im *Cavern*, wo ein 27-jähriger homosexueller jüdischer Kaufmannssohn namens Brian Epstein, der die Schallplattenabteilung der *North End Music Stores* (*NEMS*) leitete, sie im November 1961 zum ersten Mal sah. Er war damals tief beeindruckt, hatte gleich angeboten, ihr Manager zu werden, und steckte in einer ersten Amtshandlung die bis dahin Leder tragenden Teddy Boys in Anzüge. Also ja, der *Cavern* ist der Geburtsort der Beatles, wie wir sie kennen. 1973 musste der Club der Merseyrail weichen. 1984 wurde er wenige Meter entfernt »mit den Originalsteinen«, wie es heißt, wieder in den Liverpooler Untergrund gebaut.

Man musste schon einen siebten Sinn oder sehr gute Kontakte haben, um an eines der 250 Tickets für McCartneys Rückkehr in den neuen *Cavern* zu kommen (1999 spielte er erstmals dort). Zehn Minuten nach der Ankündigung standen die ersten glücklichen Fans mit Karten, die sie in der *Echo Arena* am Mersey erworben hatten, vor der Clubtür. McCartney fuhr etwa zwei Stunden später in einem silbernen Mercedes am Hintereingang vor – er saß selbst am Steuer, Security-Geleit gab es nicht, jedenfalls konnte man keines sehen. Vor dem Club warteten seine Fans derweil wie unruhige Tiere in umzäunten Reihen, und es gab in der gesamten Mathew Street trotz vieler Ordner und Polizisten kein Durchkommen mehr. Die Band begann ein paar Meter tiefer mit dem Soundcheck, nicht auf der originalgetreu nachgebauten *Cavern*-Bühne, sondern in einer sogenannten Live-Lounge, die mit moderner Technik ausgestattet war.

Als sich die Clubtüren öffneten, durften zuerst die Fans reinstürmen, dann die Presse. Wobei es unter den Kolleginnen und Kollegen wohl niemanden gab, der nicht auch ein Fan war. Mit jeder Stufe, die ich nahm, hatte ich das Gefühl, ein bisschen weiter in die Vergangenheit hinabzusteigen. Die Live-Lounge war noch nicht geöffnet, ich schaute mir die im Club ausgestellten Memorabilia an: alte Konzertplakate, Trommelfelle und Gitarren der Wings, ein Blatt Papier, auf das der Musiker Neil Innes den Text seines Songs »Cheese And Onions« geschrieben hatte, einer Beatles-Pastiche aus dem Soundtrack der herrlichen von ihm und Monty Pythons Eric Idle erdachten Mockumentary *All You Need Is Cash*, die eine parodistische Version der Beatles-Geschichte um eine Band namens The Rutles erzählt.

Dann hieß es, sich einen guten Platz zu verschaffen, um möglichst weit vorne zu sein, wenn die Live-Lounge sich öffnete. Es reichte bei mir für die siebte oder achte Reihe vor der Bühne. Der Club füllte sich weiter, und irgendwann konnte ich nicht mehr unterscheiden, ob es der eigene oder der Schweiß der anderen war, der mir die Glieder hinun-

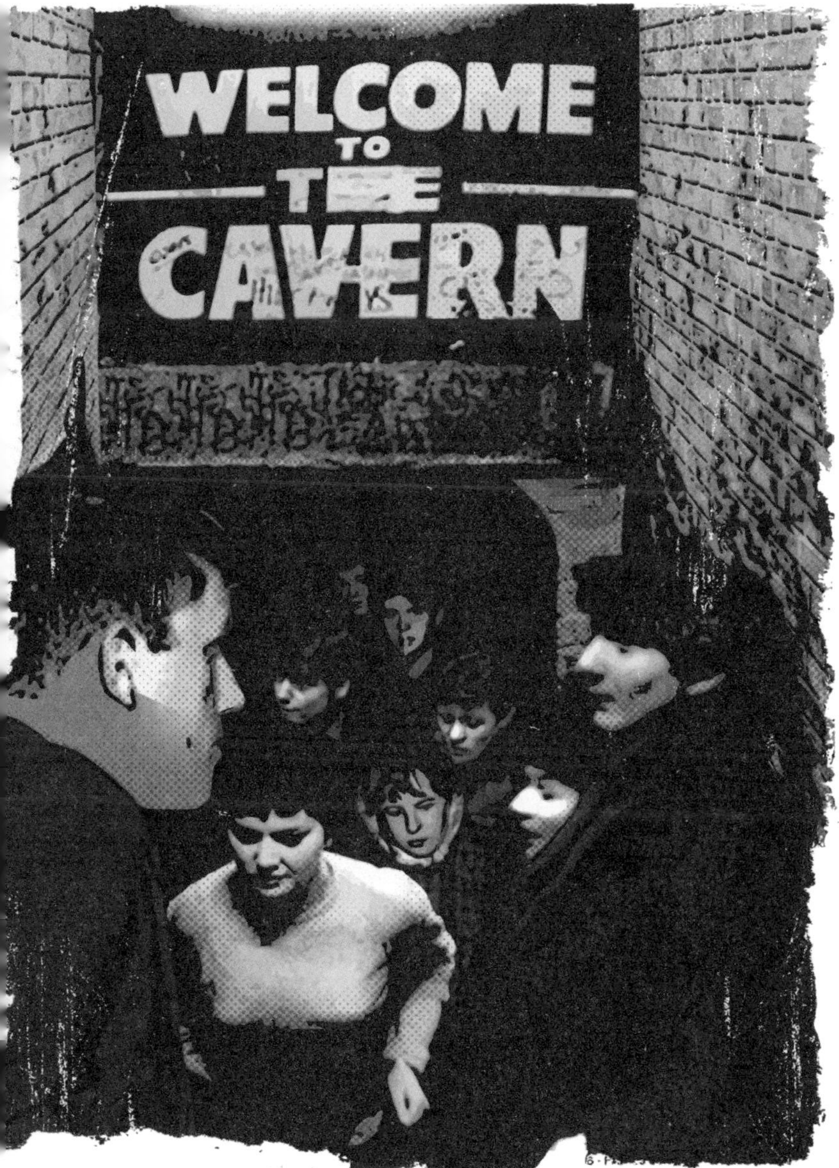
WELCOME
TO
CAVERN

terlief. Ein ziemlich intimer Moment. Zumal es nicht erlaubt war, ein Mobiltelefon zu benutzen und ich die großen Kameras, die ein paar Reihen hinter mir standen, nicht bemerkte – zum Umdrehen war es viel zu eng. Ich war so sehr in diesem Raum und der Erwartung auf das, was kommen würde, gefangen, dass ich zum ersten Mal wirklich verstand, warum einst bei der Beatlemania so viele Mädchen in Ohnmacht gefallen waren. Ich fühlte mich ihnen plötzlich sehr nahe. PAUL McCARTNEY – im *CAVERN*! Das Herz pochte. Ruhig ein- und ausatmen. War das ein Seitenstechen vor Aufregung? Nein, der Ellenbogen der jungen Frau mit dem Cowboyhut neben mir. Aus Los Angeles. Auf gut Glück angereist. »Ich hatte da Gerüchte gehört, dass hier was passieren würde.« Aha.

Als die Musiker um 14.15 Uhr die Bühne betreten, ist wirklich wieder 1964. »Liverpool!«, ruft Paul. »Cavern!« Und – ein Selbstzitat: »These are words that go together well!« Nach einem kleinen Jam, der die Gemüter nur unwesentlich kühlt, spielen sie Eddy Cochrans »Twenty Flight Rock«, das Lied, mit dem Paul 1957 John auf dem Kirchweihfest in Woolton so beeindruckt hatte, dass der ihn schließlich in seine Band nahm. Nach zwei Strophen hält er den Song an und ermahnt ein paar Fans, die die Magie auf ihren Telefonen festhalten wollen und sie genau dadurch natürlich verlieren – »Stick to the rules, man!« Dann geht es wieder die alte Straße der Erinnerung hinunter. Wie soll es auch anders sein an diesem Ort, dessen Magie auch McCartney erliegt? Als er hier mit den Beatles Anfang der 1960er-Jahre gespielt habe, erklärt er, hätten sie nicht gewusst, ob sie überhaupt eine Zukunft haben würden. »Aber ich glaube, es ist ganz okay gelaufen«.

»Magical Mystery Tour« fährt mir in die Beine, »Jet« in den Magen, »All My Loving« ins Herz, »Letting Go« geht wieder etwas, äh, tiefer rein – diese Lieder sind nach Jahren in anonymen, flächig beschallten Arenen, in denen der Sound keinen Ort hatte, endlich heimgekommen. Rock'n'Roll gehört in den Kellerclub, und Pauls Rock'n'Roll gehört in den *Cavern*. Auch seine Stimme scheint nicht mehr so brüchig wie zuletzt. Hat an Kraft gewonnen. Vielleicht ist es aber auch einfach die Kraft der 250 Kehlen, die jeden Song mitsingen, als wären sie die Fankurve von der Anfield Road. (Paul ist übrigens kein Roter, sondern ein Blauer, weil sein Vater aus Everton stammt, aber im Goodison Park gibt es meist wenig Anlass, laut und euphorisch zu sein.) Die Wucht der Musik und der eigenen Erinnerungen, die wir alle damit verbinden, droht uns jeden Moment umzuwerfen. Ein kathartischer Rausch, ein Tränenschleier, hinter dem alles wie eine verschwommene Traumsequenz erscheint.

Eine gute Show müsse immer auch in einem Pub funktionieren, hat McCartney mal gesagt. Und Pubs sind natürlich Orte für Geschichten. Also erzählt Paul noch einmal, wie die Beatles ihre erste Platte, »In Spite Of All The Danger«, aufnahmen, wie sie vom Besitzer des *Cavern* aufgefordert wurden, Blues zu spielen, und wie sie Everley Brothers-Songs mit den Worten »This is a song by Big Bill Broonzy« ansagten, wie seine Nerven flatterten, als er von George Martin angehalten wurde, für die erste Beatles-Single das titelgebende »Love me do« zu singen;

wie John und er sich die Gitarren in den Schaufenstern der Londoner Charing Cross Road anschauten, zufällig Mick Jagger und Keith Richards trafen und ihnen ihren Song »I Wanna Be Your Man« gaben. Man hat das schon oft gehört, aber diese Storys sind längst selbst zu Hits geworden, die man immer und immer wieder hören will.

Paul spielt sich durch alle Schaffensphasen, von »I Saw Her Standing There«, das er mit Lennon im Wohnzimmer in Allerton geschrieben hat, bis zum neuen Song »Fuh You«, der thematisch ja durchaus in eine ähnliche Richtung geht – *you know what I mean*. Nach einem lauten, wilden, rohen »Helter Skelter« wankt das verschwitzte Arme-Köpfe-Meer und droht jeden Moment, entkräftet in sich zusammenzusinken. Paul steht grinsend auf der Bühne wie Muhammad Ali, der gerade einen Gegner ausgetanzt hat. Keine sichtbare Spur von Erschöpfung.

Wenig später verlässt der ewige Junge den *Cavern* über den Hinterausgang, fährt davon und lässt uns mit neuen Erinnerungen zurück.

Seit fast vierzig Jahren höre ich die Musik dieses Mannes und habe über ihn vermutlich mehr Bücher und Artikel gelesen als über jeden anderen Menschen, dachte ich, mich verschwitzt zu einer Treppe durchkämpfend, unter der ich mich mit Giles Martin verabredet hatte, weil dort sein Mischpult stand. Und trotzdem haben mein Besuch in Liverpool und das Konzert im *Cavern* meinen Blick auf ihn und sein Werk noch einmal verändert.

Heute kommen mir diese Tage am Mersey wie ein Traum vor. Für Paul McCartney muss sich sein ganzes Leben so anfühlen.

Aus: Die Ballade von John und Paul

(1957–1964)*

*mit einem kurzen Abstecher ins Jahr 1976

Im Sommer 2015 war ich in München, um im Literaturhaus aus meinem Bob-Dylan-Roman *Catfish* zu lesen. Am nächsten Tag fuhr ich zum Starnberger See, um mich mit Klaus Voormann zu treffen. Ich hatte schon öfter mit ihm telefoniert, weil er für den *Rolling Stone* mal ein Cover gestaltet hatte, aber wir waren uns noch nie persönlich begegnet. Er holte mich morgens um elf am Bahnhof in Tutzing ab, und wir fuhren zu einem Biergarten direkt am See, wo um diese Tageszeit noch nicht viel los war. Klaus ist ein sehr bescheidener und sehr höflicher Mann, seine Ausnahmestellung in der Popmusik – als erster Beatles-Entdecker, Gestalter des »*Revolver*«-LP-Covers, Bassist auf den besten Soloalben von George Harrison, Ringo Starr und John Lennon und unzähligen anderen wichtigen Platten von Lou Reed, Harry Nilsson, Martha Reeves, Randy Newman, Dr. John, Carly Simon usw. usf. sowie Förderer der Band Trio – ist ihm sicher bewusst, aber für ihn sind all diese großen Stars einfach Freunde und seine ikonischen Illustrationen und Bassläufe waren eben sein Job. Und so lässt er manchmal Weltbewegendes in Nebensätzen fallen, als handle es sich um völlig unspektakuläres Zeug. »Paulie war immer ein Außenseiter in der Band«, sagte er, auf den See schauend, als wir über Musikerfreundschaften sprachen. »Und John war viel zu sehr mit sich selbst beschäftigt, um überhaupt Freundschaften aufbauen zu können – das änderte sich erst in seinen letzten Jahren, als er mit Yoko im Dakota lebte.« Und obwohl er das mit einer Beiläufigkeit erzählte, mit der andere im Gespräch ohne aufzusehen eine Fliege verscheuchen, war es genau diese Bemerkung, die mich danach lange beschäftigte. Waren John und Paul etwa gar nicht befreundet gewesen? War Lennon/McCartney nur eine Zweckgemeinschaft gewesen?

Ich habe nach dem Treffen mit Klaus in Liedern, Büchern und Dokumentationen nach Belegen für seine Einschätzung gesucht. Ich wollte der Beziehung zwischen Lennon und McCartney auf den Grund gehen. Vor allem Mark Lewisohns zwei Jahre vor unserem Treffen erschienener erster Band seiner monumentalen Beatles-Studie *All Those Years Ago* bot reichlich Stoff. Keine Frage, es war eine äußerst komplexe Beziehung, die sie führten. Sie stießen einander ab und zogen einander an, sie liebten und hassten einander, sie schrieben die schönsten Songs mit- und die hässlichsten, aber auch herzzerreißendsten übereinander und dachten Mitte der 1970er-Jahre sogar einen Moment lang darüber nach, ihre musikalische Partnerschaft fortzusetzen. Vielleicht wäre das tatsächlich irgendwann passiert, wenn da nicht jener tragische 8. Dezember 1980 gewesen wäre.

In den Jahren danach, als die Historisierung der Beatles allmählich begann, ging es in Büchern und Zeitschriftenartikeln meist darum, Lennon und McCartney voneinander zu separieren. Lennon, so die allgemeine Sicht, war der Rebell und Bilderstürmer, der Zyniker, der Wilde, Rauschhafte, das dionysische Element der Beatles. McCartney war der melodieverliebte Romantiker, der Diplomat, die ordnende Hand, mithin das apollinische Element. Im Laufe der Jahre hatten sie sich immer weiter voneinander fort entwickelt, so die Erzählung, bis sie einander fremd waren.

Aber stimmte das? War Lennon nicht auch Jahrzehnte nach seiner Ermordung in McCartneys Liedern und Interviews noch präsent – nicht nur als Erinnerung, sondern als Instanz, die seine Arbeit, sein Denken und seine Selbstwahrnehmung bestimmte? Bei aller Gegensätzlichkeit und den unterschiedlichen Entwicklungen, die ihre Leben nahmen, gab es anscheinend ein unsichtbares Band, das die beiden nicht nur Zeit ihres Lebens, sondern eben weit darüber hinaus miteinander verband.

Über meine Suche nach diesem Band wollte ich ein Buch schreiben. Über Freundschaft und Liebe, Rivalität und Eifersucht, Hass und Gemeinheit – und natürlich über Musik und die Geschichte der Beatles. Das Tagebuch der wichtigsten Songwriting-Partnerschaft der populären Musik als erzählendes Sachbuch oder gar Roman mit vielen Fakten und ein bisschen Fantasie, wie es gewesen sein könnte, was sie gesagt und gedacht haben mochten. Pünktlich zum 60. Jahrestag ihres ersten Treffens. Das würde ein Knüller werden. Dachte ich jedenfalls. Doch als mein Agent das Projekt einigen Verlagen vorstellte, war die Resonanz eher überschaubar, und ich wendete mich erst mal lukrativeren Buchideen zu. Das angefangene *Die Ballade von John und Paul*, so sollte das Werk heißen, schlummerte auf meiner Festplatte. Hier gibt es nun erstmals die ersten Kapitel meiner 2016 abgebrochenen Suche nach dem Wesen der Freundschaft zwischen meinen Lieblings-Songwritern. Es handelt sich – im Gegensatz zu allen anderen in diesem Band versammelten Texten – streng genommen nicht um eine musikjournalistische, sondern eine literarische Arbeit (im Anfangsstadium), doch die Fakten sind alle nach bestem Wissen und Gewissen recherchiert. An einer Stelle, an der sich die Sachlage nicht eindeutig klären lässt, da die Beatles-Forschung zu stark unterschiedlichen Ergebnissen kommt, habe ich für dieses Buch nachträglich eine Fußnote eingfügt.

24. April 1976, New York

An New Yorks Upper West Side, mit Blick über den Central Park, leben die Stars. In feudalen Apartmenthäusern, die glamouröse Namen tragen wie *San Remo, El Dorado, Majestic, Century, Langham, Dakota* oder *Beresford.* Regelrechte Trutzburgen, in die man kaum hineinkommt, wenn man den Türstehern nicht als Mieter bekannt ist. Ein Mann schafft es trotz seines Akzents, der ihn als Arbeiterklassekind aus dem Norden Englands ausweist, allerdings immer wieder ohne Mühe, am Wachpersonal vorbei ins oberste Stockwerk des *Dakota* vorzudringen. Vielleicht liegt es an seinem natürlichen Charme, vielleicht aber auch daran, dass der Name dieses Mannes mit dem eines berühmten Mieters des Hauses an der 72. Straße West verbunden ist wie das Yin mit dem Yang, und jeder Sicherheitsmann, genauso wie der Rest der Menschheit, sich wünscht, die beiden würden wieder zusammenfinden, nachdem sie sich jahrelang in Liedern und vor Gericht miteinander angelegt haben.

An einem Samstag im April 1976 ist der britische Besucher besonders gut gelaunt, denn an diesem Tag hat sein Album »*Wings At The Speed of Sound*« den 1. Platz der amerikanischen Charts erklommen, und in wenigen Tagen wird er mit seiner Band auch die Bühnen des Landes erobern. Er hat seine Frau Linda im Schlepptau, die in seiner neuen Band Wings Keyboards spielt, als er gegen Abend im *Dakota* aufkreuzt und an der Rezeption erklärt, er wolle zu seinem Freund John. Seit sie sich zwei Jahre zuvor nach einer längeren Eiszeit in Los Angeles getroffen und sogar wieder gemeinsam musiziert haben, hofft er darauf, sie könnten ihre alte Partnerschaft wiederaufleben lassen.

Unter der kalifornischen Sonne war John fast ganz der alte – witzig, aufbrausend, herausfordernd. Ein bisschen verloren hat er allerdings gewirkt, und er schien sich sehr zu freuen, seinen alten Kumpel Paul McCartney aus Allerton, Liverpool, endlich wiederzusehen. Und seine Freundin May Pang, eine junge Japanerin und Assistentin seiner Frau Yoko Ono, von der er in Trennung lebte, war regelrecht begeistert von der Versöhnung der beiden Männer. Sie bewunderte John Lennon sehr und wusste zugleich, dass sie ihn nicht würde halten können, dass er sich schnell langweilte ohne einen Partner, der ihn forderte. Sie war dafür zu jung, zu schüchtern, zu sehr Fan, zu unbedeutend. Er trank viel, kokste, um sein Ego aufzublasen und telefonierte täglich mit Yoko, die in New York lebte.

Irgendwann kehrte er zurück, erst nach New York, dann zu seiner Frau. Sie sahen sich Ende November 1974 nach einem Konzert von Elton John im Madison Square Garden hinter der Bühne wieder und konnten die Augen nicht voneinander lassen. Er musste dort eine Wettschuld einlösen. Weil sein Song »Whatever Gets You Thru The Night«, auf dem Elton John mitspielte, es auf Platz 1 der US-Singles-Charts geschafft hatte, musste er nun mit dem Pianisten live vor einem riesigen Publikum spielen. Er war nervös und übergab sich vor dem Konzert hinter der Bühne. Sie spielten drei Songs, ihren Hit, dann die Beatles-Songs »Lucy In The Sky With Diamonds« und »I Saw Her Standing There«. Der letzte Song, den er auf einer großen Bühne spielte, war ein Song von Paul.

Im April 1975 trat er nochmal auf. Vor einem ausgewählten Publikum in New Yorks *Waldorf Astoria*. Wieder um eine Schuld einzulösen. Er hatte gegen den britischen Filmproduzenten und Geschäftsmann Lew Grade, der die Rechte an (fast) allen Lennon/McCartney-Songs besaß, einen Rechtsstreit verloren und musste daher bei einem Konzert zu dessen Ehren auftreten. Dann war erst mal Schluss mit Musik, oder wie er unter seinem Pseudonym Winston O'Boogie auf der Plattenhülle seiner Singles-Sammlung »*Shaved Fish*«, die im Oktober 1975 erschien, schrieb: »A conspiracy of silence speaks louder than words«. Da war er schon seit zwei Wochen Vater. Und seit der Geburt seines Sohnes Sean an seinem 35. Geburtstag ging er kaum noch vor die Tür. Auch Besuch empfing er selten.

Er ist immer noch extrem launisch und unausgeglichen. Es gibt Tage, da geht er ganz in der Vaterrolle auf, schnallt sich seinen kleinen Jungen auf den Rücken und spaziert durch den Central Park oder backt Brot für die kleine Familie. Aber meistens sitzt John in seinem abgedunkelten Schlafzimmer im siebten Stock mit ungenutztem Blick auf den Central Park, kifft, liest Zeitschriften und schaut fern.

Manchmal setzt er sich an die Schreibmaschine und versucht, in Liedtexten und Prosa seine Geschichte aufzuschreiben. Sich klar darüber zu werden, was in den vergangenen zwanzig Jahren mit ihm passiert ist. Vielleicht kann man daraus ein Musical machen. So könnte er weiter Musik machen, ohne an die Öffentlichkeit treten oder gar auf Tour gehen zu müssen. Eigentlich ist das eine Paul-Idee. Der hat immer ein Komponistenduo wie Rodgers und Hammerstein oder Leiber und Stoller aus ihnen machen wollen.

Wenn sein Ex-Songwriting-Partner wieder einmal unangemeldet vor seiner Wohnungstür aufkreuzt, was in letzter Zeit öfter vorkommt, freut er sich zwar meist, aber zugleich ist er immer ein bisschen irritiert, denn irgendwie scheint jeweils nur Platz für einen Lebensmenschen zu sein – entweder für Paul oder für Yoko. Und das *Dakota* ist eindeutig Yokos Reich. Aber das Telefonieren mit Paul fühlt sich gut an, auch wenn sie fast nur Nichtigkeiten austauschen. Oder es ist gerade das, was gut daran ist. Es ist so *normal*. Kürzlich haben sie sogar schon Brotrezepte ausgetauscht. Und sie reden darüber, wie es ist, Vater zu sein, auch wenn Paul, der zwei Töchter und eine Stieftochter hat, ein wenig anders interpretiert: auf einer Farm mit Schafen und Hunden und trotzdem jedes Jahr ein Album und große Tourneen, auf die er die Kinder einfach mitnimmt. Für ihn scheint das alles ganz natürlich. Aber Paul hat sich schon zu Beatles-Zeiten besser mit seinem Sohn Julian verstanden als er selbst.

An diesem Samstagabend sitzt John wieder mal vor dem Fernseher. Eigentlich läuft samstags immer »Emergency!«, aber das Staffelfinale war schon Anfang März, jetzt ist Pause bis Herbst. Aber um neun kommt die Comedy Show »NBC's Saturday Night«, in der die Schauspielerin Raquel Welch, mit der Ringo Starr Ende der 1960er-Jahre mal einen Film gemacht hat, zu Gast ist. Auch der Sänger der Band The Lovin' Spoonful, John Sebastian, und die Songwriterin Phoebe Snow, deren Hit »Poetry Man« er sehr mag, sind dieses Mal dabei. Das verspricht ein guter Abend zu werden.

»Besuch für Sie, Mister Lennon!«

Rosaura. Das Dienstmädchen. Sie ist erst seit kurzem

da, aber sie hat ihm schon das Brotbacken beigebracht und die Kaffeemaschine gelöscht, als John mal versucht hat, sich selbst einen zu machen, aber nicht wusste, dass man da Wasser reinfüllen musste.

»Wer ist es denn?«

»Pol«, sagt sie mit ihrem spanischen Akzent. Pol?

War irgendwie klar, dass der am Tag seines großen Chart-Triumphes aufkreuzen würde. John hat ihm schon öfter vorgeworfen, dass er nur noch banale Liebeslieder schreibe, seit die Beatles Geschichte sind – und nun singt die ganze Welt seinen Hit »Silly Love Songs«, und man kann das Radio nicht mehr einschalten, ohne den alten Freund zu hören, wie er scheinbar naiv und knopfäugig singt:

You'd think that people would have had enough of
silly love songs
I look around me and I see it isn't so
Some people want to fill the world with silly love
songs
And what's wrong with that?
I'd like to know
'Cause here I go agaaaaaaaaain

In Wirklichkeit, so denkt John, macht der alte Paul sich zwischen den Zeilen über mich lustig. Klingen die Bläser in dem Lied nicht genauso wie damals in meinem »All You Need Is Love«?

Er kann sich über Pauls Erfolg nicht freuen, wie er sich beispielsweise über die Hits von Ringo freuen konnte, von dem er weiß, dass der ihm unterlegen ist. Andererseits fühlt es sich manchmal ganz gut an, die alte Konkurrenz zu spüren – und so lange Paul Musik macht und Hits hat, hat auch John irgendwie noch das Gefühl, relevant und nicht ganz aus dem Spiel zu sein.

Paul hat natürlich unerträglich gute Laune, und auch Linda giggelt die ganze Zeit. Sie haben wohl schon einige Rauchwaren durchgezogen zur Feier des Tages. Seit den Tagen der Beatlemania hat Paul mit dem Kiffen nicht mehr aufgehört, denkt John. Dabei hat er sich anfangs so geziert, war der letzte Beatle, der sich getraut hat, als Bob Dylan ihnen im Sommer 1964 einen Joint angeboten hat. Paul war immer vorsichtig, hatte Angst vor dem Kontrollverlust. Er, John, hingegen, war immer froh, wenn er sich befreien konnte von dunklen Gedanken, Selbstzweifeln und jeder Form von Verantwortung. Er hat alles ausprobiert – von Amphetaminen bis Heroin. Am liebsten war ihm aber immer der Alkohol, weil der einen nicht mit dem eigenen Unterbewussten konfrontierte, sondern einfach ausknipste. Aber seit Sean auf der Welt ist, hat er kein Glas mehr angerührt.

Während er all das denkt, haben sie sich schon umarmt. »Wie geht's? Was machste?«, fragt Paul jovial. John verdreht die Augen, lädt die beiden Gäste dann aber doch auf seine Couch ein und zieht am Joint, den Paul ihm rüberreicht. Der Komiker Chevy Chase vergibt gerade einen Preis in der Kategorie »Best Performance by an Actor in a Political Campaign« und kann die Punchline seiner Rede nicht finden, Linda geht gelangweilt zu Yoko ins Nebenzimmer, Raquel Welch trägt einen atemberaubenden weißen Hosenanzug und singt den Carpenters-Song »Superstar«:

Long ago, and, oh, so far away
I fell in love with you before the second show
Your guitar, it sounds so sweet and clear
But you're not really here, it's just the radio

John Belushi kommt auf die Bühne und gibt mit spastischen Bewegungen eine Parodie von Joe Cocker. Er hat sich ein Batik-T-Shirt über die Plauze gezogen, wie der Sänger aus Sheffield es bei seinem legendären Auftritt in Woodstock trug, als er Pauls »With A Little Help From My Friends« herausschrie, zu dem John das Couplet: »What do you see when you turn out the light?/ I can't tell you, but I know it's mine« beigesteuert hat. Epileptisch zuckend und auf dem Boden liegend, während Raquel Welch sich über ihn beugt, presst Belushi am Ende des Liedes ein »She came in through the bathroom window« hervor. Noch ein McCartney-Song.

Paul zeigt hysterisch lachend auf den Bildschirm, John zündet sich einen neuen Joint an. Chevy Chase macht als Rattenfänger Werbung für Schädlingsfutter, Dan Akroyd versucht, das metrische System auf das Alphabet anzuwenden und entwickelt das Decabet, Jim Hensons Muppets flirten recht offensiv mit Welch, während Chase versucht, sie zu überreden, ihr T-Shirt auszuziehen. Die Angesprochene sagt aber lieber die nächste Musiknummer an: »A genius of modern music« – Phoebe Snow.

Nach einer Werbepause, Paul erzählt gerade irgendwas aus der Beatles-Steinzeit, an das John, dessen Lider schwer geworden sind, sich nicht mehr erinnern kann, erscheint »NBC's Saturday Night«-Produzent Lorne Michaels auf dem Bildschirm: »In diesem Moment werden wir von schätzungsweise 22 Millionen Zuschauern gesehen«, erklärt er. »Aber erlauben Sie mir, mich nun an vier spezielle Menschen zu wenden. John, Paul, George und Ringo: The Beatles.«

Paul knufft John in die Seite. »Hm? Was?«

Paul zeigt auf den Schirm. »Hör mal, es geht um uns.«

»In letzter Zeit«, fährt Michaels fort, »gab es eine Menge Gerüchte, die vier könnten wieder zusammenkommen, und das wäre großartig. Für mich sind die Beatles das Beste, was der Musik je passiert ist. Und noch mehr, ihr seid nicht nur eine Musikgruppe, ihr seid ein Teil von uns. Wir sind mit euch aufgewachsen. Aus diesem Grund lade ich euch hiermit ein, in unsere Show zu kommen. Wir haben viel über die persönlichen und rechtlichen Streitigkeiten gehört, die euch davon abhalten, euch wieder zusammenzutun, aber das ist nicht meine Sache. Das müsst ihr schon untereinander klären. Aber es wird auch gesagt, dass bisher einfach noch niemand mit der richtigen Geldsumme um die Ecke gekommen ist, die euch zufriedenstellen würde. Also, wenn es ums Geld geht, sehe ich kein Problem. Die National Broadcasting Company hat mich autorisiert, euch einen Scheck über 3.000 Dollar anzubieten.«

John lacht hysterisch, Paul hat sich verschluckt und hustet. Michaels hält den Scheck in die Höhe. »Kann ich ein Close-Up davon haben?« Die Kamera zeigt den Scheck bildschirmfüllend. »Wie ihr sehen könnt, ein auf euch, The Beatles, ausgestellter Scheck über 3.000 Dollar. Ihr müsst dafür einfach nur drei Beatles-Lieder singen. ›She loves you, yeah yeah yeah‹, und 1.000 Dollar gehören euch. Ihr kennt den Text – alles ganz einfach. Wie ich schon sagte, der Scheck ist auf die Beatles ausgestellt. Ihr könnt ihn aufteilen, wie ihr wollt: Wenn ihr Ringo weniger geben wollt, ist das eure Sache. Da möchte ich mich lieber nicht einmischen. Ich bin ganz ehrlich, was das angeht. Wenn es euch hilft, eine Entscheidung zu treffen, euch wieder zusammenzutun, ist das ein gutes Investment. Ihr habt Agenten, ihr wisst, wo man mich erreichen kann. Ich glaube, das ist alles. Okay? Danke.«

John springt auf. »Los geht's!«

»Meinst du echt?«, fragt Paul ungläubig.

»Ja, warum denn nicht? Dieser Moment ist so gut wie jeder andere. Und mit dem Taxi sind wir in ein paar Minuten da.«

»Aber ... wir haben doch schon ewig nicht mehr ... Was ist, wenn wir scheiße sind? Wenn wir uns lächerlich machen?«

Der gute alte Paul, denkt John.

»Ja, vielleicht hast du recht«, sagt er und setzt sich wieder aufs Sofa. »Ich bin auch viel zu müde eigentlich.«

Wenig später verlassen die McCartneys das *Dakota*, und John und Yoko schauen George Pals Verfilmung von H. G. Wells' Roman *The Time Machine*. Fast, so denkt John, wären wir eben selbst durch die Zeit gereist – allerdings nicht in die dunkle Zukunft, sondern in die helle Vergangenheit.[1]

---

1 Dieses, nach allem, was man weiß, vorletzte Treffen von Lennon und McCartney (zum letzten, einen Tag später, kommen wir gleich) ist in die Beatles-Mythologie eingegangen. John Lennon erzählte dem Journalisten David Sheff im Interview für den *Playboy* im September 1980 davon (das Gespräch wurde nach seinem Tod in der Januar-Ausgabe 1981 veröffentlicht). »Paul und ich haben

die Sendung zusammen gesehen«, so Lennon. »Er besuchte uns im *Dakota.* Wir haben uns das angeschaut und wären fast ins Studio gefahren, nur so zum Spaß. Wir wären tatsächlich fast in ein Taxi gestiegen, aber wir waren einfach zu müde.« Der Regisseur Michael Lindsay-Hogg ließ sich von dieser Aussage zu seinem Fernsehfilm *Two Of Us* inspirieren. McCartney erinnerte sich 2011 im *Sunday Express* ein wenig anders an das Treffen: »Ich war bei John, und es lief gerade ›Saturday Night Live‹, und John sagte zu mir: ›Hast du das gesehen?‹ Ich hatte es nicht gesehen, ich lebte ja in England, er lebte in Amerika. Er sagte: ›Sie bieten uns Geld an, um wieder zusammenzukommen – Lorne Michaels hat das letzte Woche auf Sendung gesagt.‹ Und er sagte: ›Wir sollten runtergehen, nur du und ich. Wir werden einfach auftauchen. Wir sind nur zu zweit, wir nehmen die Hälfte des Geldes.‹ Für eine Sekunde überlegten wir: »Sollen wir es tun?« Ich weiß nicht, was uns aufgehalten hat. Es wäre Arbeit gewesen, und wir hatten einen freien Abend, also haben wir beschlossen, nicht zur Arbeit zu gehen. Es war eine schöne Idee. Wir hätten es fast gemacht.« Danach zu rechnen war McCartney also eine Woche später, am 1. Mai 1976, im *Dakota* zu Besuch. Allerdings gab es an diesem Abend gar keine Ausgabe von »NBC's Saturday Night«, die nächste Sendung lief erst am 8. Mai. Da befand McCartney sich allerdings in Detroit, wo er mit den Wings im *Olympia* ein Konzert spielte. Als ich Yoko Ono 2010 bei einem Interview in einer abgedunkelten Suite des Berliner *Kempinski* am Kurfürstendamm auf diesen Abend ansprach, bestätigte sie, dass »the guys« die Sendung gemeinsam gesehen hätten, gab allerdings zu, dass sie selbst nicht im Raum gewesen sei, da sie sich in einem der anderem *Dakota*-Gemächer mit Linda McCartney unterhalten habe. Kann natürlich auch sein, dass Lennon die Sendung auf Videokassette aufgezeichnet hat, um sie seinem alten Freund vorzuspielen und dazu zu bewegen, wieder gemeinsam aufzutreten. Das würde die Geschichte fast noch besser machen. Andererseits kann man sich nicht vorstellen, dass Lennon wusste, wie man einen Videorekorder bedient, wenn er schon – siehe weiter oben – solche Probleme mit einer Kaffeemaschine hatte. Gut, er hatte sicher technisch versierte Assistent*innen. Wenn man über die Beatles schreibt, muss man sich immer im Klaren sein, dass es keine zuverlässigen Erzähler gibt. Erinnerungen verschwimmen, jeder baut das Geschehene, so wie es ihm passt, in seine eigene Geschichte ein, und was korrekte Datierungen von

Liverpool, 6. Juli 1957

Die Stadt stöhnt in diesem Sommer unter der Hitze – der heißeste Juni seit Beginn der Aufzeichnungen, 1939. Und ausgerechnet jetzt fängt es an zu regnen. Ein 15-jähriger Junge aus dem Liverpooler Vorort Allerton schaut besorgt auf die regennasse Forthlin Road. Er ist am Nachmittag verabredet. Mit Ivy aus der Schule, der auf den Tag genauso alt ist wie er und manchmal in einer Skiffle-Band, die mittlerweile allerdings hauptsächlich Rock'n'Roll-Songs spielt, einen aus einer Waschwanne gebastelten Bass zupft. Die anderen aus der Band gehen zur Quarry Bank High School an der Harthill Road und haben sich daher The Quarrymen genannt. Ivy interessiert sich eigentlich mehr für Bücher als für Musik und hat irgendwann seinen Freund Len zu den Bandproben mitgebracht, weil der einfach besser Bass spielen kann, aber er weiß, dass Paul genauso verrückt nach Rock'n'Roll ist wie John, der Sänger der Quarrymen. »Den Lennon solltest du kennenlernen«, hat er gesagt. Und heute spielen sie beim Gartenfest der St. Peter's-Gemeinde in Woolton. Das sind nur zehn Minuten mit dem Fahrrad.

Wenn es allerdings so weiterregnet, wird er sein weißes Sakko nicht anziehen können, das entscheidend sein könnte, wenn er am Abend ein hübsches Mädchen in der Aula zum Tanz auffordern will. Er sieht damit ein bisschen erwachsener aus, ein gutes Gegengewicht zu den Pausbacken.

Ereignissen angeht, sind Lennon, McCartney, Harrison und Starr jeweils eine Katastrophe. »Ich bin sehr schlecht mit Daten«, gestand McCartney 2020 dem britischen Komiker Adam Buxton in dessen Podcast. »Ich weiß, dass ›*Sgt. Peppers*‹ 1967 erschienen ist, aber dann hört's auch schon auf.«

Paul hat Glück. Es ist nur ein Schauer, der dem Tag sogar ein wenig von der unerträglichen Schwüle der vergangenen Wochen nimmt. Da wird es nicht ganz so schwitzig werden unter dem weißen Sakko. Er hat noch ein bisschen Zeit. Die Prozession, mit der das Fest beginnt, kann man sich sparen.

So gegen Vier am Nachmittag radelt Paul los, trifft Ivy, der eigentlich Ivan Vaughn heißt, und zusammen gehen sie den Hügel zur Kirche hinauf. Es riecht nach frisch gemähtem Gras. Am Einlass zum Kirchgarten zahlen beide mit einer Threepence-Münze. Die Band spielt schon. Die Ladefläche eines Lkws dient ihnen als Bühne. Der Sänger trägt ein rot-weiß-kariertes Hemd und hat seine Haare zu einem Quiff frisiert. Sieht fast aus wie ein Teddy Boy. Es dauert nicht lang, bis er das Lied erkannt hat – »Come Go With Me« von den Del-Vikings.

Man muss sich im Plattenladen durch jede Menge Singles gehört und viele Stunden Radio Luxemburg gelauscht haben, um diesen Song zu kennen. Paul nickt anerkennend und sucht Blickkontakt mit dem Sänger. Als das nicht funktioniert, weil der, wie Paul denkt, blasiert, aber in Wirklichkeit einfach kurzsichtig in die Ferne schaut, sieht er zu Ivan rüber. Aber der versteht nicht, was so bemerkenswert ist an dieser Songauswahl. Er kennt den Song gar nicht.

Paul versucht die Akkorde auszumachen, die der Sänger da greift. Es sind die falschen. Den Text scheint er auch nicht zu kennen. Er singt einfach irgendwas. Er macht sich den Song zu eigen, so wie er, Paul, es mit den amerikanischen Liedern tut, die sein Vater, der in den

1920er-Jahren in einer Tanzband Klavier und Trompete gespielt hat, ihm manchmal auf dem Klavier im Wohnzimmer vorspielt. Er versucht sie nachzuspielen, und immer, wenn er nicht weiterweiß, denkt er sich einfach eine neue Melodie aus.

Der Typ da auf dem Lkw ist kein guter Musiker, aber das vergisst man, wenn man ihm zuschaut. Er ist eigentlich zu groß für diese Bühne und für die anderen Jungs in der Band, die noch viel mieser spielen als er und keine Ahnung zu haben scheinen, was sie da eigentlich tun.

Sie bringen das alte Seemannslied »Maggie May«, und in den Lonnie-Donegan-Hit »Puttin' On The Style« baut dieser John den Namen des Vikars von St. Peter's ein. Statt »It's only our poor preacher, boys, putting on the style« singt er »It's only Mr. Pryce-Jones, putting on the style«. Der Typ ist echt lustig.

Nach einer halben Stunde steigt die Band vom Lkw und geht Richtung Pfadfinderheim, um ihre Instrumente einzuschließen. Sie haben noch eine Weile Zeit, bis sie am Abend in der Aula zum Tanz spielen dürfen, wenn der Hauptact, die George Edwards Band, mal Pause machen muss. Ivan ergreift die Gelegenheit, um John seinen Freund Paul vorzustellen. Der Sänger nickt nur und schaut in eine andere Richtung. Paul, sonst nicht auf den Mund gefallen, schweigt. Ihm ist irgendwann aufgefallen, dass er diesen Typen schon öfter im Bus und einmal auch in der Schlange vom Fish-and-Chips-Shop gesehen und immer zur Seite geschaut hat, aus Angst, von dem Älteren und Cooleren verprügelt zu werden. Immerhin ist er fast zwei Jahre älter.

Die Sonne brennt, Luftballons steigen hoch, die Blaskapelle spielt, die Liverpooler Polizei führt ihre Hunde vor, und einige aus der Quarrymen-Clique fahren nach Hause, um mit ihren Familien Tee zu trinken. Die anderen suchen Schatten in der Aula und im Vorraum, wo ein Klavier steht.

Natürlich sprechen sie über Musik. Paul nimmt all seinen Mut zusammen und fragt John, ob er mal seine Gitarre borgen könne. Der gibt sie ihm und kichert, als er sieht, dass der rotwangige Junge in dem schnieken weißen Sakko sie falsch herum hält. Er dreht aber einigermaßen fachmännisch an den Wirbeln rum. Vermutlich, damit sie wie eine richtige Gitarre klingt, John hat sie wie ein Banjo gestimmt. Und plötzlich geht das Umstimmen in einen Song über. »Twenty Flight Rock« von Eddie Cochran!

Kein einfaches Stück. Paul kann riechen, dass John ihm nähergekommen ist. Dieser Bieratem. John hat wegen der Aufregung ein bisschen was getrunken vorm Auftritt. Aber er ist mit einem Schlag nüchtern. Dieser Pimpf ist eindeutig besser an der Gitarre als ich, denkt er. Wenn ich musikalisch weiterkommen will, das ist ihm klar, muss ich ihn in meine Band holen.

Paul spielt Gene Vincents »Be-Bop A-Lula«, wechselt zum Klavier und bellt »Long Tall Sally« von Little Richard. Ein guter Sänger ist er auch noch. Dieser Junge ist nicht nur eine Chance, sondern auch eine Gefahr, denkt John. Er könnte mir irgendwann meine eigene Band klauen.

Der anschließende Auftritt der Quarrymen wirkt wie eine Antwort auf die Show, die der 15-jährige Paul vor Johns Augen abgezogen hat, wie ein Reviermarkieren. Vor dem versammelten Klerus, den Frauen in ihren Sommerkleidern und den Männern in ihren Kurzarmhemden wirft John sich in die kühnsten Elvis-Posen und singt dazu »Baby Let's Play House«.

Um zehn ist alles vorbei. Paul begleitet die Band noch in einen Pub, um zu zeigen, dass er für älter als 15 durchgeht. Als er allerdings hört, dass ein stadtbekannter Schläger auf dem Weg in die Kneipe ist, haut er lieber ab, sucht sein Fahrrad und radelt heim. Das weiße Sakko hat einige Bierflecken abbekommen.

25. April 1976, New York

Schon im Taxi hat Paul sich geärgert, die Chance nicht beim Schopf gepackt zu haben. Hat John nicht eben vorm Fernseher auf seine Art »Ja« gesagt zu einer Beatles-Reunion? Vielleicht hat er nur auf eine Gelegenheit wie diese gewartet. Ist keine schlechte Idee, die Wiederauferstehung der Beatles wie einen Witz aussehen zu lassen. Das nimmt den Druck raus. Vielleicht ist es noch nicht zu spät. Und bis zur nächsten »NBC's Saturday Night«-Sendung haben sie auch noch ein bisschen Zeit zum Üben. Vielleicht können sie noch Ringo überreden. George wohl nicht. Der hat sich vor zwei Jahren mit John verkracht, weil der nicht aufgetaucht ist, als die Beatles im New Yorker *Plaza* nach jahrelangem Gerichtsstreit ihre geschäftlichen Beziehungen mit einem Auflösungsvertrag beenden wollten. Yoko sagte ihm, die Sterne stünden nicht günstig für so ein Meeting, und er schickte stattdessen einen Ballon, auf dem »Listen to this balloon« draufstand. Der gute George, eh schon mit den Nerven am Ende nach einer desaströsen US-Tour, bei der er seine Stimme verloren hat, sah Rot und kündigte ihm am Telefon mehr oder weniger die Freundschaft. Er, Paul, war seinerzeit auch nicht gerade amüsiert, machte aber auf seinem nächsten Album ein Friedensangebot, als er sang: »A good friend of mine follows the stars/ Venus and Mars are alright tonight.«

Paul geht einen Abend nach der verpassten Reunion wieder ins *Dakota*. Dieses Mal allein, Linda besucht ihre Familie. Er hat seine Gitarre dabei. Es ist noch viel einfacher, zu John durchzukommen, als am Abend zuvor. Sie kündigen ihn nicht mal mehr bei den Lennon Onos an, sondern winken ihn durch, so als würde er erwartet. Er klopft an die Tür. John hat Kopfschmerzen und ist müde. Am Ende eines langen Tages mit seinem sechs Monate alten Sohn ist er wieder im Alltag angekommen, der gestrige Abend ist fast so weit weg wie Los Angeles, London, das Shea Stadium, die *Abbey Road Studios*, der Hamburger *Kaiserkeller*. Normalerweise geht irgendein Assistent an die Tür, wenn ein Dienstbote anklopft. Ist aber keiner mehr da. John hat sie alle nach Hause geschickt, weil er seine Ruhe will. Also öffnet er leicht genervt die Tür.

»Hi John!«

Paul. Kaugummikauend. Grinsend. Mit einem Gitarrenkoffer in der Linken. Fehlt nur noch, dass er fragt, ob John zum Spielen rauskomme.

»Hau ab, ich bin müde«, ätzt John. »Du kannst hier nicht einfach unangemeldet reinschneien. Wir haben nicht 1957.«

»Meinst du das ernst?« Paul ist irritiert. Denkt, das ist wieder einer dieser Lennon-Scherze. John kann ihn verunsichern wie sonst niemand. Da kann er noch so viele Nummer-1-Hits haben – wenn er ihm so gegenübersteht, wird er ganz klein. So wie früher. John ist der Boss, weil er ein cooler Teddy Boy ist und zwei Jahre älter.

»Natürlich meine ich das ernst«, sagt er. »Was denn sonst? Wie alt bist du eigentlich? Fünfzehn?« Dann knallt er die Tür zu.

Paul schluckt. Er könnte heulen. Setzt aber ein Grinsen auf, während er an den Bediensteten vorbei zum Dienstboteneingang auf die 72. Straße eilt und dann Richtung Norden zur 73., um den vor dem Haupteingang auf der Südseite des Gebäudes wartenden Fans zu entgehen. Das hat John ihm gezeigt. So macht er es auch häufig, wenn er durch den Central Park spazieren geht oder Besorgungen macht. An der 73. Straße befindet sich eine weitere Tür, die allerdings nur genutzt wird, um Verstorbene aus dem Gebäude zu schaffen, und daher den Beinamen »Undertaker's Gate« trägt.

»Wir haben nicht mehr 1957, das stimmt«, denkt Paul. »Vielleicht muss ich die Vergangenheit wirklich mal ruhen lassen. Aber der Rest der Welt schafft das ja auch nicht. Alle wollen, dass wir zusammen auftreten.«

18. Oktober 1957, New Clubmoor Hall, Liverpool

Erst ein Vierteljahr nach ihrem Treffen in Woolton steht Paul zum ersten Mal mit den Quarrymen auf der Bühne. Johns bester Freund Pete Shotton hat Paul bereits wenige Tage nach dem Konzert im Kirchgarten zufällig auf der

Straße getroffen und ihn gefragt, ob er Lust habe, bei ihnen mitzuspielen. Der Angesprochene, um Coolness bemüht, zuckte unbeeindruckt mit den Schultern: »Hm, okay, warum nicht?« In einer Band wollte Paul eigentlich nie spielen. Er wollte Elvis Presley sein. Ein Star. Alleiniges Objekt der Bewunderung seiner vor allem weiblichen Fans. Außerdem musste er sich erst mal eine vernünftige Gitarre besorgen, in einer Band hat er schließlich noch nie gespielt.

Er ging zur Probe der Quarrymen, die tatsächlich bei Johns spleeniger Tante Mimi im Mendips stattfand – so nannten sie das zweistöckiges Doppelhaus an der Menlove Avenue Nr. 251, in dem John schon seit über zehn Jahren wohnte, weil seine Mutter Julia sich nicht so richtig zur Kindererziehung eignete. Dafür war sie, das sagte jedenfalls Mimi, selbst noch viel zu sehr Kind. Ein Kindskopf. Dann begannen die Ferien, und Paul fuhr ins Pfadfinderlager – natürlich nicht ohne seine neue Gitarre. Am Lagerfeuer sang er »Trying To Get You« von Elvis. Sein 13-jähriger Bruder Michael, kurz Mike, brach sich ein paar Tage später den Arm und musste ins Krankenhaus nach Sheffield gefahren werden.

Der besorgte Vater, Jim McCartney, besuchte seine beiden Söhne und nahm sie schließlich für ein paar Tage mit ins Butlin's-Ferienlager nach Fileys an der Küste von Yorkshire. Hier hatte Paul bei einem Talentwettbewerb gemeinsam mit Mike seinen ersten Bühnenauftritt. Sie sangen »Bye Bye Love« von den Everly Brothers. Eine gute Übung für Pauls Band-Ambitionen, auch wenn der Song für den harten Lennon vielleicht nicht tough genug war.

Der schlug irgendwann in dieser Zeit Pete Shotton bei einem Konzert der Quarrymen dessen Waschbrett über den Kopf, und Pete verließ die Band.

Der Platz an Johns rechter Seite ist damit im Oktober beim Konzert in der *New Clubmoor Hall* im Stadtteil Norris Green frei für Paul. Hinter ihm stehen Eric Griffith an der Gitarre, Len Garry am Bass und Colin Hanton am kleinen Schlagzeug.

Die Quarrymen sind professioneller geworden, tragen nun so eine Art Bühnenoutfit. Alle in weißen Hemden, Paul natürlich im weißen Sakko. Er darf die Leadgitarre spielen, weil er der mit Abstand beste Musiker in der Band ist. John hat das bestimmt, und so auch gleich festgelegt, dass ab jetzt Paul sein wichtigster musikalischer Partner ist. Teile und herrsche.

Aber als sein junger Freund das Solo in Arthur Smiths »Guitar Boogie« spielen soll, gehen die Nerven mit ihm durch, er bekommt feuchte Finger, rutscht ab und versagt. Nie wieder wolle er auf der Bühne die Leadgitarre spielen, sagt Paul anschließend. Ein paar Monate später sorgt er selbst für Ersatz auf der vakanten Position und bringt seinen Schulfreund George Harrison mit zu den Bandproben. Nun gibt es zwei Jungs in der Band, die besser spielen können als John.

Dezember 1957, Liverpool

John und Paul sehen sich nicht nur zu den Bandproben. Immer öfter treffen sie sich bei Johns Tante Mimi in der Menlove Avenue oder bei den McCartneys in der Forthlin Road. Die Erziehungsberechtigten sind wenig begeistert von dieser neuen Freundschaft. Dass der flegelhafte Lennon kein guter Umgang ist, hat Pauls Vater Jim schon von anderen Eltern an der Schule gehört, und die respektlose Art des Teddy Boys, der es liebt, Menschen mit geistiger und körperlicher Behinderung nachzualbern und sich über alles und jeden lustig zu machen, behagt ihm nicht. Sein Ältester hat sich verändert in den vergangenen Monaten, gibt Widerworte, nabelt sich ab, ist sogar bei der Lateinprüfung durchgefallen. Tante Mimi wiederum ist der Meinung, ihr Zögling, der mittlerweile zur Kunsthochschule geht, solle sich nicht so viel mit Sprösslingen der unteren Mittelschicht abgeben, zu der auch Paul gehört.

Die beiden stört das wenig. Mit ihren Gitarren sitzen sie einander gegenüber. Auge in Auge. Paul zeigt John, der das Instrument von seiner Mutter Julia gelernt hat, die aber eigentlich nie Gitarre gespielt hat, sondern immer nur Banjo, »richtige« Akkorde und spielt ihm seinen ersten selbstgeschriebenen Song mit dem Titel »I Lost My Little Girl« vor. Daraufhin spielt auch John ein eigenes Lied, das ihm bisher immer ein bisschen peinlich war. Es hat auch einen ähnlich einfallslosen Titel wie das von Paul: »Hello Little Girl«. Kleine Mädchen tummeln sich zu jener Zeit viele in den Songs von Teenagern.

Nachdem sie sich ihre ersten Songwritingversuche vorgespielt haben, beginnen sie, gemeinsam zu schreiben – weil es mehr Spaß macht und wesentlich schneller geht. Wenn einer nicht weiterweiß, übernimmt der andere. Paul ist besser mit den Melodien, John mit den Texten. »Too

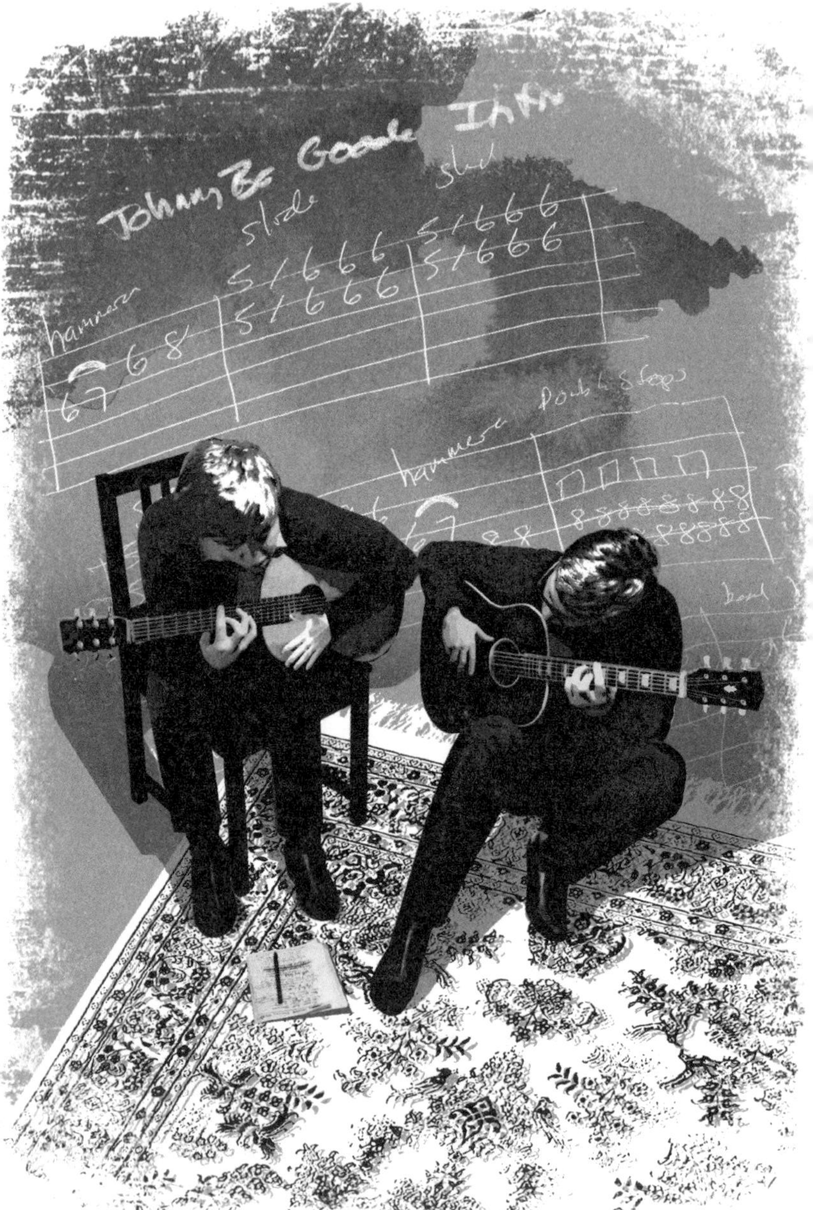

Bad About Sorrows« heißt ihre erste Co-Komposition. Das mit den kleinen Mädchen haben sie fürs erste hinter sich gelassen. Es folgen Lieder mit Titeln wie »Just Fun«, »Keep Looking That Way« und »Looking Glass«. Alles wird fein säuberlich protokolliert, jeder Text wird festgehalten (die Musik müssen sie sich merken, weil sie nicht wissen, wie sie die aufschreiben sollen), und über jeden Songtitel schreibt Paul »Another Lennon-McCartney-Original«. Er schreibt das auch über die Lieder, die einer von ihnen großenteils allein geschrieben hat. Es soll eine Marke werden wie »Rogers and Hammerstein« im Klavierbuch seines Vaters, sagt Paul. John zuckt mit den Schultern und wundert sich ein wenig über den Enthusiasmus seines kleinen Freundes. Mit Rock'n'Roll hat das alles nicht viel zu tun. Er würde nie auf die Idee kommen, diese Lieder mit den Quarrymen zu spielen.

5. Juli 1958, Liverpool

Fast jeden Tag besucht Julia Lennon, geborene Stanley, ihre Schwester Mimi in der Menlove Avenue, um Tee zu trinken, Kuchen zu essen und über die Entwicklung ihres Sohnes zu reden, dessen Vater Alfred Gott-weiß-wo auf irgendeinem Schiff, auf irgendeinem Meer unterwegs ist und sich nach der Geburt des Kleinen ziemlich bald aus dem Staub gemacht hat.

Es ist ein lauer Sommerabend, kurz vor halb zehn, die untergehende Sonne färbt die Straße und die Vorgärten in ein warmes rötliches Licht. Nigel Walley, einer der vielen wechselnden Waschwannen-Bassisten der Quarrymen, will seinen Freund und Bandleader besuchen und trifft die beiden Frauen an der Gartenpforte.

»John ist nicht zu Hause, keine Ahnung, wo der um diese Zeit an einem Wochentag noch steckt«, erklärt Mimi mit gespielter Entrüstung, und Julia lacht.

»Wenn du ein Gentleman bist, kannst du mich zur Bushaltestelle bringen«, sagt sie. Und es gibt wenig, was Nigel lieber täte, denn er ist ein bisschen verliebt in Julia mit den langen roten Haaren. Wie alle Jungs, die er kennt. Julia ist nicht wie die anderen Mütter. Sie ist lustig und wild und tanzt und singt und flirtet sogar mit ihnen.

Auf dem Weg zur Bushaltestelle macht sie die ganze Zeit irgendwelche lustigen Bemerkungen oder erzählt Witze, die Nigel schon teilweise von John kennt, aber er lacht trotzdem, weil ihre Lache so ansteckend ist. Zur Verabschiedung drückt sie ihn. »Danke schön! Dir noch ne gute Woche. Und arbeite nicht zu viel. Ich meine, arbeiten hat noch niemanden umgebracht, aber man sollte sein Schicksal auch nicht allzu sehr herausfordern. Mach's gut!«

Nigel ist ein bisschen rot geworden bei der Verabschiedung und biegt, immer noch grinsend, in die Vale Road ein, als er einen dumpfen Knall hört. Er dreht sich um. Sieht etwas, nein, es ist nicht etwas, es ist ein menschlicher Körper, in einem bunten Kleid, nein, in genau dem bunten Kleid, dessen Stoff er eben bei der Umarmung befühlt hatte, Julia Lennons Kleid, im hohen Bogen über die Straße fliegen. Reifen quietschen. Ein hellblaues Auto, wohl ein Standard Vanguard, halb verdeckt von den Büschen auf dem Streifen, der die Fahrbahnen voneinander trennt, ist stehengeblieben. Die Fahrertür öffnet sich. Ein junger Mann springt heraus. Schreit. »O mein Gott! Hilfe! Einen Krankenwagen! Schnell! Hilfe! Hilfe!«

Nigel rennt, ohne sich den Unfall näher anzuschauen, direkt zurück zu Tante Mimi. Steht atemlos vor ihrer Tür.

»Nigel! John ist noch nicht zurück, soll ich irgendwas ...«

»Miss Lennon!«, bricht es aus Nigel hervor. »Ein Krankenwagen! Schnell! Miss Smith ... Sie müssen einen Krankenwagen rufen!«

Mimi fragt nicht lange. Sie weiß, was zu tun ist.

Julia wird ins vier Meilen entfernte Sefton General Hospital an der Smithdown Road nahe der Penny Lane gebracht, wo sie kurz darauf stirbt.

John kommt spätabends nach Hause und wundert sich, dass Mimi noch wach ist, sieht ihr besorgtes Gesicht, ihre roten Augen.

»Ist was passiert?«, fragt er, nicht besorgt, eher amüsiert. Er riecht nach Bier.

»Deine Mutter ist tot«, sagt Mimi unter Schock und tonlos. »Ein Unfall.«

John stützt sich auf einen Stuhl, sinkt zu Boden, schluchzt immer wieder »O Gott, o Gott«. Mehr wird er zum Tod seiner Mutter nicht sagen. Zehn Jahre später, als er die Frau getroffen hat, die er von nun an »Mother« nennen wird, schreibt er ein zärtliches Lied über Julia. Dann unterzieht er sich einer Primärtherapie, um sein Trauma zu verarbeiten, und schreibt zwei weitere Songs, einen aus der Sicht des Jungen, der er war, als sie starb, einen aus der Sicht des erwachsenen und therapierten Ichs. Bis dahin schließt er die Trauer in sich ein.

Julia war mehr als seine Mutter. Sie war seine beste Freundin. Seine Vertraute, die ihn besser verstanden hat als seine Freunde. Die wusste, was mit ihm los war. Die die Musik liebte wie er. Es bringt nichts, darüber zu sprechen, denkt er. Niemand kann nachfühlen, wie es ihm geht. Außer Paul vielleicht, der hat seine Mutter zwei Jahre zuvor an den Krebs verloren. Natürlich kann er vor dem Jüngeren nicht losheulen, aber es ist gut zu wissen, dass Paul in etwa fühlt und weiß, was er fühlt und weiß. Das verbindet. Vielleicht findet die geteilte Trauer irgendwie in die Lieder, die sie gemeinsam schreiben.

Die Abende verbringt John im Pub und betrinkt sich, randaliert, wird ausfällig. So bahnt sich das Trauma seinen Weg. Er hat nicht nur seine Mutter verloren, sondern auch den einzigen Erwachsenen, der ihn verstanden hat, mit dem er reden konnte.

Im *Ye Cracke* an der Rice Street lernt er einen Studenten kennen, der schon ein Jahr länger am Liverpool College of Art ist als er. Er ist klein und schmächtig, sensibel und zurückhaltend, fast weiblich, und verfolgt mit Hingabe sein musisches Talent. Er heißt Stuart Sutcliffe und ist bereits mit 16 von zu Hause ausgezogen. Obwohl Stuart körperlich unterlegen ist, schaut der vier Monate jüngere John zu ihm auf, als sei der Geist seiner Mutter in diesen schmalen Körper gefahren.

Oktober 1958, Liverpool

»John, dein kleiner Freund ist wieder da«, ruft Mimi. Den Sommer über hat John Paul kaum gesehen, und die beiden haben nur noch wenige Lennon-McCartney-Originale verfasst. Die meiste Zeit verbrachte er mit seiner Freundin Thelma und seinem neuen Freund Stuart. Er sitzt gerade an der Schreibmaschine und tippt ein surreales Nonsens-Gedicht, inspiriert von dem Song »The Lion Sleeps Tonight« und den absurd-komischen Sprachverdrehungen von Spike Milligan, der jeden Montag mit seinen Komikerkollegen Peter Sellers und Harry Secombe in der »Goon Show« auf dem BBC Home Service zu hören ist. »In the jumble ... the mighty jumble ... Whide Hunter sleeps tonight«, steht auf dem Papier.

»Was machst du da?«, fragt Paul.

»Wonach sieht's denn aus?«, fragt John.

Paul lacht und liest und lacht noch lauter und liest laut vor:

»At the foot of the bed, Otumba kept wogs for poisonous snacks such as the deadly cobbler and apply python. Little did he nose that the next day in the early owls of the morecombe, a true story would actually happen. Otumba awoke him with a cup of teeth, and they lit up toward the jumble. ›Aint dat Elepoon Pill?‹ said Wipe Hudnose, ›wearing his new Basuti?‹ Haha, das ist gut.«

»Stell dir vor, das weiß ich selbst. Aber weißt du, was ich nicht weiß?«

»Nein.«

»Weiter. Ich weiß nicht weiter. Weil so ein übler Hund, Paul Mc-Arf-Arf-ney hier reinschneit und mich stört.«

»Hm. Otumba könnte sagen: ›Could be the Flying Docker on a case.‹«

Jetzt muss auch John lachen. »Gar nicht so übel, Mister McArfney.«

Er tippt den Satz und schreibt weiter: »›No, he's walking‹, said Otumbad in Swahily which is not arf from here as the crow barks.«

Als es dunkel wird, haben sie die kleine Geschichte zu Ende geschrieben. John nennt sie »On Saifairy with Whide Hunter«. Am nächsten Tag treffen sie sich wieder und beginnen ein Theaterstück zu schreiben. Es geht um eine messianische Figur namens Plichard, die in einem Arbeiterklassenelendsviertel im Norden Englands erscheint, auch wenn sie noch niemand gesehen hat. Aber alle sind sich sicher, dass es sie gibt, und wenn sie gefragt werden, wo Plichard sich aufhält, sagen sie: »Er ist oben und betet.«

Nach zwei Seiten Dialog tun ihnen die Bäuche weh vom Lachen, und sie wissen nicht mehr, wie das Stück weitergehen könnte. Stattdessen schreiben sie nach langer Zeit mal wieder einen Song. Kein gewöhnliches Liebeslied dieses Mal, sondern ein komisches Lied im Scouse-Dialekt, das in einer Tanzhalle in Liverpool spielt. Es trägt den Titel »I Fancy Me Chances«.

Die Quarrymen existieren zu diesem Zeitpunkt schon nicht mehr. John und Paul treten zusammen mit George als Trio unter verschiedenen Namen wie Johnny & The Moondogs, The Rainbows oder JOPAGE3 ab und zu auf Partys auf.

21. Januar 1960, Liverpool

Stuart Sutcliffe betritt Hessy's Music Store an der Stanley Street, sucht sich einen viersaitigen Hofner-Bass und einen

Gitarrenkoffer aus, macht eine Anzahlung von 15 Pfund, die er durch den Verkauf eines seiner Bilder eingenommen hat, auf den Gesamtpreis von 59 und ist ein Quarryman. John und Paul haben ihn dazu überredet. Bei den Konzerten, die sie im August und September des vergangenen Jahres gemeinsam unter dem alten Bandnamen sieben Wochen lang jeden Samstagabend im *Casbah Coffee Club* im Vorort West Derby spielen durften (das Engagement endete allerdings vorzeitig, weil die Besitzerin Mona Best nicht mit dem Geld rüberkam), wurde ihnen bald klar, was ihnen fehlte: ein Bassist und ein Schlagzeuger.

John hat als Bandleader beschlossen, dass sein neuer bester Freund Stuart ihr Mann ist. Paul, der den Kunststudenten schon kannte, hat zugestimmt, obwohl er Bedenken hat. Erstens kann Stuart überhaupt nicht spielen, und zweitens zieht er Johns gesamte Aufmerksamkeit auf sich. Das Machtgefüge in der Band ist gestört. Paul fühlt sich zurückgewiesen und verletzt. Keine Probe vergeht, in der er nicht einen giftigen Kommentar auf Stuart schießt, sich über seinen Dilettantismus lustigmacht. Auf der Bühne, so schlägt er vor, solle der neue Bassist am besten mit dem Rücken zum Publikum spielen, damit man wenigstens nicht sieht, dass er falsch spielt. Außerdem dreht er den Bassverstärker vor jedem Gig sicherheitshalber ein bisschen leiser.

Noch etwas anderes nagt an ihm. Seine Freundin Dot ist schwanger. Vielleicht muss er nach der Schule direkt eine Lehre machen, um den Unterhalt aufzubringen – keine Zeit mehr für Universität und Musik also. Seine Existenz als Quarryman hängt am seidenen Faden.

April 1960, The Fox and Hounds, Cavernsham

Seine ältere Cousine Bett hat Paul über Ostern nach Berkshire eingeladen. In Cavernsham, einem kleinen Städtchen bei Reading, hat sie mit ihrem Mann Mike Robbins einen Pub gepachtet: *The Fox and Hounds*. Er könne gerne einen Freund mitbringen, hat sie gesagt. Eigentlich müsste Paul natürlich Dot mitnehmen, schließlich ist sie seine Freundin und kriegt ein Kind von ihm. Oder wenigstens George, mit dem er schon öfter für ein paar Tage weggefahren ist. Aber er fragt John, ob er Lust hat, mit ihm die 200 Meilen Richtung Süden zu trampen. So hat er seinen Freund endlich mal wieder ein paar Tage nur für sich, ohne den unfähigen Stuart an seiner Seite.

Sie müssen Gitarren und Verstärker in den Büschen verstecken, damit überhaupt ein Autofahrer anhält und sie mitnimmt. Im *The Fox and Hounds* helfen sie an der Theke aus und sind vermutlich selbst ihre besten Kunden. Wo sie die Gitarren schon mal dabeihaben, sagt Mike, könnten sie an ihrem letzten Abend, es ist St. George's Day, doch für die Kundschaft auch ein paar Lieder spielen.

Das selbstgemalte Schild an der Kneipentür kündigt sie als The Nerk Twins an – ein Name aus der »Goon Show«, mit dem Mike in früheren Jahren scherzhaft die McCartney-Brüder rief. Mit ihren akustischen Gitarren sitzen John und Paul auf Barhockern und spielen einige Lieder aus dem Repertoire ihrer Band, die sie mittlerweile auf den Namen The Beatles getauft haben – die Idee kam von Stuart, der, inspiriert von Buddy Hollys Begleitcombo, The Crickets (Die Grillen), aus der Welt des kreuchenden und fleuchenden Getiers die Käfer (beetles) als Namensgeber vorschlug. John spielte damit dann noch ein müdes Wortspielchen und ersetzte ein e durch ein a.

Gene Vincents »Be-Bop-A-Lula« ist dem Wirt zu lahm, also spielen sie »The World Is Waiting For The Sunrise« von Les Paul und Mary Ford, ein Lied, das in den Butlin's-Ferienlagern auch immer gesungen wird, in denen Mike lange als Animateur gearbeitet hat.

Dear one, the world is waiting for the sunrise
Ev'ry rose is covered with dew
And while the world is waiting for the sunrise
And my heart is calling you

Als Duo sind Paul und John noch nie zuvor aufgetreten. Und so richtig klappt das mit dem Zusammenspiel auf den Gitarren auch noch nicht, weil John öfter mal danebengreift und noch dazu ein wenig neben dem Takt spielt. Aber ihre Stimmen harmonieren so prächtig, dass es niemandem weiter auffällt. Sie dürfen zum Frühschoppen noch einmal spielen. Dann trampen sie zurück Richtung Norden, und Paul erfährt wenig später, dass Dot eine Fehlgeburt hatte. Er ist außer sich. Doch seine Zukunft als Musiker ist fürs erste gerettet.

15. August 1960, Liverpool

Mimi Smith wirft sich im Flur des Mendips vor ihren Neffen, um ihn daran zu hindern, das Haus zu verlassen. Die Beatles haben, wie er ihr erst vor wenigen Tagen mitgeteilt hat, ein Engagement in Hamburg, das ihnen ihr neuer Manager Allan Williams besorgt hat (sie sind eigentlich nur vierte Wahl, aber Rory Storm & the Hurricanes, Cass & the Cassanovas und Gerry & the Pacemakers können oder wollen nicht). Mimi hat sich eine andere Zukunft für ihn vorgestellt. Aber sie unterstützt ihn, wo sie kann, finanziert ihm auch sein Kunststudium, obwohl sie wenig davon hält. Aber John hat nur diese Band im Kopf.

Nach der Zusage aus Hamburg mussten die Beatles innerhalb von einer Woche einen zusätzlichen Verstärker und einen Schlagzeuger besorgen. Erstgenannten luchste John der Studentenvertretung des Liverpool College Of Art mit unlauteren Mitteln ab. »Ich bring das Teil zurück, bevor es irgendwer merkt«, sagte er zu seiner Freundin June Harry, die wenig später aus der Vertretung fliegen sollte, weil es natürlich jemand merkt und John den Verstärker nie zurückbringt.

Den Schlagzeuger besorgte Paul. Er fand ihn im *Casbah Coffee Club* in West Derby, wo die Beatles im Sommer 1959 noch als The Quarrymen wegen ausbleibender Bezahlung ihr Engagement abbrechen mussten. Der Sohn der saumseligen Besitzerin, Pete Best, besitzt ein Schlagzeug. Er hat es zwar schon lange nicht mehr gespielt, aber Paul konnte ihn überreden. Mehr Überzeugungsarbeit musste er bei seinem Vater Jim leisten. Paul ist gerade 18 geworden und würde den Beginn des nächsten Schuljahrs verpassen (er hat sowieso versäumt, sich für die Uni anzumelden) und auch keine Ausbildung antreten können – die 18 Pfund pro Woche, die die Beatles in Hamburg bekommen sollen, sind ein gutes Argument, schließlich übersteigen sie Jims Gehalt als Baumwollhändler um ein Vielfaches.

Jim McCartney versichert sich, dass sein Sohn genügend Lebertrantabletten bei sich hat und nimmt ihm das Versprechen ab, regelmäßig zu essen, keinen Ärger zu machen und öfter mal zu schreiben.

Stuart, gerade 20 geworden und somit der Einzige in der Band, der kein Teenager mehr ist, musste entscheiden, ob er seine Ambitionen als Künstler hintanstellen wollte, um mit seinem besten Freund John ein Abenteuer zu erleben, und der noch nicht volljährige George dürfte eigentlich gar nicht fahren. Und Pässe brauchten sie auch noch!

Die Band trifft sich am *Jacaranda*, dem Club, den Allan Williams seit 1957 in der Slater Street betreibt. Dort wartet der Manager mit seinem klapprigen beige-grünen Morris J2 Minibus, auf dem noch eine allmählich verblassende Werbung für ein Gene-Vincent-Konzert im Mai 1960 klebt. Er kriegt die nicht mehr ab, weil er den falschen Kleber benutzt hat. Allans Frau Beryl, ihr jüngerer Bruder Barry Chang und der Konzertpromoter und Calypso-Musiker Harold Adolphus Philips alias Lord Woodbine aus Trinidad gehören auch zur Reisegruppe. John ist der letzte, der eintrifft, weil das Büro, aus dem er seinen Pass abholen musste, erst um halb zehn aufgemacht hat.

Neun Passagiere, Gitarren, Verstärker und Klamotten – es dauert ein wenig, bis alles so ausbalanciert ist, dass der Wagen nicht in der nächsten Kurve umkippt. In London soll noch jemand zusteigen. Als sie endlich auf der A41 Richtung Süden sind, muss Williams aufs Gas treten, damit sie die Nachtfähre von Harwich nach Hoek van Holland noch erreichen. Die Stimmung im Auto ist gut. »Where are we going, Johnny?«, grölen Paul und George ihrem Bandleader entgegen. »We're going to the toppermost of the poppermost!«, ruft der in Anlehnung an einen Slogan des Produzenten Dick Rowe zurück.

Über die A5 fahren sie Richtung London, kommen durch den Stadtteil Maida Vale, in dem, nur ein paar hundert Meter von ihrer Route, Cliff Richard und seine Band The Shadows in den Studios des Labels *EMI* an der Abbey Road eine Session spielen. In der Old Compton Street im Vergnügungsviertel, wo sich die berühmte *2i's Coffee Bar* befindet, Geburtsort des englischen Rock'n'Roll, hält Williams an, um den letzten Passagier, einen deutschen Kellner, der Steiner heißt oder so ähnlich, aufzusammeln und dann schnell weiter nach Harwich zu preschen.

16. August 1960, Harwich – Hamburg

Die Fähre erreichen sie. Aber die Hafenarbeiter weigern sich zunächst, den überladenen Bus mit dem Kran aufs Schiff zu heben. Williams kann sie schließlich überreden. An der holländischen Grenze gelingt es ihm nach vierstündigen Verhandlungen sogar, die Beamten davon zu überzeugen, dass seine Jungs, die natürlich keine Arbeitserlaubnis besitzen, nur kleine Studenten sind, die ein bisschen Urlaub machen wollen und nicht ohne ihre Instrumente leben können.

Der Rechtsverkehr ist ein bisschen irritierend, sodass Williams gleich nach Ankunft auf dem Festland falsch abbiegt und den Wagen nach Osten statt nach Westen lenkt.

Sie landen schließlich auf dem Soldatenfriedhof von Oosterbeek bei Arnheim. John weigert sich auszusteigen, um sich die Gräber anzusehen. In der Stadt lässt er in einem Musikladen eine Mundharmonika mitgehen.

Nacht 36 Stunden Fahrzeit erreichen sie gegen Mitternacht St. Pauli. Die engen kopfsteinbepflasterten Straßen sehen fast aus wie die in Liverpool, aber all die bunten Lichter der Stripbars und Clubs sind aufregend anders. Sie halten vor dem *Kaiserkeller* auf der Großen Freiheit. Derry & The Seniors aus Liverpool bereiten sich gerade auf ihren Auftritt vor, der Besitzer des Clubs, ein bulliger Mittdreißiger namens Bruno Koschmider, führt sie wieder hinaus in die Nacht und zeigt ihnen das *Indra*, ein nach einer indischen Gottheit benanntes Cabaret-Theater, die Straße hoch, wo sie am nächsten Abend spielen sollen. Sie sind ein bisschen enttäuscht, wie klein der Laden ist. Es ist eher eine Bar als ein Club, eine Strip-Bar, um genau zu sein. Man muss hier keinen Eintritt zahlen, um Musik zu hören, man geht hinein, trinkt was und geht wieder. Niemand kommt wegen der Musik. Wo sie bis dahin schlafen können? Koschmider zuckt die Schultern. »Hier im *Indra* vielleicht?«

17. August bis 1. Dezember 1960, St.Pauli, Hamburg

Auf den Tag genau 20 Jahre nach dem ersten Luftangriff auf Liverpool spielen die Beatles zum ersten Mal auf der kleinen Bühne des *Indra*. Sie müssen ihre Verstärker ganz aufdrehen, denn die schweren Vorhänge hinter ihnen schlucken viel.

Was auch besser ist, denn bei ihrem ersten gemeinsamen Auftritt stellen sie fest, dass ihr neuer Schlagzeuger den Takt nicht halten kann. Die gesamte Rhythmusgruppe ist eine Katastrophe, denn auch Stuart übt immer noch am Bass. Also müssen John, Paul und George sich den Rhythmus mit Stampfen auf den Bühnenboden selbst geben, was bald Probleme mit einer älteren Dame geben wird, die über dem *Indra* wohnt und bei dem ständigen Bumm-bumm-bumm nicht schlafen kann. Schließlich spielen die Beatles mit einigen halbstündigen Unterbrechungen jeden Tag von acht Uhr abends bis zwei. Nettospielzeit viereinhalb Stunden, am Wochenende sind es sogar sechs. An ihrem ersten Abend wundern sie sich noch, als mitten in einem Song plötzlich eine Lautsprecherstimme ertönt: »Wir machen darauf aufmerksam, dass um zehn Uhr alle Jugendlichen unter 18 Jahren das Lokal verlassen müssen.« George versucht, wie 18 auszusehen.

Die Band wird nach der ersten Nacht auf den unbequemen Ledersitzen des *Indra* im *Bambi*-Filmkunsttheater an der Paul-Roosen-Straße auf St. Pauli untergebracht. In zwei schäbigen fensterlosen Abstellkammern neben der Herrentoilette, die ihnen als Bad dient. An Mittagsschlaf ist nicht zu denken, weil sie jede Filmvorführung in voller Lautstärke hören können. John hat sich zusammen mit Stuart und George das etwas komfortablere Zimmer gesichert. Paul muss mit dem stillen Pete in die schäbige Kammer und fühlt sich ausgeschlossen. Seine Spitzen gegen Stuart werden schärfer. Auch Pete kriegt auf der Bühne sein Fett weg und bereut bald seine Entscheidung, sich ungeübt auf diesen Höllentrip begeben zu haben.

Paul ist ziemlich unausstehlich in dieser Zeit, und John scheint ihn sich jenseits der Bühne vom Leib zu halten. Lang vorbei scheint die Zeit, als sie gemeinsam bei Paul in der Forthlin Road oder bei John im Mendips eigene Lieder schrieben. John interessiert sich nicht mehr fürs Songwriting. Pauls Traum, gemeinsam mit ihm ein gefeiertes Songwriter-Duo zu werden, scheint geplatzt. Sie spielen Rock'n'Roll-Stücke aus den 1950er-Jahren, denn die will man von ihnen hören. Jetzt wo Elvis beim Militär ist, Little Richard Gott gefunden hat und Chuck Berry im Knast sitzt, halten sie und all die anderen britischen Coverbands die Musik am Leben. Sie tragen mittlerweile alle Lederjacken, was ihnen ein härteres Image gibt.

Jeder von ihnen hat ein »leichtes Mädchen« an seiner Seite. John die Renate, Pete die Helga, George die Monika (bei ihrem ersten Sex, Georges Entjungferung, im Stockbett des *Bambi* spenden die Bandkollegen Applaus) und Paul die Corri, deren Eltern das Restaurant *Blockhütte* neben dem *Indra* betreiben. Trotzdem gibt es bei den Beatles selten mehr zu essen als Cornflakes. Ab und zu mal eine Hühnersuppe mit Einlage im *Haralds*, wo der ehemalige Boxer Horst Fascher, der anfangs als Türsteher für Koschmider arbeitet, sie öfter hinschleppt, damit sie nicht vom Fleisch fallen.

Stuart hält sich fern von den deutschen Mädchen. Bis er eines Abends in einer Pause – die Beatles spielen mittlerweile im mit Fischernetzen maritim ausgeschmückten *Kaiserkeller* – mit einem deutschen Grafiker namens Klaus Voormann ins Gespräch kommt, der wiederum am nächsten Tag seine überaus hübsche Freundin Astrid Kirchherr und einen weiteren Freund, Jürgen Vollmer, mitbringt. Alle drei tragen Schwarz, hören Jazz, machen Kunst. Stuart verliebt sich in Astrid und sie sich in ihn. Und das, obwohl sie kaum miteinander sprechen können, denn nur Klaus kann ein wenig Englisch (gegen die neue Liaison scheint er nichts zu haben, er streitet sich ohnehin immer mit Astrid, wenn sie zusammen sind).

Bald kommen die drei jeden Abend und freunden sich auch mit den anderen Beatles an. Nur Paul, der zu ihnen zwar nett ist, aber ständig gehässige Bemerkungen gegen Stuart loslässt, mögen sie nicht besonders. Er wird immer mehr zum Außenseiter und ist ziemlich neidisch, weil er auch gern so eine schicke Freundin hätte, die zudem noch Fotografin ist und tolle Schwarz-Weiß-Aufnahmen von ihm und John macht. George kauft sich eine Lederjacke und Cowboystiefel. Dann John, dann Stuart. Paul zieht nach. Eigentlich bräuchte er das Geld für eine neue Gitarre, weil seine auf der Bühne immer wieder den Geist aufgibt, sodass er mit dem Rücken zum Publikum am Klavier sitzen muss. Sein Idol Elvis hätte so was nie gemacht. Stuart singt dafür im Spotlight »Love Me Tender« und kriegt einen Extra-Applaus, obwohl es doch Paul ist, der mit einer manchmal eine halbe Stunde dauernden Performance von Ray Charles' »What I'd Say« den musikalischen Höhepunkt jedes Abends liefert. Einmal strecken sie den Song sogar auf anderthalb Stunden, und jeder aus der Band geht mal ab, um sich was zu trinken zu holen.

Im *Kaiserkeller* teilen sich die Beatles ihre Schicht mit einer anderen Band aus Liverpool – Rory Storm & The Hurricanes. Die haben richtige Bühnenoutfits und einen fantastischen Schlagzeuger, mit dem sich die Beatles anfreunden. Er heißt Richard Starkey sieht sehr erwachsen aus, trägt einen Bart und einen Künstlernamen: Ringo Starr. Wenig später stehen sie mit ihm in einem kleinen Tonstudio, das sich über den Büros des Lederwarenherstellers Klockmann in der Kirchenallee 57 am Hamburger Hauptbahnhof befindet. Der Bassist und zweite Sänger der Hurricanes, Lu Walters, will dort ein paar Songs aufnehmen, um sie an Londoner Künstleragenturen zu schicken – er strebt eine zweite Karriere als Nachtclub-Crooner an – und hat Lennon, McCartney und Harrison gefragt, ob sie ihn zusammen mit Starr am Schlagzeug bei diesen Aufnahmen begleiten wollen. Die ersten drei Songs, die die späteren Fab Four gemeinsam aufnehmen, sind der Peggy-Lee-Hit »Fever«, Kurt Weills »September Song« und George Gershwins »Summertime«.

Mit ihrem Boss Bruno Koschmider verstehen die Beatles sich nicht so gut wie mit ihren Musikerkollegen. Er führt sogar Buch über jede ihrer Verfehlungen. Die verkommene Absteige, in der sie hausen müssen, haben sie noch weiter runtergerockt, es riecht überall nach Zigaretten und Erbrochenem, und auf der Bühne halten sie sich mit unflätigen Bemerkungen und Nazi-Witzen nicht zurück – don't mention the war! Koschmider hat sie zwar zu Beginn ihrer Zeit in Hamburg mit seinen »Mach Schau!«-Rufen angespornt, nicht wie die Ölgötzen auf der Bühne zu stehen, aber das geht nun wirklich zu weit.

Außerdem bandelt ihr Manager, Allan Williams, mit dem *Top Ten Club* an, wo Horst Fascher mittlerweile als Geschäftsführer arbeitet. Koschmider droht Best und

McCartney, ihnen die Finger zu brechen, wenn sie nicht unterschreiben, dass sie nie wieder irgendwo anders in Hamburg auftreten werden. Die weigern sich und spielen Ende Oktober erstmals im Club auf der Reeperbahn. Koschmider kündigt ihnen daraufhin den Vertrag vorzeitig zum 1. Dezember und steckt den Behörden, dass George minderjährig ist. Der milchgesichtige Gitarrist wird des Landes verwiesen. Stuart und Astrid verabschieden ihn am Bahnhof und geben ihm Obst und Süßigkeiten für die Reise mit. Die Beatles müssen die letzten Konzerte im *Kaiserkeller* ohne ihn spielen und tun alles, um die Holzbühne des Clubs mit Tritten zu zerstören. Rory Storm & The Hurricanes helfen mit, und ihr Bandleader ist es schließlich, der das erste Bühnenbrett zertritt.

Pete und Paul wollen Koschmider einen letzten Gruß hinterlassen. Als sie ihre Sachen aus dem *Bambi*-Kino holen, hängen sie ein Kondom an einen verrosten Nagel im Flur und zünden es an. Ihr Hausherr hetzt die Polizei auf sie, sie verbringen die Nacht in der Davidwache und werden am nächsten Tag, dem 1. Dezember 1960, ausgewiesen. Immerhin werden sie mit dem Flugzeug nach Hause geschickt, aber ihre Instrumente müssen sie zurücklassen. John folgt einige Tage später mit dem Zug. Stuart bleibt erst mal in Hamburg bei seiner Verlobten Astrid und kehrt erst im Januar heim.

Januar 1961, Liverpool

Stuart ist noch in Hamburg bei seiner Verlobten. Die Beatles haben ohne ihn wieder zusammengefunden, nachdem

John am 8. Dezember 1960 spät in der Nacht nach Liverpool heimgekommen ist und sich erst mal nicht gerührt hat, weil er sich nach den Erlebnissen in Hamburg nicht mehr so sicher war, ob das mit der Musikerkarriere wirklich eine gute Idee ist. Paul hat auf Drängen seines Vaters eine Lehre beim Elektrohersteller Massey & Coggins angefangen. Wenn er bis 1966 durchhält, ist er ausgebildeter Elektriker. Er muss zwar wochentags um sechs aufstehen, um pünktlich zur Fabrik in der Bridge Road zu kommen (einmal umsteigen an der Penny Lane), und den ganzen Tag irgendwelche bescheuerten Spulen aufrollen, aber die Aussicht, es irgendwann mal zu etwas zu bringen im Elektrikerhandwerk, gefällt ihm durchaus – dann kann er es seinen Chefs, die ihn »Mantovani« nennen, seit er ihnen erzählt hat, er sei eigentlich Musiker, so richtig zeigen. Der Ehrgeiz begleitet ihn, was immer er auch macht.

John hat sich derweil durch die Musik der vergangenen Monate gehört, um das Repertoire der Band zu erweitern. Rock'n'Roll ist ziemlich vorbei. Soul und R&B sind jetzt das Ding. »Who's Loving You« von den Miracles, »Money« von Barrett Strong, softere Sachen wie »Save The Last Dance For Me« von den Drifters. Klar, dass er auch der Leadsänger bei seinen neuen Entdeckungen sein musste. Immerhin gibt es eine neue Elvis-Single, die er Paul überlässt: »Are You Lonesome Tonight«. Als sie den Song zum ersten Mal spielen, stellt Paul seine Gitarre an die Seite, baut sich vorm Mikro auf, als wäre er der leibhaftige King of Rock'n'Roll, und beginnt mit Schlafzimmerblick »Are you lonesome tonight/ Do you miss me tonight?/ Are you sorry we drifted apart?« zu schmachten, aber als er an der

Stelle ankommt, wo Elvis rezitiert, statt zu singen – »You know, someone said that the world's a stage …« –, stoppt John die Band, und Paul dreht sich verwirrt um: »Was ist los?« John schaut ihn angewidert hat, dann prustet er los. Die ganze Band scheint über ihn zu lachen. Und auch im Publikum beginnen sie zu kichern über das Paul'sche Pathos. Da hat er seinen Traum, Elvis zu sein, ein bisschen zu sehr ausgelebt. Bei den Beatles soll sich keiner auf der Bühne zu weit in den Vordergrund spielen, so wie bei den anderen Bands, wo der Sänger im pinkfarbenen Jackett vor den anderen Musikern steht. Die Beatles sind keine Solisten, sondern ein Team. John hat ihm eine Lektion erteilt.

Bei einem ihrer Auftritte im North End von Liverpool wird Stuart, der für ein paar Wochen zurück in seiner Heimatstadt ist, um Astrid alles zu zeigen, von ein paar Teddy Boys hinter der Bühne zusammengeschlagen. Sie sind eifersüchtig auf die Musiker, die mit ihrer Masche einen Schlag bei den Mädchen haben. Seine Bandkollegen kommen ihm zur Hilfe, und John bricht sich dabei einen Finger. Pete hat ein blaues Auge, Paul kann den Schlägen ausweichen, geht aber wohl auch nur halbherzig zur Sache, denn er sieht nicht ein, warum er sich für den verhassten Stuart in Gefahr bringen soll. Der wird übel zugerichtet, einer seiner Widersacher tritt ihm auf den Kopf, als er schon am Boden liegt.

26. März bis 1. Juli 1961, Hamburg

Die Beatles sind zurück in Hamburg. Paul hatte am 28. Februar seinen letzten Arbeitstag bei Massey & Coggins oder, wie John es nennt, »Massive Coffins« – schwere Särge. Er war sowieso nicht gut im Spulendrehen und hat sich öfter von seinem Arbeitsplatz weggeschlichen, ist über die Firmenmauer gesprungen und zum *Cavern* gefahren, wo die Beatles mittags spielten. Stuart reiste Ende März zurück nach Hamburg. John und George folgen ein paar Tage später, weil die Beatles ab dem 1. April ein neues Engagement in der Hansestadt haben. Wie sich am Ende ihres ersten Aufenthalts schon angedeutet hat, werden sie in Peter Eckhorns *Top Ten Club* auf der Reeperbahn spielen.

Paul und Pete müssen warten, bis sie vom Bundeskriminalamt für ihre Brandstiftung begnadigt werden. Am 28. März kommt tatsächlich der Brief. Nun können auch sie zurück zu den bunten Lichtern von St. Pauli. Auf Bewährung. Außerdem werden 195 Mark Unkostenerstattung für die Ausweisung fällig.

Die Beatles sind zusammen mit Tony Sheridan und seiner Freundin Rosi Heitmann in einer Kammer über dem Club untergebracht – nur Stuart wohnt bei Astrid in einem schicken Haus in Altona. John hat seinen besten Freund an eine Frau verloren. Ihm bleiben Paul und George. Die drei rücken enger zusammen, zumal sie sich jetzt ein Zimmer teilen. Und sie schließen Freundschaften. Nicht nur mit Astrid, Klaus und Jürgen, auch mit Horst »Hoddel« Fascher, den sie schon vom letzten Mal kennen und der John einige Male aus der Patsche hilft, wenn er auf der Bühne mal wieder ein zu großes Maul hat und einige harte Typen beleidigt. Auch seine Brüder Uwe und Fred gehören zum erweiterten Freundeskreis.

Paul hat eine Ersatzmutter in der 60-jährigen Toilettenfrau Rosa Hoffmann gefunden, mit der er sich in seinem Schuldeutsch unterhält und die er »Tante Röschen« nennt. Sie versorgt die Band auch mit Amphetaminpillen, den so genannten »Prellies«, die sie bei den langen Schichten auf der Bühne wachhalten. John nimmt am Abend vier bis fünf und kann auch nach dem Auftritt noch nicht schlafen. Paul, der immer noch die Warnung seines Vaters im Ohr hat, vorsichtig zu sein und nichts Unüberlegtes zu tun, nimmt nur eine, die ihn bis zum Feierabend durchbringt, dann legt er sich hin. Pete, der sich jenseits der Bühne weiterhin von den anderen fernhält, bleibt abstinent und schläft manchmal hinter seinem Schlagzeug ein.

Johns Freundin Cynthia und Pauls Dot kommen zu Besuch, gemeinsam mit Astrid und Stuart fahren sie nach Scharbeutz an die Ostsee – fast ein richtiger Pärchenurlaub.

Wenn Stuart auf der Bühne den Bass beiseitestellt, sich eine Zigarette anzündet und »Love Me Tender« an seine Verlobte richtet, kichern und tuscheln sie hinter seinem Rücken. Nun wird er ganz allmählich zum Außenseiter, zumal er immer öfter fehlt, weil er über Kopfschmerzen klagt und weil er sein Studium an der Hochschule für Bildende Kunst aufnimmt.

Paul, der immer noch keine neue Gitarre hat und auf ein verstimmtes Klavier ausweichen muss, übernimmt jetzt öfter den Bass für ihn. Die Streitereien zwischen den beiden hören nicht auf. Eines Abends eskaliert die Lage. Als Paul von Stuart geliehenes Geld einfordert und sagt, seine reiche Gönnerin (er benutzte wohl ein weniger feines Wort) Astrid könne doch dafür aufkommen, kommt es zur Prügelei. Der schmächtige Stuart schnappt sich den verdutzten Paul und wirft ihn zu Boden, die beiden wälzen sich ein paar Minuten, umringt von den grölenden Freunden, durch Dreck und Bierlachen, doch keiner landet einen Wirkungstreffer.

Nach dieser Prügelei ist Paul in der Gunst der Hamburger Freunde noch weiter gesunken. Doch auch John zettelt wenig später eine Schlägerei mit Stuart an, als der sich entschieden hat, nicht weiter bei den Beatles zu spielen. Dieses Mal geht es nicht ganz so glimpflich ab. John tritt auf den am Boden liegenden Freund ein, trifft ein ums andere Mal seinen Kopf. Doch die beiden versöhnen sich anschließend wieder. Johns Wutanfälle sind allen bekannt – in ihnen scheint sich etwas zu entladen, das nichts mit seinem unmittelbaren Umfeld oder der jeweiligen Situation zu tun hat. Man nimmt diese Ausbrüche hin, denn zehn Minuten später ist er wieder normal.

Paul will Stuart seinen Bass abkaufen, aber der weigert sich. Also besorgt er sich einen neuen. Zu viel Geld will er nicht ausgeben. Sein Auge fällt auf einen Violinbass der Firma Höfner aus dem mittelfränkischen Bubenreuth. Er ist günstig, leicht und symmetrisch, sodass man ihn auch als Linkshänder ohne Probleme spielen kann. Jetzt steht die Band an manchen Abenden mit zwei Bassisten auf der Bühne.

Als der Musikproduzent Bert Kaempfert sie schließlich für Plattenaufnahmen mit Tony Sheridan in der Harburger Friedrich-Ebert-Halle bucht, übernimmt Paul und löst die Aufgabe mit Bravour, spielt virtuos, erfindet eigene Melodien, als habe er nie etwas anderes gemacht. Pete dagegen kann den Rhythmus kaum halten, darf am Ende nur noch Snare, Hi-Hat und Becken spielen.

Sie nehmen mit Tony Sheridan das alte Seemannslied »My Bonnie« auf, John darf den alten Tin-Pan-Alley-Schlager »Ain't She Sweet« singen, natürlich ist er heiser von den vielen Stunden auf der Bühne des *Top Ten*. Er hat einen, wie er es nennt, »Hamburg throat«. Das dritte Stück, das sie aufnehmen, ist ein Instrumental, das John und George geschrieben haben – »Beatle Bop«. Ein Lennon-McCartney-Original spielen sie nicht an diesem Tag.

Paul ist nach diesen Sessions als neuer Bassist etabliert – obwohl er sich immer noch sträubt, weil der Bass das Instrument sei, das normalerweise die fetten Typen zupfen, wie er sagt. Doch vor allem sein Spiel wird den Sound der Band in den kommenden Monaten entscheidend verändern, weg vom harten rauen Rock'n'Roll zu etwas Leichtfüßigerem, Melodiöserem, Süffigerem. Die Freunde aus Hamburg werden ihm das nie verzeihen. Klaus, der schließlich den Bass von Stuart kauft, bietet an, bei den Beatles einzusteigen, aber John lehnt ab. Er setzt auf Paul. Am 1. Juli stehen sie ein letztes Mal mit Stuart auf der Bühne. Paul sieht, nachdem er wieder einmal gegen den ungeliebten Bandkollegen geätzt hat, Tränen in seinen Augen und fühlt sich ihm plötzlich ganz nah.

30. September bis 14. Oktober 1961, Paris

Die Rückkehr der Beatles in den *Cavern* gerät triumphal. Und obwohl die heimischen Fans bei jedem Konzert durchdrehen, ja, sogar Pauls Vater Jim sich manchmal unter die begeisterten Teenager mischt, um seinen Sohn zu sehen und selbst Johns Tante Mimi einmal vorbeischaut (»Einmal und nie wieder!«), beginnen die Beatles sich zu langweilen. Irgendetwas muss passieren. Die Liverpooler Jugend auf ihre Seite zu ziehen ist mittlerweile kinderleicht. Aber was ist mit dem Rest des Landes? Der Welt? Sie befinden sich in einer Sackgasse.

John plant eine Auszeit. Mit dem Geld, das er von seinem Onkel, einem Zahnarzt aus Edinburgh, zu seinem 21. Geburtstag bekommt – immerhin 100 Pfund –, will er in den Urlaub fahren. Und zwar mit Paul. Er weiß, dass er nur mit ihm etwas erreichen kann und es jetzt wichtig ist, sich mit ihm zusammenzuraufen. Am 30. September brechen sie mit dem Zug nach Paris auf, um ihren Hamburger Freund Jürgen zu besuchen, der in der französischen Hauptstadt einen Job als Fotoassistent sucht. Dann wollen sie weiter nach Spanien. Aber dazu kommt es nicht. Paris ist einfach zu aufregend und exotisch. Die Kneipen und Cafés, die Prostituierten von Montmartre, die Flohmärkte, auf denen man irre Klamotten kaufen kann. John ersteht ein grünes Kordjackett, Paul einen Rollkragenpullover, beide laufen nach wenigen Tagen wie Jürgen in Schlaghosen und Halbschuhen rum.

Die einzige Enttäuschung ist die Pariser Musikszene. Da passiert wenig Aufregendes. Also vertreiben sie sich die Tage mit Sightseeing. Paul hat sich von seinem Bruder Mike eine Kamera geliehen, fotografiert John mit Sonnenbrille vorm Louvre und unter dem Eiffelturm, John knipst Paul Zeitung lesend mit Bowlerhut und Lederjacke auf dem Klo ihres Hotels in Montmartre. Es gibt ein Bild der beiden in einem Café, auf einem anderen sieht man sie mit seltsamen Fellmützen auf dem Kopf, starken Brillen auf der Nase und heruntergelassenen Hosen, ein weiteres zeigt sie vor dem *Bal Tabarin*, einem Club, in dem sie eigentlich spielen wollen, was ohne Gitarren aber ein bisschen schwierig ist. Leider sind auf diesem Foto ihre Köpfe abgeschnitten. Jürgen, der ja professioneller Fotograf werden will, kennt sich mit der Kamera nicht aus.

Aber diese beiden Köpfe wird er wenige Tage später in seinem Hotel an der Rive Gauche noch einmal genauer betrachten, weil er ihnen nämlich eine neue Frisur verpasst. Weg mit der fettigen Tolle, kämmt er ihnen die Haare ins Gesicht, wie man es in Paris jetzt trägt – der Regisseur Jean Cocteau etwa, den Paul verehrt, läuft auch so rum. Astrid hat ihrem damaligen Freund Klaus auch mal so einen Pilzkopf geschnitten, um seine Segelohren zu verbergen, und sein Nachfolger, Stuart, bekam die gleiche Behandlung. Paul sieht mit der neuen Frisur noch unschuldiger und engelhafter aus als vorher, und der Spott in Johns Augen scheint nun ein bisschen heller zu leuchten.

9. November 1961, Liverpool

An diesem nebligen, nasskalten Donnerstag steigt der Geschäftsführer des großen Liverpooler Plattenladens *North End Music Stores* (*NEMS*), Brian Epstein, mit seinem persönlichen Assistenten Alistair Taylor in den *Cavern* hinab, um die Beatles zu sehen. Eigentlich hat er sich nie sonderlich für Popmusik interessiert, aber seit er das Geschäft von seinem Vater übernommen hat, treibt ihn ein berufsmäßiges Interesse an. Und als gleich drei Kunden nach der neuen Single von Tony Sheridan und den Beat Brothers, die sich schließlich als die Beatles aus Liverpool herausstellen, fragen, durchsucht er die Seiten des *Mersey Beat* nach dieser Band und findet heraus, dass sie oft zur Mittagszeit in dem Kellerclub an der Mathew Street spielen.

Er hat vorher angerufen, damit man ihn in diesen Teenager-Laden überhaupt reinlässt, schließlich ist er mit 27 Jahren eigentlich zu alt für den Club. Der Türsteher Paddy Delaney geleitet ihn in das dunkle, verrauchte Gewölbe. Der Besitzer des *Cavern*, Ray McFall, begrüßt den peniblen Gast, der allen auffällt. »Who is this natty feller?«, tuscheln sie und zeigen auf den Mann, der sich weit entfernt von der Bühne postiert hat. Er hat schon einige der neuen Beat-Gruppen im *Empire Theatre* gesehen und sich meist gelangweilt, weil die jungen Musiker immer etwas steif, ohne jeden Sinn für Inszenierung auf der Bühne standen. Doch die Beatles reißen ihn mit – ihr Beat, ihre Wildheit, ihr Humor. Sie sind frech, animieren ihre Fans – machen Schau, wie Bruno Koschmider sagen würde.

Paul sagt höflich die Songs an, doch John ist eindeutig der Chef, steht herausfordernd breitbeinig auf der Bühne, gibt den toughen Teddy Boy – wenn auch diese seltsame Frisur nicht dazu passt. Er gefällt Brian außerordentlich.

Es geht alles sehr schnell. Kommt Epstein vor wie ein Traum. Als er erwacht, ist der *Cavern* leer. Delaney steigt die Treppe herunter: »Es ist alles vorbei, Sir!«, ruft er. »Ich weiß, ich weiß«, sagt Epstein gedankenverloren. »Schon gut. Ich werde gleich die Beatles treffen.«

»Was treibt Sie denn hierher, Mr. Epstein?«, fragt George, als er den Mann, den er aus dem Schallplattenladen kennt, im dunklen Club stehen sieht. »Well, hello«, sagt der Angesprochene überrascht und erkennt in dem Jungen einen von denen, die immer in seinem Geschäft rumhängen, nach Platten fragen und nie eine kaufen. Ja, was treibt mich hierher, denkt Brian. In Worte fassen kann er es noch nicht. Er muss erst mehr wissen über diese Band. Er könnte ihr Manager werden, schließlich kennt er Vertreter der großen Plattenfirmen. Als wichtiger Handelspartner könnte er ein gutes Wort bei ihnen einlegen. Auf ihn wirken sie schon jetzt, als wären sie größer als Elvis.

»Können Sie mir mal die Single der Beatles vorspielen?«, fragt er den DJ Bob Wooler, der selbst mal so was war wie der Beatles-Manager, nämlich die rechte Hand von Allan Williams. Der legt »My Bonnie« auf. Das Lied hat zwar längst nicht das Feuer ihres Bühnenauftritts, aber Epstein wird trotzdem noch einen Schwung ordern und bestimmt schnell abverkaufen.

In den folgenden Wochen kommt er noch öfter in den *Cavern*, nimmt Freunde mit, wie Peter Brown, der die Schallplattenabteilung bei *NEMS* leitet. Der kann mit dem groben John nicht so viel anfangen und scheint Paul vorzuziehen. Die großen Augen, die einschmeichelnde Stimme. Die 25 Exemplare von »My Bonnie«, die sie geordert haben, sind flugs verkauft. Am 29. November lädt Epstein die Band in den *NEMS*-Laden in Whitechapel ein. Sie fragen Bob Wooler, ob er sie begleitet: »Guck dir den mal an und sag, was du von dem Typen hältst«. John stellt Wooler dem feinen Herrn Epstein als seinen Vater vor. Das löst die Spannung ein bisschen, als sie sich gegenüberstehen, der penible Anzugträger und die schmuddeligen, verschwitzten Jungs in Jeans und Lederjacken. Doch Brian ist zögerlich, schüchtern, vermeidet Augenkontakt. Vor allem mit John, der aber auch zu kurzsichtig ist, um ohne Brille irgendwas zu erkennen.

Er fragt sie, wie es zu der Single mit Tony Sheridan gekommen ist und ob sie weitere Verpflichtungen mit dem Produzenten Bert Kaempfert eingegangen seien. Warum er das so genau wissen wolle, fragt Paul. Nun, er habe ein Vorspielen bei einer großen Plattenfirma in London für die Beatles organisiert, sagt er. Warum? Weil er sich gut vorstellen könne, als Manager für sie zu arbeiten. Er müsse allerdings ehrlich zugeben, dass er so was noch nie zuvor gemacht habe. »Macht nichts«, sagt John. »Wir sind auch noch nie richtig gemanagt worden. Da können wir doch zusammen üben.«

Brian schlägt vor, sich noch einmal zu treffen, um sich besser kennenzulernen. Er scheint kein Schwindler zu sein. Alle mögen ihn, John ist sogar Feuer und Flamme für den Mann, der offenbar zu jedem Risiko bereit ist. Natürlich hat er schnell gemerkt, dass er Mr. Epstein um den Finger wickeln kann. Aber er kann mit ihm auch über Bücher sprechen, die er gelesen hat, und mit ihm philosophieren. Obwohl sie so verschieden sind, funken sie auf einer Wellenlänge.

Nur Paul ist misstrauisch, ihm geht das alles zu schnell, vor allem John ist ihm zu impulsiv. Als sie am 3. Dezember einen Vertrag mit Epstein machen wollen, taucht Paul als einziger nicht auf. Brian ruft in der Forthlin Road an, doch Paul ist gerade erst aufgestanden und noch unter der Dusche. Ein kleines Machtspielchen. Als er schließlich eintrifft, stellt er ein paar kritische Fragen, diskutiert mit Brian über die Managerkommission, schaut ihm dabei aber nicht einmal in die Augen. Um sieben verlegen sie das Treffen in einen Pub, und die Stimmung löst sich ein wenig.

Paul und John erzählen Brian, dass sie zusammen ein paar Lieder geschrieben haben. Der ist tief beeindruckt und ermutigt sie, sie in ihr Programm einzubauen: »Das hebt euch weit über die anderen Bands hinaus. Niemand sonst kennt diese Songs«, sagt er. »Nicht mal Elvis hat seine Songs selbst geschrieben – ihr seid größer als Elvis!«

Das beeindruckt sie, und schon bald singen sie auf der Bühne Pauls »Like Dreamers Do« und »Love Of The Loved« und Johns »Hello Little Girl«.

Ein paar Tage später ruft John bei *NEMS* an, um Brian mitzuteilen, dass er der neue Beatles-Manager sein soll. Ob sein zeitweiliger Songwriting-Partner damit einverstanden ist, ist ihm ziemlich egal. Den Fünfjahresvertrag unterschreibt Paul jedenfalls, nachdem Epstein ihnen, wie versprochen, ein Vorspiel bei *Decca Records* in London organisiert hat. Gültig ist seine Unterschrift allerdings nicht, denn er ist noch nicht volljährig – das gleiche gilt für George und Pete. Paul spielt weiter seine Spielchen mit Brian, es scheint, als wolle er jeden, der in den Beatles-Zirkel eindringt, wieder hinausekeln. John dagegen tut alles, um Brian für sich zu gewinnen. Eines Abends macht er ihn mit Prellies bekannt, den Aufputschmitteln, die die Beatles in Hamburg wachgehalten haben. Sie sprechen danach den ganzen Abend miteinander, und Brian gesteht ihm seine Homosexualität. »Aber nenn mich nicht Schwuchtel!«

1. Januar 1962, Decca Studios, West Hampstead, London

Elf Stunden lang hat Neil Aspinall, Studienkollege von John und bester Freund von Pete (und bald Liebhaber von dessen Mutter Mona) am Silvesterabend 1961 gebraucht, um die Beatles durch Schneesturm, Eis und Nebel die 200 Meilen von Liverpool nach London zu fahren. Zwischendurch hat er bei Wolverhampton mal kurz die Orientierung verloren und ist in die falsche Richtung abgebogen. Fast erfroren in der Hauptstadt angekommen, können sie sich kaum eine Suppe leisten, weil alles so viel teurer ist als in Liverpool. Sie kleben an den Schaufenstern eines Gitarrenladens an der Charing Cross Road. Kommen an einem Schuhladen vorbei, der ein Paar Chelsea Boots ausgestellt hat, doch auch die können sie sich nicht leisten. Noch nicht. Aber vielleicht haben sie am nächsten Tag schon einen Plattenvertrag, dann sähe das anders aus. Um Mitternacht gehen sie zum Brunnen am Trafalgar Square, wo normalerweise der größte Trubel herrscht um die Jahreswende. Aber dafür ist es in diesem Jahr zu kalt. Sie kehren zum Hotel zurück und fallen in ihre Betten. Am nächsten Tag haben sie um zehn Uhr morgens schließlich den wichtigsten Termin ihres Lebens: ein Vorspiel bei *Decca Records* in West Hampstead.

Mike Smith, der bei *Decca* als A&R dafür zuständig ist, neue Künstler ranzuschaffen, hat die Beatles zwei Wochen zuvor im *Cavern Club* gesehen und war schwer beeindruckt. Nun will er testen, wie sie unter Studiobedingungen funktionieren. Als erstes fallen ihre Verstärker durch. Die sind zwar gut, um einen lauten Club zu beschallen, aber bei Studiolautstärke brummen sie. Ersatz muss her. Die Tontechniker sind sehr hilfsbereit. Aber Smith lässt auf sich warten. Hat er gestern zu sehr gefeiert? Hat er den Termin vergessen? Sie sind sowieso schon nervös. Das Warten macht es nicht besser.

Smith hat tatsächlich einen Kater und ein paar Kratzer und blaue Flecken im Gesicht von einem Unfall kurz vor Weihnachten. »Frohes Neues Jahr, Mike. Wir haben dich gar nicht am Brunnen gesehen gestern Abend«, versucht George die angespannte Stimmung zu lösen. Normalerweise sind bei einem solchen Vorspiel fünf Songs vorgesehen, aber Smith lässt sich 15 spielen. Wohl, weil er gleich ein bisschen Material haben will, mit dem er arbeiten kann, wenn die Beatles wieder zurück in den Norden fahren. John singt vier Stücke, George auch und Paul sieben. Und das, obwohl er doch damals in der *New Clubmoor Hall* in Norris Green so mit den Neven gekämpft und versagt hat bei seinem Gitarrensolo. Man hört seine Stimme flattern, wenn er die Schnulze »'Til There Was You« und sein eigenes »Like Dreamers Do« singt. Vor Johns Augen und Ohren zu versagen ist für ihn noch schlimmer, als vor diesem Typen von der Plattenfirma schlecht auszusehen – aber sein Bandleader ist auch nicht viel besser an diesem Morgen. Seinem Gesang fehlt jede Persönlichkeit, er scheint einen schlimmen »Hamburg throat« zu haben und raunzt öfter am richtigen Ton vorbei. George hält sich noch am besten, seine Soli sitzen großenteils – aber so richtig überzeugend ist er auch nicht, was aber zum Teil daran liegt, dass Pete, um seine rhythmischen Schwächen zu kaschieren, möglichst leise und unauffällig spielt, sodass sich niemand nach ihm richten kann. Den Songs fehlt das rhythmische Fundament, deshalb wanken sie im kalten britischen Januarwind beträchtlich.

Smith bedankt sich am Ende etwas unterkühlt, wenn nicht gar verschnupft, wobei niemand so genau weiß, ob ihm sein Kater zu schaffen macht oder er von dem, was er gehört hat, enttäuscht ist. »Ich gebe euch Bescheid.«

10. April 1962, Hamburg

Das mit *Decca Records* hat nicht geklappt. Brian Epstein ist nach London beordert worden, und man hat ihm gesagt, dass ihr Sound keine Zukunft habe: »Gitarrengruppen sind nicht mehr gefragt«. Das sieht man in Deutschland ein bisschen anders. Im April steht ein neues Gastspiel in Hamburg an. Brian hat ihnen einen schickeren Club vermittelt. Den *Star-Club* auf der Großen Freiheit. John, Paul und Pete reisen ein paar Tage früher nach Deutschland als George. In der Hansestadt angekommen, erhalten sie ein Telegramm von Brian, dass er mit Stuarts Mutter Millie am Flughafen in Fuhlsbüttel ankomme und ob sie ihn abholen könnten. Der *Star-Club*-Chef Manfred Weissleder leiht ihnen seinen Chauffeur und seinen weißen Chevrolet Impala mit Cocktailbar und eingebautem Plattenspieler. Der macht Eindruck. Als sie am Terminal ankommen, treffen sie Astrid und Klaus. Wie immer sind sie in Schwarz gekleidet. »Wo ist Stuart?«, will John wissen, der sich auf das Wiedersehen mit seinem besten Freund besonders gefreut hat. Astrid beginnt zu weinen, Klaus muss sie stützen. »Er ist tot«, schluchzt sie. »Heute Morgen.« Paul legt seinen Arm um sie und spricht ihr sein Beileid aus, Pete weint Bäche, John bekommt einen hysterischen Anfall, es ist nicht klar, ob er lacht oder heult. Als er 14 war, starb Tante Mimis Mann, Onkel George, im Alter von 52 unerwartet an einer Leberzirrhose, dann seine Mutter, jetzt Stuart. Alle Menschen, die er liebt, scheinen ihn früher oder später zu verlassen.

Paul fühlt sich mies. All die Gemeinheiten, die er Stuart angetan hat, fallen nun auf ihn zurück. Selbst seinen jüngeren Bruder Mike, der sich mit Stu Briefe schrieb, hat er nun gegen sich. Keiner wird ihm seine Trauer abnehmen, denn jeder weiß, dass er Stuart nicht mochte. Er fühlt sich fehl am Platz.

Als George eintrifft, fährt er mit John zu Stuarts Atelier bei den Kirchherrs an der Eimsbütteler Straße in Altona, um seine letzten Bilder anzusehen. John schaut apathisch ins Leere, George mustert ihn mit besorgtem Blick. Astrid macht Fotos von den beiden und gibt sie ihnen einige Tage später. Als Paul sie in die Hände bekommt, ist er starr vor Neid. Hat er nicht George überhaupt erst zu den Beatles geholt? Und nun ist *er* Johns bester Freund? Was wird aus den Lennon-McCartney-Originalen?

John betäubt seine Trauer in den folgenden Wochen mit Alkohol, Amphetaminen und Sex. Seine liebste Gespielin ist die 127 Kilogramm schwere Barfrau Big Betty – die »Blaskönigin von St. Pauli«. Aber er schlägt, wenn man Horst Fascher, der mittlerweile bei Manfred Weissleder unter Vertrag steht, glauben darf, auch die Dienste von Transvestiten nicht aus.

Eines Abends stehen die Beatles ohne John auf der Bühne. Fascher macht sich auf die Suche nach dem Tunichtgut und findet ihn schließlich auf der Herrentoilette mit heruntergelassenen Hosen und einem vor ihm knienden Mädchen. Er zerstört das junge Glück mit einem Eimer kalten Wasser vorzeitig und befiehlt Lennon im Kasernenton, seinen Arsch gefälligst auf die Bühne zu bewegen. »So nass wie ich bin, du Wichser?«, schnappt der zurück. »Das ist mir scheißegal, du gehst jetzt auf die Bühne, meinetwegen auch nackt.« Der triefende Lennon trollt sich, und kurz darauf hört Fascher ein brüllendes Gelächter aus dem Zuschauerraum. Er schaut nach, was los ist, und sieht John, nur mit einer Unterhose bekleidet, einer Toilettenbrille und einer Gitarre um seinen Hals einen Song singen. Lennon wird den Rest des Abends in diesem Outfit rumlaufen. Der mitgereiste Liverpooler Journalist Bill Harry macht Fotos davon, die Epstein ihm später abkaufen wird, damit sie nicht an die Öffentlichkeit gelangen. Er hat schließlich noch Großes vor mit den Beatles. Und ist in seiner Mission, ihr wildes Image ein wenig zu domestizieren, auf einem guten Weg. Er hat ihnen das Rauchen und das Fluchen auf der Bühne abgewöhnt, und diesen europäischen Haarschnitt, den nach John und Paul mittlerweile auch George trägt, hat er gemeinsam mit einem Friseur aus dem *Horne Bros Salon* in der Lord Street perfektioniert. Dort geht er selbst zwei bis drei Mal die Woche hin, um immer akkurat auszusehen. Er heißt Jim Cannon und wird den Beatles in den nächsten Monaten regelmäßig die Haare schneiden. Vor allem George hasst es. Auch aus den Lederklamotten hat er sie schon rausgeredet. Und das war gar nicht so schwer, denn jenseits von rauen Hafenstädten wie Liverpool und Hamburg ist dieser Stil schon lange passé. Er ließ ihnen Maßanzüge beim renommierten polnisch-englischen Maßschneider Beno Dorn in Birkenhead, südlich des Mersey, schneidern – einreihig, aus dunkelblauem Mohair mit schmalem Revers. In London tragen Jugendliche, die sich Mods nennen, schon ganz ähnliche Outfits. In Liverpool sind die Beatles die ersten.

9. Mai 1962, Hamburg

In der zweiten Maiwoche stört ein Telegramm von Brian Epstein die Beatles-Orgien. Der Manager war nicht untätig in den vergangenen Wochen und hat einen Deal mit dem *EMI*-Sublabel *Parlophone* aushandeln können. Ein gewisser George Martin, der bisher vor allem Comedy-Platten produziert hat, will mit den Beatles aufnehmen. Also schreibt Brian an die Band: »CONGRATULATIONS BOYS EMI REQUEST RECORDING SESSION PLEASE REHEARSE NEW MATERIAL.«

»Please rehearse new material« – bitte probt neues Material. Diese unscheinbare Anweisung interpretiert Paul als Aufforderung, die alte Songwriting-Partnerschaft mit John nach über zwei Jahren endlich wieder aufleben zu lassen und neue Lieder zu schreiben. Er zeigt seinem Freund einen Song, den er vor Jahren begonnen hat, als er mal wieder die Schule schwänzte, und bittet ihn, ihm dabei zu helfen, das Ding zu Ende zu schreiben. John streicht als erstes die Zeile »Please love me because I'll always love you« und fügt danach einen härteren, beseelten Mittelteil ein: »Someone to love/ Somebody new/ Someone to love/ Someone like you.« Dann zeigen sie das Lied der Band und proben es, während Paul schon das nächste halbfertige Stück für John parat hat. Inspiriert von »Soldier Boy«, einem Hit der amerikanischen Girl-Group The Shirelles, hat er ein Lied in Form eines Briefes geschrieben: »P.S. I Love You«. Die erste Zeile – »As I write this letter ...« – stammt aus einer Ballade von Pat Boone, die Paul als 14-Jähriger einen Sommer lang rauf und runter gesungen und gehört hat. Viel ist an dem Stück nicht mehr zu tun, aber John wäre dazu auch nicht in der Lage – trauert er doch immer noch auf seine exzentrisch wilde Art mit Pillen und Sex um Stuart. Er kann nicht mal mehr die Augen schließen, so aufgedreht und fertig ist er.

Während John also freidreht, macht Paul die ganze Arbeit, steht früh auf und schreibt und schreibt. Aber John muss zumindest das Gefühl haben, er habe zu den neuen Liedern etwas beigetragen, sonst wird er sich weigern, sie mit der Band zu spielen. Ein schwieriges Unterfangen. Aber es funktioniert. »Ask Me Why« ist schließlich Johns erster Beitrag zur neu erwachten Songwriting-Partnerschaft. Als sie nach einer weiteren, wenig ergiebigen Session für Bert Kaempfert im Wandsbecker *Studio Rahlstedt* Ende Mai nach England zurückkehren, haben sie drei neue Songs, die sie ihrer neuen Plattenfirma vorspielen können. Und das alles dank eines Telegramms, das eigentlich ganz anders gemeint war.

6. Juni 1962, EMI Studios, Westminster, London

Von London haben die Beatles weder bei ihren ersten Kurzaufenthalt auf der Durchreise nach Hamburg noch bei ihrem Besuch für das elende Vorspiel bei *Decca* im klirrend kalten Januar besonders viel mitbekommen. Dieses Mal sehen sie mehr, flanieren durch Chelsea und Soho, besuchen den Gitarrenladen an der Charing Cross Road, durch dessen Schaufenster sie im Januar schon staunend geschaut haben. Gegen Abend kutschiert Neil Aspinall, mittlerweile ihr Mädchen für alles, die vier mit einem alten weißen *NEMS*-Transporter nach St. John's Wood, direkt vor die Tür des *EMI Studios* an der Abbey Road. »Ich bringe die Beatles zu einer Session mit George Martin«, sagt Neil zum Pförtner, der ein paar blank polierte Militärorden aus dem Zweiten Weltkrieg an seiner Uniformjacke trägt. »Was für ein seltsamer Name«, denkt der sich und lässt sie passieren. Allerdings durch die Hintertür, für den Haupteingang sind sie zu unseriös.

George Martin und der Toningenieur Norman Smith begrüßen die Band, die ihre erste Single aufnehmen soll. Ihr Vertrag läuft über drei Singles, also insgesamt sechs Lieder. Im besten Fall soll am Ende ein Hit dabei sein, sodass man nach der gleichen Formel weitere Chartstürmer produzieren kann, wie Norrie Paramor es mit Cliff Richard & The Shadows macht. Es geht hier nicht um hohe Kunst. Um ihrem Songverlag ein wenig Geld einzuspielen, sollen ein paar eigene Kompositionen, zumindest als B-Seiten, dabei sein.

Alle haben Respekt vor George Martin, der ein richtiger Erwachsener ist, mit schwarz-roter Krawatte und weißem Hemd, stiller Autorität und großem Wissen, das er ausstrahlt – außerdem hat er Platten mit Peter Sellers und Spike Milligan gemacht, den größten britischen Komikern, die John einst in seinem Zimmer im Mendips zu seinen lustigen Versen inspiriert haben.

Ihr Schlagzeuger, das ist Martin ziemlich schnell klar, ist nicht zu gebrauchen. Und auch ihre Lieder sind nicht besonders gut. Also beginnen sie mit dem mexikanischen Liebeslied »Besame Mucho«, mit dem die Coasters schon mal einen Hit hatten. Dem Sänger, der auch den Bass spielt, scheinen die Nerven ein bisschen durchzugehen. Aber das kriegt man hin mit der Zeit. Man sollte ihn vielleicht zum Bandleader und Hauptsänger machen, denn er sieht am besten aus und trifft die meisten Töne. Und es braucht einen, der vorne steht. Ist ja bei Cliff Richard & The Shadows oder Johnny Kidd & The Pirates und wie sie alle heißen auch so. Also Paul McCartney & The Beatles. Ein bisschen lang vielleicht. Aber, ach, was spielt der Schlagzeuger denn da schon wieder zusammen? Absolut kein Rhythmusgefühl – das klingt, als spiele er in einer Hochzeitskapelle. Dann vielleicht doch lieber einen ihrer eigenen Songs versuchen? Vielleicht können sie die besser.

»Love Me Do« hat zumindest einen ganz schönen Mundharmonikateil. Aber der vorlaute Junge, der die Mundharmonika spielt, singt auch den Refrain, sodass alles immer ein wenig gehetzt klingt, weil er beim »do« von »Love Me Do« bereits einsetzen muss. Das muss man umstellen. Der Junge am Bass hat eigentlich auch die viel schönere Stimme, wenngleich die immer noch vor Nervosität zu beben scheint. Aber da muss er jetzt durch. »Ask Me Why«

und »P.S. I Love You« sind keine besonders guten Songs, aber wir versuchen sie trotzdem mal. Vielleicht legen sie wenigstens allmählich ihre Nervosität ab und der Schlagzeuger kommt doch noch irgendwie in einen einfachen Groove.

Im Kontrollraum erklärt George Martin seinen Schützlingen, was es bedeutet, ein Künstler bei *Parlophone* zu sein und was man von ihnen erwartet. Schließlich spielt er ihnen die Aufnahmen vor. Nach dem letzten Ton herrscht Schweigen. »Also gut«, sagt der Produzent. »Ich habe euch jetzt einiges eingebläut, und ihr habt nicht reagiert. Gibt es irgendetwas, was euch nicht passt?« Der bis dahin stille Gitarrist mustert ihn von oben bis unten und murmelt: »Mir passt Ihr Schlips nicht.« Alle lachen. Das Eis ist gebrochen. Obwohl Martin ziemlich stolz auf seinen Schlips ist, gefällt ihm der Humor dieser Jungs. Sie sind etwas Besonderes, keine Frage. Auch wenn man das nicht an ihren Liedern oder ihrem Spiel festmachen kann. Es ist was anderes – Persönlichkeit, Charisma, Witz. Wenn sie einen guten Schlagzeuger hätten, der den Takt halten kann, könnte es funktionieren.

»Wir brauchen einen Hitsong«, gibt er ihnen mit auf den Weg. »Ich werde mal meinen Assistenten bitten, einen für euch zu suchen, und dann sehen wir uns wieder.« Neil Aspinall fährt die vier am nächsten Tag wieder nach Hause. Am 9. Juni steht bereits das nächste Konzert im *Cavern* an.

Sommer 1962

Obwohl der Juni normalerweise eher ein ruhiger Monat ist für den *Cavern*, scheint das Kellergewölbe noch voller zu sein als sonst. Alle wollen die Lokalhelden sehen, die in der Hauptstadt einen Plattenvertrag unterschrieben haben. Natürlich spielen die Beatles ihre neuen Songs, und hier hat keiner einen Zweifel daran, dass jeder einzelne von ihnen ein Hit ist. Als sie die Bühne verlassen, brennt eine Sicherung durch, und sie steigen die Treppen fast unbemerkt – drei Mädchen folgen ihnen – in schummriger Notbeleuchtung hoch. Pete will zu seiner Freundin, George zu seinem neuen Auto, einem Ford Anglia, John begleitet Paul (und zwei der Mädchen) nach Hause. Auf der Rückreise aus Hamburg hatte er eine Idee für einen Song – eine Ballade, wie Roy Orbison sie singen könnte: »Please please me, woah yeah, like I please you.« Schön zweideutig. Paul soll ihm dabei helfen, daraus den Hit zu machen, den George Martin von ihnen verlangt. Die beiden setzen sich ans Klavier im Wohnzimmer an der Forthlin Road, und Paul spielt ein paar Akkorde. Immer wenn John etwas gefällt, schreit er: »Halt, das ist gut, so machen wir's!« Als der Song fertig ist, spielen sie ihn den beiden Mädchen vor. Die sind natürlich begeistert. Ein weiteres Lennon-McCartney-Original!

Sie haben einen Lauf und werden unter Druck immer besser. Durch das gemeinsame Arbeiten wird auch ihre Freundschaft enger, und sie verbringen die Tage zusammen in Cafés, Kinos und Plattenläden, machen mit einer Kamera, die Paul eigentlich seinem Bruder Mike geschenkt hat, Nacktfotos von Groupies aus dem *Cavern* und steuern abends ein Haus in der Garmoyle Street an, in dem sowohl Johns Freundin Cynthia als auch Pauls Liebste Dot gemeinsam wohnen. Außerdem fahren die beiden, Paul hat gerade seinen Führerschein gemacht, ins nordostenglische Städtchen Skegnes, wo Ringo Starr mit seiner Band Rory Storm & The Hurricanes ein Engagement im Butlin's-Ferienlager hat. George hat schon mit ihm gesprochen und ihn als neuen Beatles-Schlagzeuger vorgeschlagen. Sie wollen die letzten Details klären, bevor er im August nach Liverpool zurückkommt und sie wieder ins Studio nach London fahren können. Pete Best erfährt schließlich von Brian Epstein, dass er nicht mehr in der Band ist.

John erfährt kurz nach seiner Rückkehr aus Skegnes, dass Cynthia schwanger ist. Sie heiraten am 23. August, einen Tag nachdem die Beatles mit Ringo am Schlagzeug zum ersten Mal vor Fernsehkameras und einigen empörten weiblichen Pete-Best-Fans im *Cavern* gespielt haben. Paul ist Trauzeuge. Mit Dot hat er schlussgemacht. Nicht, weil er sie nicht mehr liebt, sondern weil er die Freiheit mehr liebt. Er will die Möglichkeiten, die sich ihm als Rockstar bieten, nicht ungenutzt lassen. Zurzeit hat er zwei Affären: Thelma Monaghan, die in Kunstschulzeiten auch mal mit John liiert war, danach heiratete, ein Kind bekam und nun in Trennung lebt. Und Iris Caldwell, deren Mutter Viviane, für Paul eine Art Ersatzmutter ist. Ihr Bruder Alan nennt sich Rory Storm. Iris war die erste Liebe von George Harrison und ist nebenbei auch noch die Freundin des Country- und Pop-Sängers Frank Ifield, der 1962 gleich zwei Nummer-1-Hits hat. Als Iris den unwissenden Paul zu einem Ifield-Konzert begleitet, hofft sie bis zum Schluss, nicht mit ihm entdeckt zu werden, doch den letzten Song widmet der Sänger dem Paar. Er heißt »He'll Have To Go«. Und so kommt es dann auch. Paul muss gehen. Der frisch vermählte John wird in der Öffentlichkeit selten an der Seite seiner schwangeren Frau gesehen und zieht es vor, seine Zeit mit anderen jungen Damen zu verbringen.

Die Bandchemie hat sich nach dem Abgang des stillen Pete verändert. John hat natürlich immer noch das Sagen und ist das Zentrum der Aufmerksamkeit. Sowohl Paul als auch George haben ein engeres Verhältnis zu ihm als zueinander. Er hat die Band gegründet und Paul hinzugeholt, Paul hat George verpflichtet, und George Ringo. Ringo ist zwar der Älteste und Erfahrenste von ihnen, verglichen mit den anderen dreien ein Mann von Welt, aber er steht am Ende der Kette und muss sich hinten einordnen. George, der ihn am besten kennt, schlägt vor, dass der neue Schlagzeuger auf Tourneen das Hotelzimmer mit Paul teilt, schließlich muss die Rhythmussektion als erstes zusammenfinden. Der diplomatische Paul muss sich also – wie schon in Hamburg – mit dem Neuen rumschlagen. Die beiden kommen gut zurecht, doch an den Sarkasmus, die Gewalttätigkeit und die Launen von John muss Ringo sich erst noch gewöhnen.

Herbst/Winter 1962

Die nächste Session am 11. September im Studio an der Abbey Road läuft besser, auch wenn George Martin von »Please Please Me« nicht sonderlich beeindruckt ist und Ringo bei »Love Me Do« ein ums andere Mal die Nerven durchgehen, sodass schließlich der Sessionschlagzeuger Andy White für ihn einspringt. Dass Ringo Tamburin spielen muss, macht die Demütigung noch größer.

Aber ihre erste Single haben sie danach im Kasten. A-Seite: »Love Me Do«, B-Seite: »P.S. I Love You« – beides Stücke, die zum Großteil von Paul geschrieben wurden. Daher streicht Brian Epstein die im Vertrag festgelegte Autorenzeile – »Lennon-McCartney« – auch durch und schreibt »McCartney-Lennon« drüber. Jeder Song von John Lennon und/oder Paul McCartney soll zwar mit beiden Namen gezeichnet sein, doch der Hauptautor soll jeweils als erster genannt werden.

Auf der Bühne sind die Gesangsparts immer noch gerecht zwischen John, Paul und George aufgeteilt, doch nun, wo John und Paul ein anerkanntes und bald auch veröffentlichtes Komponistenduo sind, verschieben sich die Machtverhältnisse innerhalb der Band. Als die Single am 5. Oktober erscheint, wird bei den Harrisons trotzdem ordentlich gefeiert. Auch Jim McCartney ist mächtig stolz auf seinen Ältesten, der allerdings ein wenig schmollt, weil die *EMI* die Autorenzeile auf dem Plattenlabel vermasselt hat (da steht nämlich doch »Lennon-McCartney«, bei den Testpressungen sogar »Lennon/McArtney«!). Ringo feiert mit der Familie und verschweigt, dass er nur Tamburin gespielt hat. Nur Johns Tante Mimi versteht den ganzen Trubel nicht. Die »My Bonnie«-Single mit Tony Sheridan hat sie ja noch gemocht, aber dieses »Love Me Do« sei nun wirklich nichts, mit dem man Geld verdienen könne.

Interessanterweise sieht man das bei der Plattenfirma wohl ganz ähnlich, weder George Martin noch sonst wer scheint sich sonderlich dafür einzusetzen, dass das Lied im Radio gespielt oder beworben wird. Aber der Song klettert trotzdem stetig die Charts hinauf – was womöglich auch daran liegt, dass Brian Epstein 10.000 Exemplare der Single gekauft hat – und landet schließlich auf Platz 17. Die Beatles stellen sich der englischen Presse. Meist sind es Paul und John, die reden. Paul beantwortet jede Frage und ist selbst zu den Journalisten charmant, die den Beatles offensichtlich feindlich gesinnt sind: »Gut, dass du diese Frage stellst, Graham«, »Interessanter Einwand, Monty«, »Du kommst aus dem schönen Reading, Russell? Ich habe da in der Nähe eine Cousine. In Caversham. Kennst du das?« Er hat zwar den gleichen nordenglischen Witz wie die anderen, ist aber nicht sarkastisch wie John, der schneidende Bemerkungen liefert, oder stur und sauertöpfisch wie George, der meist gar nichts sagt.

Um die erste Single zu feiern, hat Brian Epstein am 12. Oktober im *Tower Ballroom* in New Brighton ein episches Konzert organisiert, bei dem neben den Beatles unter anderem ihr großes Idol Little Richard auftritt. John und Paul trauen sich nicht, ihn anzusprechen, Pauls Bruder Mike versucht trotzdem, ein gemeinsames Foto von ihnen zu machen – Little Richard auf der Bühne, die beiden Beatles am Bühnenaufgang. Funktioniert aber nicht. Schließlich überwinden sie ihre Scheu. John versucht seine Nervosität auf die übliche Art mit anzüglichen Witzen zu kaschieren, was dem Rock'n'Roller und Prediger aus Georgia aber nicht besonders gefällt. Die devote Haltung von Paul, der ihn nach einigen Songs bittet, ihm den berühmten Little-Richard-Schrei beizubringen, sagt ihm mehr zu. Als er sein Hemd ins Publikum wirft, bietet Paul ihm anschließend seins an, damit er sich nicht verkühlt.

Drei Wochen später treffen sie sich in Hamburg wieder. Richard und seine Band, in der ein 16-jähriges Wunderkind namens Billy Preston an der Orgel sitzt, sind für den *Star-Club* gebucht. Und die Beatles auch. Vierzehn Tage spielen sie auf der Großen Freiheit. Jeden Abend dreieinhalb Stunden. Jeder bekommt 510 Mark pro Woche (eigentlich 600, aber Brian Epstein hat sich als Manager 15 Prozent aller Einnahmen vertraglich zugesichert), und sie sind in zwei Doppelzimmern im kleinen *Hotel Germania* an der Detlev-Bremer-Straße untergebracht.

Ende des Monats nehmen sie in London ihre zweite Single auf: »Please Please Me« und »Ask Me Why«. Dieses Mal ist »Lennon-McCartney« die richtige Reihenfolge. Auf George Martins Vorschlag spielen sie die A-Seite schneller als ursprünglich gedacht, und auf einmal klingt sie tatsächlich wie ein Hit. »Das ist eure erste Nummer 1«, sagt der Produzent und bietet ihnen an, ein ganzes Album aufzunehmen. Ihre Fans sind zwar in der Regel im Teenageralter und haben überhaupt kein Geld für teure LPs, aber es ist den Beatles natürlich eine Ehre.

Bevor sie dieses Angebot annehmen können, müssen sie zum Jahresende allerdings noch ein letztes Engagement im *Star-Club* antreten. Dieses Mal bekommt jeder 750 Mark pro Woche (beziehungsweise 637,50 Mark nach Abzug von Brian Epsteins Anteil) und ein Einzelzimmer im *Hotel Pacific* am Neuen Pferdemarkt. Der Erfolg in England trägt erste Früchte. Am ersten Weihnachtstag haben sie frei und feiern in der *British Mariner's Mission* am Johannisbollwerk. Es gibt Steak. Genauer gesagt: Pferdesteak. Aber das erfahren sie erst später.

Januar/Februar 1963

Es ist wieder ein ziemlich kalter Winter, und die Beatles sind ständig unterwegs – den Motorway 1 rauf und runter, von Auftritt zu Auftritt. Im Bus reden sie über die neuesten Platten und die Mädchen vom Vorabend. Einmal zertrümmert ein Stein die Windschutzscheibe des Transporters. Ihr Fahrer und Roadmanager Mal Evans schlägt sie komplett raus und fährt im eisig kalten Fahrtwind an die 200 Meilen Richtung Norden nach Liverpool. Manchmal ist es auf diesen Fahrten so kalt im Wagen, dass John, Paul, George und Ringo sich auf der Rückbank übereinanderlegen müssen, um sich gegenseitig zu wärmen – ein Beatles-Sandwich. Sie haben so lange so eng zusammengelebt, dass sie keine Geheimnisse oder Scham voreinander haben. Sie sind mittlerweile eher Brüder als Freunde. Was sie verbindet, ist eine gemeinsame Geschichte und die Gewissheit, es nur zusammen schaffen zu können.

Als sie am 19. Januar in der Samstagabendshow »Thank You Lucky Stars« auftreten, um ihre neue Single »Please Please Me« vorzustellen, bleibt den Briten nichts anderes übrig, als vorm Fernseher zu sitzen, denn die meisten Haushalte sind komplett eingeschneit. Die Zeitungen berichten anschließend weniger über die Musik, dafür mehr über ihre Frisuren. Der Song schafft es trotzdem auf Platz 1 der britischen Charts – George Martin hat also Recht behalten.

Im Februar nehmen sie innerhalb eines Tages ihr erstes Album auf. Paul hat vorgeschlagen, es »Off The Beatle Track« zu nennen, doch dann gibt man ihm doch lieber den Titel der ersten Hitsingle: »*Please Please Me*«. Sicher ist sicher. George Martin, der ein Ehrenmitglied der Zoologischen Gesellschaft ist, hat die Idee, die Band für das Plattencover vor dem Insektenhaus des Londoner Zoos zu fotografieren, aber man entscheidet sich schließlich für ein weniger aufwendiges Bild auf der Treppe des Hauptquartiers der Plattenfirma am Manchester Square. Der Fotograf Angus McBean steht ein paar Treppen tiefer und fotografiert sie von unten. So sieht es fast so aus, als würden die Beatles abheben. Und genau das geschieht dann auch. Plötzlich sind sie überall.

Ringos Mutter Elsie macht sich Sorgen um ihren Ritchie, die Harrisons sind stolz auf ihren Sprössling, und Jim McCartney wird zum vielleicht größten Beatles-Fan überhaupt und hilft seinem Sohn sogar bei der Beantwortung der Fanpost. Was hätte er in den 1920er-Jahren, als er mit den Masked Melody Makers und der Jim Mac's Jazz Band in den Liverpooler Clubs gespielt hat, für einen solchen Erfolg gegeben? Einzig – damals hätte man sich eine solche Aufregung gar nicht vorstellen können. Immerhin haben ihm seine Fähigkeiten jede Menge Einladungen zu Partys im Familien- und Nachbarkreis beschert. »Du musst ein Instrument lernen«, hat er schon früh zu seinem ältesten Sohn gesagt, »dann lieben dich die Leute.« Und der kleine Paul hat mit schmalem Repertoire und breitem Lächeln sehr bald die gesamte Verwandtschaft bezaubert – jung und alt. Jetzt reißen sich die Leute darum, ihn zu sehen, und er kann sich die Partys aussuchen, zu denen er geht. Jim ist stolz – auf seinen Sohn und seine Erziehung. Paul scheint die Begeisterung des alten McCartney fast ein bisschen peinlich, aber insgeheim genießt er sie jedes Mal, wenn er heimkehrt an die Forthlin Road.

John hat da einen weitaus schwereren Stand. Zu Hause sitzt die hochschwangere Cynthia, die sich öfter mal beschwert, wenn er über Nacht wegbleibt – und das passiert ziemlich oft. Entweder er ist mit den Beatles unterweges oder schreibt mit Paul, oder er verbringt seine Zeit mit der 17-jährigen Ida »Stevie« Holly, sodass viele in Liverpool denken, er habe sich von seiner Frau nach einem halben Jahr Ehe schon wieder getrennt. Wenn er zu Hause ist, ignoriert er Cynthia so gut er kann, gießt sich einen Whiskey nach dem anderen ein, um dann irgendwann sturzbetrunken einen Streit anzuzetteln. Der Ruhm bekommt ihm nicht. Und die Aussicht auf eine Familie erst recht nicht.

Die nächste Beatles-Single, »From Me To You«, die sie im Bus geschrieben haben, als sie mit der Sängerin Helen Shapiro auf Tour waren, verkauft sich allein in der ersten Woche 200.000 Mal.

Ende April 1963, Spanien

Brian Epstein hat ihnen empfohlen, eine Auszeit von all dem Trubel zu nehmen, und sie beschließen, ihren alten Freund Klaus auf Teneriffa zu besuchen, wo die Voormanns eine kleine Finca besitzen. Nur John will nicht mitfahren – nicht etwa, weil er in der Zwischenzeit Vater geworden ist, Julian kam Anfang April zur Welt, sondern weil Brian Epstein, übrigens Julians Pate, ihn eingeladen hat, ihn auf einem zehntägigen Trip durch Spanien zu begleiten.

John weiß, dass er Brians Typ ist. Der feinsinnige Manager steht auf hartgesottene, toughe Jungs mit einem losen Mundwerk. Und auch wenn John sich ebenso gerne über

Homosexuelle lustig macht wie über Krüppel und geistig Behinderte, sie veralbert, nachäfft und beschimpft und vermutlich – wie so viele zu jener Zeit – einfach nicht weiß, wie er sich ihnen gegenüber verhalten soll, lässt er sich darauf ein. Denn das gibt ihm die Möglichkeit, Brian ganz für sich zu haben. Er hat ihn in der Hand und kann die Weichen für die kommenden Monate stellen. Das ist bitter nötig, denn wie er schon 1957 befürchtet hat, bekommt Paul allmählich die Oberhand über das musikalische Geschick der Beatles, und der PR-Experte Tony Barrow, den Brian engagiert hat, soll angeblich vorgeschlagen haben, die Beatles zu Pauls Band zu machen, weil der mit der Öffentlichkeit besser klarkommt. Und tatsächlich steht auf dem Label von »From Me To You« plötzlich wieder »McCartney-Lennon«. So kann es nicht weitergehen. Schließlich ist er, John, der Bandleader. Das kann er nun mit Brian ein für allemal klären, auch wenn er dafür vielleicht ein Opfer bringen muss. Wie auch immer das aussehen wird.

Herbst 1963

Die vierte Single, »She Loves You«, steht an der Spitze der britischen Charts. Die Autorenzeile lautet jetzt ein und für alle Male »Lennon-McCartney«, obwohl die Idee zu dem Song von Paul stammte. Die Beatles sind kaum noch zu Hause in Liverpool, und da sie schon mitten in den Aufnahmen zu ihrem zweiten Album stecken, beschließt Brian Epstein, ihnen eine Wohnung in London zu mieten. Geld ist schließlich genügend da. Sie ziehen zu viert in die Green Street im Stadtteil Mayfair. Aber die Zeiten, in denen sie wie einst in Hamburg in derselben Kammer hausten, sind vorbei. John ist immerhin Familienvater und zieht bald wieder aus, um sich mit Cynthia auf der anderen Seite des Hyde Parks in Knightsbridge niederzulassen. Auch Paul hält es nicht lange aus in der kargen Bude. Er schlägt seine Zelte im Elternhaus seiner neuen Freundin Jane Asher im schönen Marylebone auf. Jane ist Schauspielerin und steht schon vor der Kamera, seit sie sechs ist. Paul kannte sie aus dem Fernsehen und dachte immer, sie sei blond – damals war die TV-Welt noch schwarz-weiß. Als er die 17-Jährige dann in natura sieht, weil sie die Beatles für das BBC-Magazin *Radio Times* nach einem Konzert in der *Royal Albert Hall* interviewt, stellt er fest, dass ihre Haare rot sind. Sie kommt aus gutem Haus, ihr Vater ist ein berühmter Arzt, der in renommierten Medizinzeitschriften veröffentlicht, ihre Mutter ist Professorin an der Guildhall School of Music and Drama – einer ihrer Schüler war George Martin. Das Haus der Ashers an der Wimpole Street ist ein Hort der Hochkultur. Literaten, Komponisten, Schauspieler, Theaterkritiker und Philosophen gehen ein und aus – und sind begeistert, einen echten Beatle vorzufinden. Der Arbeiterklassenjunge aus Liverpool kommt erstaunlich gut zurecht mit der High Society, versucht seinen Scouse-Akzent ein wenig zu verbergen und kann auch ohne Vorbildung in Konversationen mit Geistesgrößen wie Harold Pinter und John Mortimer durch Mutterwitz und Charme bestehen. Jane und Paul sind das attraktivste Paar der Stadt, werden hofiert wie Götterkinder.

Die Aufnahme in diese illustre Gesellschaft ist für Paul ein mindestens ebenso großes Ereignis wie der Erfolg der

Beatles. Nicht selten prahlt er im Studio, welches Theaterstück er am Vorabend gesehen und wen er Illustres getroffen hat, um welches philosophische Problem oder tiefsinnige Buch die Unterhaltungen kreisten. John schwankt zwischen Eifersucht und Verachtung. Als die Beatles Anfang November unter anderen neben Marlene Dietrich und ihrem jungen musikalischen Leiter Burt Bacharach bei der *Royal Variety Show* im *Princess of Wales Theatre* auftreten, zeigt John vor den Augen der Queen und Prinzessin Margaret, was ihm die *upper class* bedeutete. Nachdem Paul sein »Till There Was You« geschmachtet hat und sich artig verbeugt, um dann gewohnt höflich und charmant die nächste Nummer anzusagen, übernimmt er das Mikrofon. Brian Epstein schwitzt auf den Rängen Blut und Wasser, als er bemerkt, wie der freche Lennon verschmitzt grinsend nach vorne tritt. »Für unsere letzte Nummer brauchen wir Ihre Hilfe«, sagt John, nachdem er sich artig für den Applaus bedankt hat. »Wenn die Leute auf den billigen Plätzen einfach in die Hände klatschen würden? Und der Rest von Ihnen – wenn Sie einfach mit Ihren Juwelen rasseln?« John grient schelmisch in die Kamera, die Monarchin nickt. Es folgt: »Twist And Shout«. Der Rock'n'Roll ist ein klassenloses Vergnügen, hier müssen alle nach demselben Rhythmus tanzen. Und den gibt die Band auf der Bühne vor. Nicht die Herkunft, nicht das Kapital und auch nicht die gesellschaftliche Stellung. Damit das klar ist, liebe Queen und lieber Paul: Der uneingeschränkte Herrscher bin ich, John Lennon.

Nach der *Royal Variety Show* stehen die Beatles bis zum Ende des Jahres jeden Tag auf irgendeiner britischen

Bühne. Die Aufmerksamkeit ist nach diesem Auftritt natürlich noch mal gestiegen, die britische Presse reist ihnen nach. Aber es ist vor allem ein in London lebender junger amerikanischer Journalist, der zu ihrem ständigen Begleiter wird. Sein Name ist Michael Braun, und er wird seine Beobachtungen bald in seinem Buch *Love Me Do. The Beatles' Progress* niederschreiben. Er stellt nicht die üblichen Fragen nach Frisuren und Mädchen wie seine britischen Kollegen, die die Band nicht besonders ernst zu nehmen scheinen. Vor allem aber hört er zu. Eines Abends, nach einem Konzert in York, sitzt er mit Paul und Ringo, die schon im Schlafanzug sind, in ihrem Hotelzimmer. Irgendwann kommt auch John dazu, George ist schon schlafengegangen. Paul spricht über Filme, die er kürzlich gesehen hat – Orson Welles' *Der Prozess*, Frederico Fellinis *Achteinhalb* –, er will Braun beweisen, dass die Beatles mehr sind als naive Teenie-Idole. John veröffentliche bald ein Buch mit Gedichten, erzählt er. Das könne vielleicht helfen, die Leute von ihren Vorurteilen zu befreien, Pop-Künstler könnten nichts als singen und tanzen. Oder wenn vielleicht einer von ihnen ein Musical schriebe. »Die Leute fragen, ob wir unsere Bandbreite erweitern wollen«, sagt Paul. »Ich weiß nicht, ob wir das tun werden oder nicht. Die Leute scheinen von uns fasziniert zu sein. Wir scheinen ein bisschen anders zu sein als die anderen. Wenn man was über Cliff Richard liest, weiß man, was er sagen wird, das hat man alles schon gehört. Aber bei uns … als Maureen Cleave uns interviewt hat, hat sie uns gefragt, was uns kulturell so interessiert. Ich hatte von *(Rolf Hochhuths Theaterstück, Anm. des Verfassers)* ›Der Stellvertreter‹ gehört und hab gesagt, das würde ich gern sehen. Sie las gerade ›The Naked Lunch‹ *(von William S. Burroughs)*, und ich sagte, dass ich gerade ›The Packed Lunch‹ *(das englische Wort für ›Brotzeit‹)* von Greedy Blighter *(gefräßiger Typ)* lese. Wenn die Leute gefragt werden, warum sie die Beatles mögen, fällt relativ oft das Wort ›originell‹«, sagt er.

»Obwohl wir das gar nicht sind«, schnappt John.

»... weil das der Eindruck ist, den wir auf sie machen«, fährt Paul fort. »Ich weiß noch, wie ich mich vor zwei Jahren oder so gefragt habe: Was haben die Leute, die es geschafft haben – ich meine, die es *wirklich* geschafft haben – gemeinsam? Ich glaube, es hat viel mit einem Gespür dafür zu tun, was gerade passiert.«

Sie sprechen über einige ihrer Idole. John sagt, Bill Haley sei zwar der erste gewesen, der Rock'n'Roll gesungen habe, aber er sei einfach zu alt gewesen, um bei den Mädchen anzukommen, die dann alle auf Elvis standen. Und er habe gelesen, junge Mädchen würden masturbieren, wenn die Beatles auf der Bühne stehen.

»Wir sind ja selbst noch in unserer Masturbationsphase«, sagt Paul. »Aber auf der Bühne ist das ein bisschen schwierig. Das ist natürlich ein Witz. Aber mal im Ernst, jeder, der so viel Aufmerksamkeit von der Presse bekommt wie wir und ein Idol ist – ich hasse es, das zu sagen, denn ich fühle mich nicht unbedingt wie ein Idol, aber wahrscheinlich sind wir mittlerweile welche...«

John prustet los. Paul versucht zu erklären, was er meint. Alle Leute, über die so viel geschrieben werde, würden in den Augen »normaler Menschen« so eine Art Fantasiewesen, sagt er und erzählt, wie vor ein paar Stunden eine etwa 40-jährige Frau ihn auf offener Straße angesprochen und dann plötzlich gepackt und geküsst habe. »Es ist *(mit den Idolen)* wie mit der königlichen Familie. Man muss sie mögen, weil man so viel über sie gelesen hat.«

»Warum?«, fragt John. »Ich habe die schon nicht gemocht, als ich klein war. Ich mochte es auch nicht, strammzustehen. Manchmal habe ich es auch nicht getan.« Dann erzählt er von seinem Cousin Stanley, den er immer bewundert habe, weil er ein Auto und ein Modellbauset von Meccano hatte. »Und jetzt, wo ich das auch alles haben kann, behandelt er mich, als wäre ich ein Royal oder was. Das nervt mich. Ich meine, er ist 30, und ich bin viel jünger, und das ist ziemlich peinlich von meinem Kindheitshelden.«

17. Januar 1964, Paris

Die Beatles haben nicht nur England im Sturm erobert, mit ihrem zweiten Album »*With The Beatles*« und den letzten beiden Singles »She Loves You« und »I Want To Hold Your Hand« sind sie auch in Frankreich und Deutschland eingefallen. Anfang 1964 spielen sie sage und schreibe 18 Konzerte im legendären Pariser *Olympia*. Abends im Hotel schreiben John und Paul neue Lieder. Das nächste Album soll ganz aus Lennon-McCartney-Originalen bestehen. Fürs Monatsende sind bereits erste Sessions in einem Pariser Studio gebucht. John hat die Idee zu »I Should Have Known Better«, Paul spielt ein fast fertiges Stück mit dem Titel »Can't Buy Me Love« vor, das die nächste Single werden soll, und hat noch ein weiteres Lied, das er eines nachts in seiner Kammer bei den Ashers in der Wimpole Street geträumt und am nächsten Morgen aufgeschrieben hat. Lange trug es den Titel »Scrambled Eggs« – Rührei –, aber bereits in Paris hat er es in »Yesterday« umbenannt. Eine ziemliche Schnulze. John schaut ihn höhnisch an und klatscht anschließend melodramatisch, wie er es bei einem von Brians homosexuellen Freunden gesehen hat. Okay, das ist wohl nichts für die Beatles. Vielleicht kann er es Janes Bruder Peter geben, der mit seinem Freund Gordon als Duo auftritt. Er hat ihnen auch schon seinen Song »A World Without Love« geschenkt, den sie in diesem Monat aufnehmen wollen. Für ihn klingt er wie ein Hit, aber immer, wenn er John den Song vorgespielt hat, konnte der sich schon nach der ersten Songzeile »Please lock me away« vor Lachen nicht mehr halten. Das Lied musste er ziehen lassen.

An jenem Abend nach dem Konzert kommt Brian in ihre Suite und hat gute Nachrichten: »Ich habe gerade ein Telegramm von unserer amerikanischen Plattenfirma *Capitol* bekommen. ›I Want To Hold Your Hand‹ ist auf Platz 1 der Cashboy-Charts geklettert!«

Wow! Das gelobte Land, die Heimat von James Dean und Elvis Presley hat die Beatles entdeckt. Sie wissen nicht, was sie sagen sollen. »Mann, ihr werdet Amerika im Sturm erobern«, jubiliert ein Gast von Brian, der sich als Quincy Jones vorgestellt hat und als Produzent schon mit Ray Charles und Billy Eckstine im Studio war. »Ja, Mann«, ruft Paul. »Genau!«, ruft Brian. Die anderen drei starren sie ungläubig an. George hat ein paar Monate zuvor seine

Schwester Louise in Benton, Illinois, besucht. Dort hatte niemand von den Beatles auch nur gehört.

7. Februar 1964, John F. Kennedy Airport, New York

Über die Freundinnen der Beatles weiß die Welt wenig. Und das ist gut so. Denn die weiblichen Fans sollen in ihren Jugendzimmern vor ihren Postern glauben, sie hätten ihren Lieblingsbeatle ganz für sich. Doch ausgerechnet als die Band zum ersten Mal in die USA reist, um die Neue Welt zu erobern, hat John seine Ehefrau im Schlepptau. Vermutlich ein Machtspielchen mit Brian, dessen strenges Regiment ihm auf die Nerven geht, weil es ihm kaum Luft zum Atmen gibt. Nicht mal einen freien Tag hat er mehr. Brian soll merken, dass er seinen Lieblingsbeatle nicht exklusiv für sich alleine hat.

Während des Flugs nach New York hat auf einmal auch Paul Zweifel an der Popularität der Band. »Das werden wir niemals schaffen. Was können wir schon, was die dort nicht selbst viel besser können?« Doch als sie auf dem Rollfeld des Flughafens landen, der gerade auf den Namen des zweieinhalb Monate zuvor ermordeten Präsidenten John F. Kennedy getauft wurde, verfliegen alle Bedenken. So viele Teenager haben sie selbst in England noch nicht auf einem Haufen gesehen. Sie fragen sich, ob vielleicht noch jemand anderes zur selben Zeit hier ankommt, aber als sie die selbstgemalten Plakate erblicken, auf denen Fans sie mit Sprüchen wie »BEATLES PLEASE STAY HERE 4-EVER« begrüßen, ist ihnen klar, dass Quincy Jones

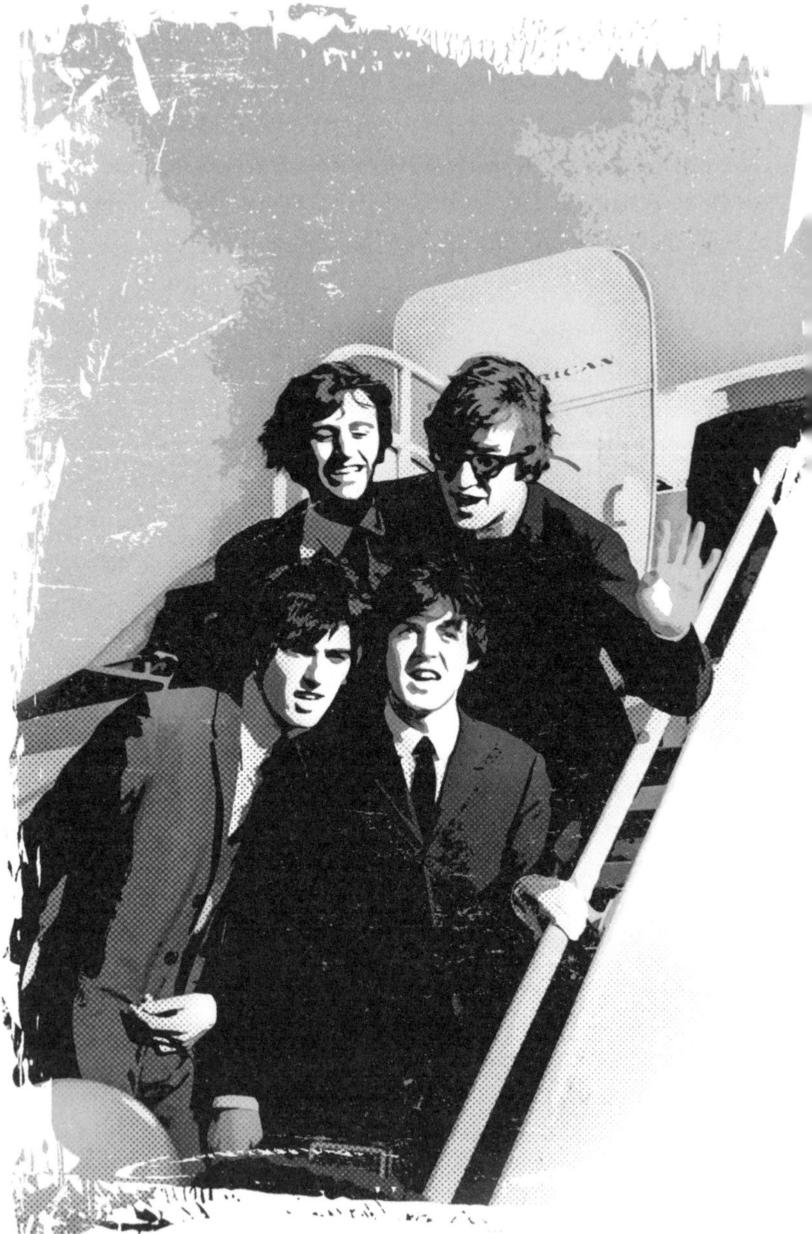

recht hatte. Auch die amerikanische Presse wartet schon unruhig im Terminal.

Reporter: Ist euch der Wahnsinn, den ihr hier verursacht, ein bisschen peinlich?

Paul: Nein.

Ringo: Wundervoll!

George (kichert): Wir lieben es.

John: Wir sind die Wahnsinnigen.

Reporter: Ihr mögt Wahnsinn?

Alle: Yeah.

John: Das ist gesund.

Reporter: Ist das ein englischer Akzent?

George: Das ist kein Englisch. Das ist Liverpudlian, verstehste?

Paul: Der Liverpooler Akzent – also, die Art und Weise, wie man einige Wörter ausspricht ... wisst ihr, ihr sagt gräss statt graaaaass, und das klingt ein bisschen amerikanisch. So sieht's aus.

Reporter: Liverpool ist die ...

Ringo: ... Hauptstadt von Irland.

Paul: Jedenfalls haben wir die Hälfte eurer Folksongs geschrieben in Liverpool.

(Gelächter)

Ringo: Ja, vergesst das nie!

Der Rock'n'Roll starb in Amerika am 3. Februar 1959, als Buddy Holly und Richie Valens mit dem Flugzeug nahe

Mason City, Iowa, auf ein eisiges Feld stürzten. Die Unbeschwertheit der Jugend und die Hoffnung auf ein besseres Leben nach den Repressionen der McCarthy-Ära starben am 22. November 1963 mit der Ermordung von John F. Kennedy. Die Beatles bringen beides zurück, verpackt in englischen Mutterwitz und schnieke Anzüge. Sie haben das Land wachgeküsst, und das umarmt sie daraufhin so fest, dass ihnen fast die Luft wegbleibt. Die Aufregung ist so groß, dass sie sich die Beatlemania im Hotel am Radio anhören müssen, weil es zu gefährlich ist, auf die Straße zu gehen. Unter Polizeischutz gelangen sie, bis auf George, der mit Halsschmerzen im Bett bleiben muss, schließlich doch noch bis zum Central Park und sehen ein bisschen was von der Stadt.

Am 9. Februar sitzen 73 Millionen Amerikaner vor den Bildschirmen, um den ersten Auftritt der Beatles in der »Ed Sullivan Show« zu sehen. Paul zählt an: »One-two-three-four« und singt sein »All My Loving«, balladiert sich durch »Till There Was You«, dann folgt »She Loves You«. Die Kamera hat – bei dieser Songauswahl recht naheliegend – Paul als Bandleader ausgemacht, obwohl er sich ein Mikro mit George teilen muss und auf der Bühne weiter hinten steht als John. Der wiederum wird bei einem der wenigen Close-ups mit einem entscheidenden Vermerk bedacht: »Sorry girls, he's married.« Das dürfte Brians Retourkutsche sein. Wenn der aufmüpfige Lennon glaubt, er könne seine Spielchen mit ihm spielen, muss er mit den Konsequenzen leben.

Auch bei ihrer zweiten Performance zieht Paul mit wackelndem Kopf und »Wuuuuu«-Rufen die Aufmerksamkeit auf sich. Er ist in seinem Element, so wie damals, als er alles dafür getan hat, den Onkeln und Tanten in Liverpool mit seinem Klavierspiel zu gefallen.

Am nächsten Morgen schickt Elvis Presley ein Glückwunschtelegramm, was außer Paul niemanden so richtig zu begeistern scheint. »Elvis wer?«, fragt John.

2. März 1964, Paddington Station, Gleis 5, London

Die Nacht war kurz. Gestern noch standen die Beatles im Studio, um neue Songs aufzunehmen, heute um acht Uhr früh beginnen die Dreharbeiten zu ihrem ersten Film am Bahnhof in Paddington. Dummerweise heißt das: um fünf Uhr aufstehen, denn vor der ersten Klappe stehen Make-up und Garderobe an. Der Regisseur Richard Lester, der bereits für die »Goon Show« gearbeitet und mit Peter Sellers und Spike Milligan den sehr komischen Kurzfilm *The Running Jumping & Standing Still Film* gedreht hat, den die Beatles lieben, tut alles dafür, die Sache nicht nach Arbeit aussehen zu lassen. Es gibt zwar ein Drehbuch eines irischen Autors, Alun Owen, der in Liverpool aufgewachsen ist und den Paul angeschleppt hat, weil ihm sein Fernsehfilm *No Trams to Lime Street* über die gemeinsame Heimatstadt so gut gefällt, aber da die vier Hauptdarsteller den Text in all dem Stress nicht lernen konnten, lässt der Regisseur viel Raum für Spontaneität. Der Film soll am Ende wie eine Dokumentation anmuten, die einen typischen Tag im Leben der Beatles zeigt: hysterische Fans, eine Fahrt mit der Bahn, Aufnahmen im Fernsehstudio und so weiter.

Daher lässt Lester für jede Szene fünf Kameras laufen, um alles einzufangen. Die Beatles scheinen einfach rumzualbern wie sonst auch. Johns Charisma und Witz funktionieren auch vor der Kamera, und als Ringo nach einer durchzechten Nacht mit Kopfschmerzen am Set erscheint, gibt er verkatert einen annehmbaren traurigen Clown. George steht die unbeeindruckte kritische Denkerpose, nur Paul, der sich am meisten anstrengt und sich einige Tipps bei seiner Schauspiel-Freundin Jane geholt hat, wirkt vor der Kamera manchmal ein wenig nervös und hibbelig, sodass Lester ihn am liebsten in Nahaufnahme zeigt, damit seine großen Augen ihre volle Wirkung beim weiblichen Publikum entfalten können.

Nach einem besonders langen Drehtag stöhnt Ringo in seiner unnachahmlichen, mit der englischen Sprache nicht selten Schabernack treibenden Art, »It's been a hard day's night.« John ist so begeistert von dem Wortspiel, dass er gleich dem Filmproduzenten Walter Shenson davon erzählt, der vorschlägt, ihn zum Titel des Films zu machen. John schreibt noch in der Nacht einen Song gleichen Titels. Er hat gerade einen Lauf. Die mit Abstand meisten Beatles-Songs aus dieser Zeit stammen zu großen Teilen von ihm. Sie scheinen fast alle von seiner Unzufriedenheit mit seiner häuslichen Situation und der Beziehung zu Cynthia zu handeln: »I Should Have Known Better«, »Any Time At All«, »You Can't Do That«, »I'll Cry Instead«, »When I Get Home«. Paul dagegen geht im Londoner Nachtleben auf, schafft es aber nebenbei, John bei einigen Songs zu helfen und selbst drei Klassiker zu schreiben: »And I Love Her«, »Things

We Said Today« und das schon in Paris aufgenommene »Can't Buy Me Love«, das bereits Mitte März erscheint und die erste aus Großbritannien stammenden Single wird, die zur gleichen Zeit in England und den USA auf Platz 1 der Hitparaden geht.

A Hard Day's Night ist ein Spielfilm, der vorgibt, die Wirklichkeit abzubilden – kein Wunder, dass viele Fans die Rollen, die John, Paul, George und Ringo hier spielen, sehr bald mit deren wirklichen Persönlichkeiten verwechseln. John ist nun also der schlagfertige schlaue Kopf, Paul der Frauenschwarm, George der stille Denker und Ringo der traurige Clown. Während es vielen Beobachtern zuvor schwerfiel, die vier überhaupt auseinanderzuhalten, haben sie jetzt ein (allzu) klares Bild, das ihre Wahrnehmung jedes einzelnen Beatle bis weit nach dem Ende der Band prägen sollte. John kann mit seinem Image gut leben, Paul dagegen hat Schwierigkeiten, ernst genommen zu werden. Vor allem von den Jungs. Und die meisten Kritiker sind Jungs. Für sie ist Lennon der Intellektuelle und Paul der Leichtgewichtige und Romantische, der für Mädchen und Marketing zuständig ist. Da kann er sich im Wohnzimmer der Ashers mit dem Geistesadel unterhalten, so viel er will.

23. März 1964, London

Bevor der Film in die Kinos kommt, erscheint John Lennons erstes Buch, *In His Own Write*. Die Sammlung der über die Jahre geschriebenen Gedichte, Parodien, Albereien und grotesken Krakeleien, die auch das an einem Oktobernachmittag des Jahres 1958 an der Menlove Avenue gemeinsam mit Paul verfasste Stück »On Saifairy With Whide Hunter« enthält, wird ein großer Erfolg bei Kritik und Fans. Damit hat John seinen Ruf als schlauer Kopf der Beatles bestätigt und zugleich gezeigt, dass er mehr kann, als unschuldige Lieder über »girls« und »boys« zu schreiben.

Der ihm sprachlich unter- und musikalisch überlegene Paul durfte das Vorwort schreiben und versucht darin gar nicht erst, dem Lennon'schen Witz seinen eigenen entgegenzusetzen. Stattdessen erinnert er sich lakonisch an die Zeit, als er seinen Bandkollegen kennenlernte, an eine Zeile aus einem Lennon-Gedicht, das in der Schülerzeitung abgedruckt war – »As breathing is my life, to stop I dare not dare« – und das ihn neugierig machte: »Ist der Typ tiefsinnig? Er trug eine Brille, es war also möglich, aber auch ohne war er nicht zu halten.«

9.–10. September 1964, Key West

Auf dem Nachtflug von Toronto, wo die Beatles zwei Konzerte gespielt haben, nach Jacksonville, Florida zettelt Ringo Starr im gecharterten Flugzeug eine Kissenschlacht an, und irgendwann macht der ganze Tross mit, bis der Kapitän sie über den Lautsprecher bittet, wieder zu den Plätzen zurückzukehren. Beziehungsweise: Alle denken, es sei der Kapitän gewesen, es war aber Paul, der sich einen Spaß erlaubt hat. Der Kapitän meldet sich wenig später, um zu erklären, dass sie aufgrund eines schweren Sturms nicht bis Jacksonville kommen werden, sondern in Key West notlanden müssen. Die Landebahn sei allerdings eigentlich zu kurz für eine Lockheed Electra, daher sei es ratsam, die Anschnallgurte anzulegen. Es ruckelt ein bisschen, aber es geht alles gut.

Um 3 Uhr 36 am Morgen des 9. September landen sie in Key West und steigen im *Key Wester Motel* in der Nähe des Flughafens ab. Dort wollen sie bleiben, bis Dora, der erste Hurrikan der Aufzeichnungen, der je die sogenannte First Coast im Nordosten Floridas erreicht hat, sich verzieht. Am 10. September kommt ein Fotograf des *Life Magazine* und fotografiert sie am Pool. Auch einige Mitglieder ihrer Vorband, The Exciters, die mit ihnen reisen, steigen ins Wasser. Als das wenig später einige Reporter mitbekommen, versuchen sie einen Skandal daraus zu machen: die weißen Beatles baden mit schwarzen Musikern – im segregierten Süden sorgt so was für Aufregung. Die Beatles nehmen ungerührt ein paar Martinis, jammen ein bisschen mit den Exciters, ihrer zweiten Vorgruppe The Bill Black Combo und dem R&B-Sänger Clarence »Frogman« Henry und nehmen danach noch ein paar Martinis. Vielleicht ein paar zu viel. Irgendwann liegen die vier nämlich heulend einander in den Armen. Live spielen, Songs schreiben Amerika erobern, Film drehen, wieder live spielen, sich selbst nicht hören können, weil die weiblichen Fans so begeistert sind, die weiblichen Fans kennenlernen – war alles ein bisschen viel in den letzten neun Monaten. Schließlich beginnen sie einige Rock'n'Roll-Songs aus Hamburg-Tagen zu singen oder in ihrem Zustand wohl eher: zu grölen. Und schließlich fallen sie aus Heimweh in ein altes Liverpooler Volkslied, das sie schon gesungen haben, als sie noch The Quarrymen hießen und auf der Bühne des *Casbah Coffee Club* in West Derby standen: »Oh, dirty Maggie Mae/ They have taken her away/ And she'll never walk/ Down Lime Street any more.«

Bringing It All Back Home

(1964)

Mitte Januar 2014 feierte die amerikanische Ausgabe des *Rolling Stone* den 50. Jahrestag der US-Invasion der Beatles mit einer langen Nacherzählung der Ereignisse. Die deutsche Ausgabe übernahm den Text, und ich lieferte im hier folgenden Beisteller den popkulturellen Kontext dazu.

Der Rock'n'Roll entstand in der brodelnden Hitze des amerikanischen Südens und starb in einer eisigen Nacht im Mittleren Westen, als Buddy Holly und Richie Valens am 3. Februar 1959 bei einem Flugzeugabsturz nahe Mason City, Iowa, ums Leben kamen. Dann war's das erst mal mit dem Aufbegehren, und es herrschte wieder Ruhe und Ordnung in den Charts, selbst der King hatte sich vom Militär disziplinieren lassen. Und vermutlich würde man im Rock'n'Roll heute nur noch eine äußerst kurze hormonelle Schwankung im noch jungen Leben der Kulturindustrie sehen, wenn er nicht auf der anderen Seite des Atlantischen Ozeans wie ein Untoter durch Liverpooler Kellergewölbe und dunkle Kaschemmen auf der Hamburger Reeperbahn gegeistert wäre. Wenn ihn nicht die Skiffle-Bands mit ihrem Do-It-Yourself-Ethos umgeformt und energetisch aufgeladen hätten. Alles Wesentliche, was folgte in der populären Musik – die lebensweltlich zentrale

Stellung, die modischen, ökonomischen und gesellschaftlichen Beschleunigungen, die wir seitdem kurz »Pop« nennen –, ist Folge dieser Übersetzung und ihres Re-Imports ins Land der unbegrenzten Möglichkeiten, der Traumfabriken und des Starsystems.

Im Februar 1964 brachten die Beatles den Rock'n'Roll höchstpersönlich zurück in sein Mutterland – mit britischem Akzent, nordenglischem Mutterwitz und dem Geschäftssinn und ästhetischen Empfinden eines homosexuellen jüdischen Plattenladenbesitzers namens Brian Epstein. Colonel Tom Parkers Verständnis von Merchandise hatte sich noch darauf beschränkt, während der Konzerte seines Klienten im Publikum lautstark signierte Elvis-Presley-Fotos anzupreisen – die Beatles kamen mit Perücken und Schuhen, Postern und Puppen. Und sie triumphierten. Nicht, weil sie dem amerikanischen Volk etwas Neues verkauften, sondern weil sie etwas Altes, scheinbar lang Vergessenes mit großer Überzeugung und Begeisterung in äußerst attraktiver Verpackung anboten.

»I Want To Hold Your Hand«, die Single, die den Beatles den Weg bereitete, vereinte die *sophistication* der professionellen Songwriter aus dem *Brill Building* am Broadway mit den Harmonien und *handclaps* der Girl-Groups und der Energie der Surf-Bands. Diese Musik war männlich und weiblich, schwarz und weiß zugleich, sie war die akustische Entsprechung des sprichwörtlichen *melting pot*.

Für die Beatles waren die USA aufregender, glamouröser und romantischer als ihre von Krieg und Krisen getroffene Heimat – eine Musik gewordene Utopie. Und so zeigten auch ihre Lieder ein Bild von Amerika, das sich nicht aus Rassentrennung und Armut, politischen Attentaten und dem Ennui der endlos öden Vorstädte speiste, sondern aus den Versprechen des Rock'n'Roll und des Soul. Sie nahmen die Musik beim Wort und warfen die große Wunschmaschine an, die wir Pop nennen. Amerikas größte Dichter, Allen Ginsberg, Bob Dylan und Muhammad Ali erkannten sofort, dass es hier um mehr ging als ums Händchenhalten. Letztgenannter würdigte die Fab Four auf seine Weise gar mit einem kurzen Spontanvers: »When Sonny Liston picks up/ The papers and sees/ That The Beatles came to see me/ He will get angry and I will knock him out in three«.

Und viele Künstler, die die Popmusik in späteren Jahren prägen sollten, und vermutlich der Weltgeist höchstpersönlich, saßen am 9. Februar 1964 vor den Bildschirmen, um John, Paul, George und Ringo bei der »Ed Sullivan Show« zu sehen und ein halbes Jahr später in den Kinos, als die vier in *A Hard Day's Night* über die Leinwände tollten. Vielleicht hätten Bruce Springsteen und Jerry Garcia ohne diese Erlebnisse niemals eine Band gegründet, ganz sicher hätten sich die Byrds nicht zusammengefunden, um den Folk zu elektrisieren, hätte Bob Dylan nie ein Album namens »*Bringing It All Back Home*« gemacht, hätte Brian Wilson die Beach Boys nicht zu immer neuen Höchstleistungen getrieben, um die Konkurrenz aus England in ihre Schranken zu weisen (und am Ende den Kürzeren zu ziehen) – von den Monkees, dem modernen Marketing und dem Musikfernsehen ganz zu schweigen. Es war, als hätten die Beatles die Vereinigten Staaten aus einem Dornröschenschlaf wachgeküsst.

Bis dahin hatte man gedacht, die Musik spiele in den USA – Mode und Film sowieso. Doch nun folgten den Beatles weitere britische Acts in die US-Charts nach und somit auf die Weltbühne. Allen voran die Dave Clark Five, später The Rolling Stones, The Who, The Kinks und sogar die in der Heimat belächelten Herman's Hermits. Mit dieser sogenannten *British Invasion* traten zudem die Mode der Carnaby Street und Mary Quants Miniröcke ihren internationalen Siegeszug an.

Mit dem Erfolg der Beatles in Amerika begannen die 60er-Jahre, wie wir sie heute kennen, ja, begann Pop, wie wir ihn kennen, als weltweite, generationenübergreifende Kultur. Während die Rock'n'Roll-Ära in ihre Zeit eingeschlossen ist wie ein Insekt in ein Stück Bernstein und ihre Artefakte – die Pettycoats und Jukeboxes, Pferdeschwänze und Quiffs, Elvis' Pelvis und Jerry Lees Tolle – wirken wie Museumsstücke aus dem Pleistozän, dauert das Pop-Zeitalter, das am 9. Februar 1964 begonnen hat, bis heute an.

Der letzte Schrei

(1963–1966)

Im September 2016 erschien Ron Howards Dokumentation *Eight Days A Week*, die die Beatles als Live-Band in den Fokus nimmt. Sehr gern hätte ich mit dem Regisseur über sein Werk gesprochen, ihn nach seiner Recherche und seinen Interviews mit Paul McCartney und Ringo Starr befragt oder nach John und Julian Lennons Besuch bei den Dreharbeiten zur amerikanischen Sitcom *Happy Day's*, in der Howard in den 1970er-Jahren die Hauptrolle des All-American-Teenagers Richie Cunningham gespielt hat – und vielleicht auch, wie das damals war, als er mit Darryl Hannah und Tom Hanks *Splash – Meerjungfrau am Haken* gedreht hat und warum um alles in der Welt er Dan Browns unsäglichen *Da Vinci Code* verfilmen musste. Aber Howard hatte keine Zeit, stattdessen sprach ich mit einem Augenzeugen: Larry Kane war Mitte der 1960er-Jahre ein junger Radioreporter, der sich wenig aus Popmusik machte, die Beatles aber als Gesprächspartner ernst nahm und einer ihrer Vertrauten wurde. Kane ist natürlich viel zu höflich, um über die Orgien, die sich hinter den Bühnen und in den Hotelzimmern seinerzeit abgespielt haben, auszupacken. Aber immerhin deutet er an, dass nicht alles so putzig und unschuldig war, wie die Beatles-PR es uns immer noch weismachen will.

Bevor aus gewöhnlichen Menschen, egal ob sie Clark Kent, Bruce Wayne oder Peter Parker heißen, Superhelden werden, müssen sie in ein Kostüm schlüpfen. Und so verhält es sich auch mit Superbands. »Wir gingen in unseren Straßenklamotten in die Garderobe«, erzählt Paul McCartney. »Dann öffneten wir unsere Köfferchen, holten die Anzüge raus – und am Ende schlüpften wir in unsere Beatles-Stiefel. Dann schauten wir uns an: Wow! Ja, wir sind die Beatles!«

So beginnt die Dokumentation *The Beatles: Eight Days A Week – The Touring Years*, in der der US-Regisseur Ron Howard die Rolle der Beatles als soziale und künstlerische Kraft anhand ihrer großen Tourneen zwischen 1963 und 1966 erzählt und zeigt, wie aus einem »vierköpfigen Monster« (McCartney) vier starke Persönlichkeiten wurden.

Der Schwerpunkt liegt natürlich auf den US-Tourneen. Denn mit ihrer Eroberung der Neuen Welt im Februar 1964 begann das Popzeitalter. Mit vielen unveröffentlichten Filmaufnahmen, restauriertem Sound und Kommentaren von McCartney, Ringo Starr, allerlei Kritikern und Berühmtheiten kommt die Beatlemania auf die Leinwand: kreischende Teeniemädchen, geschüttelte Genieköpfe und eine immer noch elektrisierende Energie.

»Ich habe insgesamt 54 Konzerte von ihnen gesehen«, erklärt der 73-jährige Larry Kane, der die Beatles auf ihren US-Tourneen 1964 und 1965 begleitet hat. »Meist stand ich ziemlich nah an der Bühne, und wenn ich meine Hände so über meine Ohren legte, dass ich das Geschrei von hinten ausblenden konnte, hatte ich die pure Musik. Sie haben damals keine Soundchecks gemacht, aber sie waren unglaublich präzise. Mit Ausnahme des Auftritts im Shea Stadium, wo sie sich aufgrund des Gekreisches von 56.000 Fans selbst nicht mehr hören konnten, haben sie bei ihren Konzerten in dieser Zeit nicht schlechter geklungen als auf ihren Studioaufnahmen.«

Die Lautstärke der Fans wird bei den Kinovorführungen von *Eight Days A Week* eindrücklich demonstriert, folgt auf die Dokumentation doch ein halbstündiges Special mit Ausschnitten aus dem Shea Stadium. Die musikalische Qualität der Band wird man vielleicht anhand der nun erscheinenden, um einige Tracks erweiterten Neuauflage von »*The Beatles: Live At The Hollywood Bowl*« bewerten können. Auf dem Orginalalbum, das erst sieben Jahre nach dem Ende der Band erschien, geht die Musik noch in einem riesigen Geräusch unter, das wie ein besonders grausamer Krähenangriff aus Alfred Hitchcocks *Die Vögel* klingt. Das soll durch die klangliche Bearbeitung der Dreispuraufnahmen aus den Jahren 1964 und 1965 von George Martins Sohn, Giles, und dem Toningenieur Sam Okell nun anders sein.

Mitte der 1960er-Jahre war die Technik für Konzerte dieser Größenordnung noch nicht bereit, aber da es unverantwortbar war, Tausende kreischender Fans vor überfüllten Hallen warten zu lassen und so ganze Städte ins Chaos zu stürzen, zogen die Beatles halt mit ihren 100-Watt-Verstärkern in die Stadien. Zwei Jahre spielten sie diese »Freakshows« (John Lennon); 1966 kapitulierten sie und erfüllten halbherzig die letzten Tourneeverpflichtungen, probten nicht mehr, spielten mies und ließen sich zermürben von allerlei Skandalen, die sich in

Japan, auf den Philippinen und schließlich in den USA an Nichtigkeiten entfachten.

Als sie nach dem letzten Konzert einer für ihre Verhältnisse nur mäßig besuchten US-Tournee in einem fensterlosen Wagen zum Hotel gefahren wurden, beschlossen sie – wenn man *Eight Days A Week* glauben darf – einstimmig das Ende ihrer Konzertreisen. »Man kann in diesem Film gut nachvollziehen, wie sie sich und ihre Kunst weiterentwickeln, sodass es irgendwann logisch ist, dass sie aus diesem Zirkus ausbrechen müssen«, sagt Larry Kane, der bis zur Pensionierung als News-Anchorman für verschiedene Fernsehsender gearbeitet hat. Am Tag unseres Interviews berichtet er fürs Radio über die Democratic National Convention in seiner Heimatstadt, Philadelphia, wo Hillary Clinton an diesem Tag ihre Parteitagsrede halten wird.

Radioreporter war Kane auch 1964, als er Brian Epstein im Rahmen des Konzerts in Jacksonville um ein Interview mit den Beatles bat und der Manager ihn daraufhin gleich auf die ganze Tour einlud. Der 21-jährige Journalist, der seinerzeit noch in Miami arbeitete, war von diesem Angebot zunächst wenig begeistert. »Damals landeten gerade Abertausende von kubanischen Flüchtlingen in Florida, was den Staat für immer verändern sollte«, erinnert er sich. »Muhammad Ali oder wie er damals noch hieß: Cassius Clay trainierte drei Blocks von unserem Büro entfernt, der Krieg in Vietnam eskalierte, überall brachen Rassenkonflikte aus, der Präsident war gerade ermordet worden, und ich sollte einer Band hinterherreisen, die einen Monat hier ist und im nächsten vergessen?«

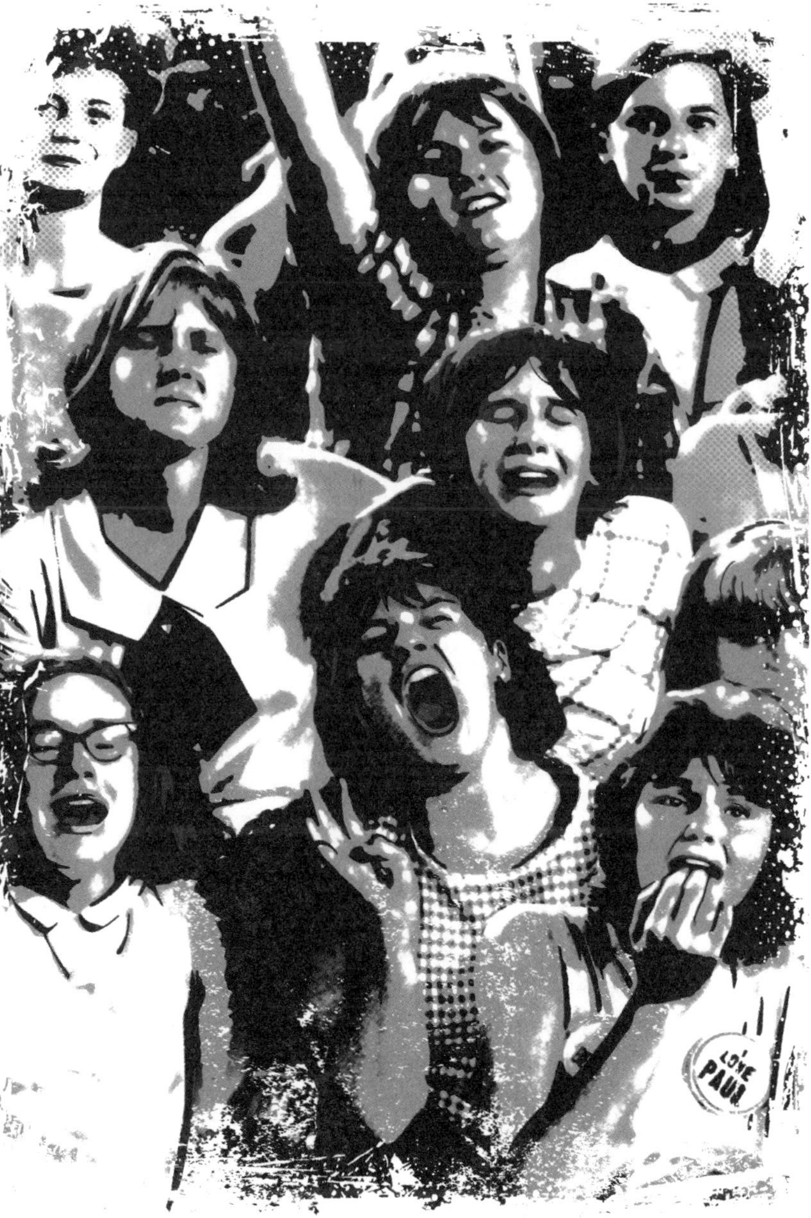
I LOVE PAUL

Seine Bedenken habe er sehr schnell abgelegt, als er merkte, dass er sich auf dieser Tour im Auge eines Tornados befand, der die ganze Gesellschaft durcheinanderwirbeln würde. Auf die damals üblichen Fragen nach der Beschaffenheit des Frühstücks und der wöchentlichen Haarpflege habe er bei seinen Interviews mit der Band allerdings verzichtet. Den Beatles habe das anscheinend gut gefallen. »Sie waren wesentlich kultivierter und gebildeter, als ich es mir vorgestellt hatte.« Vor allem Ringo Starr sei sehr einnehmend gewesen und zudem sehr gut informiert über die politische Weltlage. »Damals hat sich Amerikas Jugend für Autos und fürs Tanzen interessiert«, so Kane. »Der Krieg in Vietnam traf sie ziemlich unverhofft, weil sie die Entwicklungen nicht verfolgt hatten. Und viele fühlten sich von der Bürgerrechtsbewegung geradezu bedroht. Bei den Beatles war das anders: Die wussten ziemlich gut Bescheid und konnten ihre Meinung auch artikulieren.« Als man ihnen erklärt habe, im Gator Bowl in Jacksonville gebe es abgetrennte Bereiche für weiße und schwarze Fans, hätten sie sich geweigert, dort aufzutreten. Daraufhin wurde die Rassentrennung für diese Veranstaltung tatsächlich aufgehoben.

»Es fühlte sich an, als könnten sie meine Freunde sein – obwohl ich schwarz war«, so die Schauspielerin Whoopi Goldberg, die mit ihrer Mutter 1965 das Konzert im Shea Stadium besuchte, in *Eight Days A Week*. »Für uns waren sie nicht schwarz und nicht weiß – sie hatten keine Hautfarbe. Sie waren einfach die Beatles.«

Die Band sei genau zur richtigen Zeit in den USA gelandet, meint Kane. Die Nachrichten über ihren Erfolg hätten die Schreckensmeldungen in dem nach dem Attentat auf John F. Kennedy schockstarren Land von den

Titelseiten verdrängt. »Ihre Musik hat vor allem auf die Teenager gewirkt, aber schon als sie im August 1964 im Hollywood Bowl gespielt haben, sind auch junge Erwachsene und Eltern gekommen«, so Kane. »Und die Leute, die die Beatles zu dieser Zeit geliebt haben, waren die, die 1968 gegen den Krieg auf die Straße gegangen sind. Da gab es eine direkte Verbindung – die Fans sind mit den Beatles erwachsen geworden und umgekehrt.«

Als Paul McCartney 1964 gefragt wurde, wie er sich als Teil eines für die westliche Kultur so wichtigen historischen Ereignisses wie die Beatles-US-Tour gefühlt habe, lachte er allerdings nur: »You must be kidding. It's not culture. It's a laugh!«

Und das Vergnügen kam wohl auch nicht zu kurz auf diesen Tourneen, auch wenn man in *Eight Days A Week* nicht allzu viel davon sieht. In seinem Erinnerungsbuch *Ticket To Ride* berichtet Kane jedoch sehr wohl von nächtlichen Zimmerbesuchen weiblicher Fans und von Jayne Mansfield, die auf einer Party in Hollywood nicht von John Lennon lassen konnte.

»John hat mal erzählt, diese Tourneen seien so wild wie ein Fellini-Film gewesen«, erklärt Kane. »Und es gab sicher solche Momente, aber die Beatles standen nicht dauernd unter Drogen und haben sich nicht selbst zerstört. Sie waren ziemlich normal, und was für Beziehungen sie dort auch immer gepflegt haben, sie haben das sehr diskret getan. Ich habe natürlich viele junge Frauen in den Hotels gesehen – aber die meisten waren volljährig. Wenn die Medien damals berichtet hätten, wie sie es heute tun, und sich genauso sehr für Klatsch interessiert hätten, hätten die Beatles vermutlich eine schwere Zeit gehabt.«

Zeiten des Aufruhrs

(1965)

Der folgende Text handelt nicht ausschließlich von den Beatles, er liefert vielmehr einen historischen Kontext für die musikalischen Entwicklungen des Jahres 1965, an denen Lennon, McCartney, Harrison und Starr natürlich maßgeblich beteiligt waren. Geschrieben 2015 für die Juli-Ausgabe des *Rolling Stone*, deren Cover eine gewisse Conchita Wurst schmückte.

Wer im Januar 1965 das Röhrenradio anstellt – am besten auf Mittelwelle, um die große weite Popwelt via Radio Luxemburg in die heimische Stube zu holen –, wird unter Umständen kurz in einen Schockzustand versetzt, weil er vermuten muss, das teure Gerät *Made in Germany* der Marke Nordmende, Grundig oder AEG habe bereits seinen Geist aufgegeben. Denn was er hört, wenn die Nummer 1 der amerikanischen und britischen Single-Charts erklingt, ist zunächst mal eine Rückkopplung. Ein unerwünschtes Störgeräusch also, das entsteht, wenn sich ein Signal wieder und wieder verstärkt, sich ein System sozusagen selbst erregt. Man könnte sagen, das folgende Jahr ist selbst eine Rückkopplung – soziale, politische, akustische und sprachliche Signale verstärken sich vielfach gegenseitig. Ein Prozess, der unter anderem dazu führt, dass die Popmusik lauter, relevanter, für viele ältere Ohren auch störender wird als alles, was zuvor über die Funkwellen in die Wohnungen übertragen wurde.

Im Januar 1965 ist dieses Feedback im Radio naturgemäß noch ein fröhlicher Gruß aus dem vergangenen Jahr. Aufgenommen wurde es bereits im Oktober 1964 in einem Tonstudio an der Londoner Abbey Road, als Paul McCartney auf seinem Bass ein A zupfte, das auf John Lennons Verstärker übersprang. Die Kinks und The Who haben bei ihren Konzerten schon öfter die Verstärker fiepen lassen, doch die Beatles sind die ersten, die es sich leisten können, es zu Beginn ihrer neuesten Single »I Feel Fine« auch auf Platte zu pressen. Seit Februar 1964 sind sie schließlich die größte Band der Welt. Da haben sie die nach der Ermordung John F. Kennedys in Apathie verfallenen USA bei ihrem Auftritt in der »Ed Sullivan Show« mit ihrer Energie, ihrer Unschuld und ihrem Enthusiasmus wachgeküsst und das Land im Sturm erobert.

Und die USA sind nicht irgendein Land, sondern das Land der Babyboomer. Die Hälfte der US-Bevölkerung ist jünger als 25, und 41 Prozent der Amerikaner sind sogar noch Teenager – viele von ihnen gebildet, von Haus aus relativ wohlhabend und mit großer Kaufkraft ausgestattet. Zudem ist die Jugend besonders konsumfreudig und wird schnell als wichtige Zielgruppe erkannt – übrigens auch im demografisch nicht ganz so prallen Westdeutschland, wo 1965 mit dem »Beat-Club« die erste Live-Musiksendung für junge Leute startet. Die erste Band, die Uschi Nerke und Gerhard Augustin anmoderieren, sind die Yankees aus Bremen, die einen Song mit dem Titel »Halbstark« spielen. Der geht so: »Sie rasen durch die Straßen/ Und die Gassen, sie sind menschenleer/ Blonde Bienen mit Bändern in den Haaren/ Und in schwarzem Leder, das sie tragen/ Halbstark, oh Baby Baby, halbstark, oh Baby Baby halbstark …« Außerdem zu Gast: die Liverbirds, eine weibliche Beat-Band aus, na klar, Liverpool – blonde und brünette Bienen bzw. Vögelchen.

Die wichtigste Bühne für britische Bands ist seit dem Triumph der Beatles jedoch Amerika. Selbst im Heimatland eher verpönte Acts wie Herman's Hermits schaffen es dort in die Charts, und US-Gruppen mit betont britisch klingenden Namen wie The Beau Brummels oder The Sir Douglas Quintet fangen an, die Musik ihrer neuen Idole in Vorstadtgaragen nachzuspielen.

Auch Bob Dylan war Anfang 1964 begeistert, als er im Autoradio irgendwo in der Nähe von Denver zum ersten Mal »I Want To Hold Your Hand« hörte. Er war der Ernsthaftigkeit und gespielten Authentizität der Folkbewegung müde geworden, und diese Energie, die da aus dem Radio strömte, schien die Lösung zu sein. Als er John, Paul, George und Ringo im August 1964 in einem Hotel an der New Yorker Park Avenue traf, waren die Fab Four ihrerseits auf der Suche nach einem Weg aus dem Wahnsinn, der sie umgab, und dem Image, dem sie entsprechen mussten. Er gab ihnen eine Antwort, die man gegen den Wind riechen konnte: einen Joint.

Vor allem John Lennon sprach auf die Substanz sehr positiv an. Hatte er die Ängste und Traumata seiner Kindheit bis dahin mit dem Konsum von Amphetaminen und Alkohol verdrängt, schien die neue Droge ihn zu öffnen. Die Lieder, die er in den nächsten beiden Jahren schreibt, werden Meisterstücke der Innenschau und Melancholie werden. 1965 sollte sein bestes Jahr als Songwriter werden.

Der Song im Radio, »I Feel Fine«, spielt jedoch bei aller musikalischer Grenzüberschreitung noch einmal das alte Spielchen vom »boy« und seinem »little girl«, das ewige Treue schwört. Bei der nächsten, musikalisch ungewohnt harten Beatles-Single, »Ticket To Ride«, wirkt das männliche Subjekt schon unsicherer, in »Help!« wird die Schwäche zur Masche, und am Ende des Jahres singt Lennon: »I once had a girl, or should I say, she once had me« – da sind die Machtverhältnisse zwischen den Geschlechtern bereits Auslegungssache. Dazu zirpt ein nordindisches Instrument, von dem wenig später alle Welt weiß, dass es Sitar heißt.

In der Zwischenzeit war viel passiert. Nicht nur in der Musik. Während Großbritannien 1965 mit Inflation und Arbeitslosigkeit zu kämpfen hat, in Wirtschaftswunder-Deutschland mit dem Ende der Auschwitzprozesse und der diplomatischen Annäherung an Israel wichtige Schritte in der Aufarbeitung der Vergangenheit unternommen werden und auf der anderen Seite der noch nach frischem Mörtel riechenden Mauer der Sicherheitssekretär des ZK der SED, Erich Honecker, nach Jugendkrawallen in Leipzig die Beat-Musik verdammt und gegen die »zynischen Verse« Wolf Biermanns wettert, kämpfen die USA an zwei Fronten: gegen eine Eskalation des Rassenkonflikts und den Kommunismus.

Der Bürgerrechtler Malcolm X wird in New York von Mitgliedern der Nation of Islam ermordet, in Alabama werden am *Bloody Sunday* Bürgerrechtler von Polizisten niedergeschlagen, Martin Luther King marschiert mit Tausenden für die Aufnahme Schwarzer in die Wählerlisten von Selma bis nach Montgomery, Alabama; in Watts, einem südlichen Stadtteil von Los Angeles, kommt es zu Auseinandersetzungen zwischen der Polizei und der afroamerikanischen Bevölkerung.

Derweil rollt auf Befehl von US-Präsident Lyndon B. Johnson in Nordvietnam die Operation *Rolling Thunder* an, deren erste Bilder im US-Fernsehen für Entsetzen sorgen. Empathie und Unrechtsbewusstsein angesichts der gefolterten und gemordeten Bevölkerung sind vor allem bei vielen jungen US-Bürgern größer als das Feindbild des Kommunismus. Von der Hoffnung auf eine strahlende Zukunft, wie der junge Präsident John F. Kennedy sie noch verkörpert hat, ist nun endgültig nichts mehr übrig. Das Bedürfnis, aus der repressiven bürgerlichen Gesellschaft auszubrechen, nimmt zu.

Wer die Haare so lang tragen will wie die britischen Musiker im Fernsehen, fliegt von der Uni, unverheirateten Frauen wird die Pille verwehrt. Eine neue Konfliktlinie innerhalb der US-Gesellschaft entsteht: zwischen den Erwachsenen, die Moral und Wohlstand wahren wollen, und vornehmlich jungen Menschen, die gegen ein subtiles Unterdrückungssystem rebellieren, das vor Gewalt nach außen wie nach innen nicht zurückschreckt. Vielleicht würden viele von ihnen gern ein Leben führen wie das Paar in Jean-Luc Godards *Pierrot Le Fou*, das vom Wohlstand gelangweilt in eine abenteuerliche Bonnie-und-Clyde-Existenz flüchtet, die der von Jean-Paul Belmondo gespielte Protagonist Ferdinand so beschreibt: »Zärtlich und grausam, real und surreal, angsteinflößend und komisch, bei Nacht und bei Tag, gewöhnlich und ungewöhnlich«.

Doch in Amerika wird kaum jemand diesen Film sehen, als er 1965 erscheint. In US-Kinos herrschen Eskapismus und Darstellungen einer heilen Welt vor. Auch wenn letzte mitunter bedroht ist, wie in der Musical-Verfilmung *The Sound Of Music* mit Julie Andrews, die 1965 zum absoluten Kassenschlager wird. Bei den Oscars räumen *Mary Poppins* und *My Fair Lady* ab. Die US-Filmproduktion ist zu langsam, um dem Zeitgeist zu folgen, und zudem immer noch der Zensur unterworfen, der jede Form von Nacktheit und Sexualität zum Opfer fällt.

Die Rebellion gegen den *Status quo* und die Sehnsucht nach einem Gegenentwurf zur bestehenden Gesellschaft können ihr Ventil nur in einem Medium finden, das schneller und direkter ist als der Film: in der Musik. Und die wird im Lauf des Jahres zwangsläufig lauter, härter und gefährlicher, die Texte werden schärfer und expliziter, handeln von alternativen Lebensentwürfen, individueller Freiheit und immer öfter auch von spiritueller Erleuchtung, wie John Coltrane sie auf »*A Love Supreme*«, einem Jazz-Album, das verkauft und gehört wird wie eine Pop-Platte, mit seinem Saxofon beschreibt.

Pop ist 1965 mehr als ein besonders bunt blühender Zweig der Kulturindustrie, er steht für den, wie Diedrich Diederichsen schreibt, »von Jugend- und Gegenkulturen ins Auge gefassten Umbau der Welt, insbesondere für den von der herrschenden Wirtschaftsordnung verkraft- und verwertbaren Teil davon: sexuelle Befreiung, englischsprachige Internationalität, Zweifel an der protestantischen

Arbeitsethik und den damit verbundenen Disziplinarregimes, aber auch für Minoritäten und die Ablehnung von Institutionen, Hierarchien und Bürgerrechten«.

»A Change Is Gonna Come« von Sam Cooke, der im Dezember 1964 ermordet wurde, und »People Get Ready« von den Impressions steigen 1965 in die Charts ein, beides Protestlieder in der afroamerikanischen Gospeltradition, inspiriert von der Bürgerrechtsbewegung. James Brown setzt auf Innovation statt auf Tradition, stellt die Rebellion vom Kopf auf die tanzenden Füße (oder in diesem Fall vielleicht eher auf die Eier) und nimmt innerhalb einer Stunde mit »Papa's Got A Brand New Bag« den ersten Funk-Song auf, die Blaupause der Dance Music.

Während der »Hardest-Working Man in Show Business« die Befreiung des Körpers propagiert, sucht der König des Protestsongs, Bob Dylan, nach der Befreiung der Sprache und somit letztlich des Geistes. Das Misstrauen gegenüber dem Bestehenden und die Sehnsucht nach dem Neuen lassen sich, wie er es bereits ein Jahr zuvor in »My Back Pages« formuliert hat, nicht länger in den alten Gegensätzen von Schwarz und Weiß, Jung und Alt, Gut und Böse definieren – und erst recht nicht stellvertretend für eine Generation oder gar die ganze Welt. Es braucht eine neue Sprache der Subjektivität. Dylan lässt sich dazu aber nicht etwa von der gerade erfolgreichen und auch ihn elektrisierenden britischen Beat-Musik inspirieren, sondern schließt Chuck Berry mit Woody Guthrie und Allen Ginsberg kurz und schreibt »Subterranean Homesick Blues«. Der Song eröffnet sein nächstes Album, das er »*Bringing It All Back Home*« nennt – die Musik spielt wieder in Amerika.

Fünf Musiker, die sich in Los Angeles als The Byrds zusammenfinden, nachdem sie *A Hard Day's Night* gesehen haben, nehmen sich einen anderen Song dieses Albums vor, wollen Dylans Poesie und Beatles-Pop zusammendenken und bringen mit ihrer Version von »Mr. Tambourine Man« im Sommer die Freaks, Prankster und Proto-Hippies an der Westküste zum Tanzen, geben der Selbsterfahrungs-, Entgrenzungs- und Drogenkultur einen Soundtrack. »Folk Rock« nennt man bald diesen Stil, der das Sendungsbewusstsein des Folk mit dem Hedonismus des Pop und der Energie des Rock'n'Roll verbindet.

Trotz der Wiederauferstehung der amerikanischen Popmusik ist es schließlich ein blasser junger Brite, der das Lebensgefühl der westlichen Jugend auf den Punkt bringt – und zwar auf dem Boden der USA. Er heißt Keith Richards, seine Band, eine bereits ziemlich erfolgreiche Blues- und R&B-Cover-Band, die sich The Rolling Stones nennt, ist auf US-Tour. Nach einem Gig in Clearwater, Florida, schläft Richards im Hotelzimmer mit einem Gitarrenriff ein, das ihm nicht mehr aus dem Kopf geht, und wacht mit der Zeile »I can't get no satisfaction« wieder auf.

Das könnte Andrew Loog Oldham befriedigen, denkt er wohl. Der Stones-Manager hat ihn und den Sänger seiner Band, Mick Jagger, nämlich dazu verdonnert, Songs zu schreiben, weil mit eigenen Liedern mehr Geld zu machen sei als mit Fremdmaterial. Die beiden sind seiner Aufforderung zunächst nur widerwillig gefolgt, haben ihre ersten Versuche als Songwriter verschämt anderen Künstler gegeben. Sie wollen lieber weiter echten Blues und R&B spie-

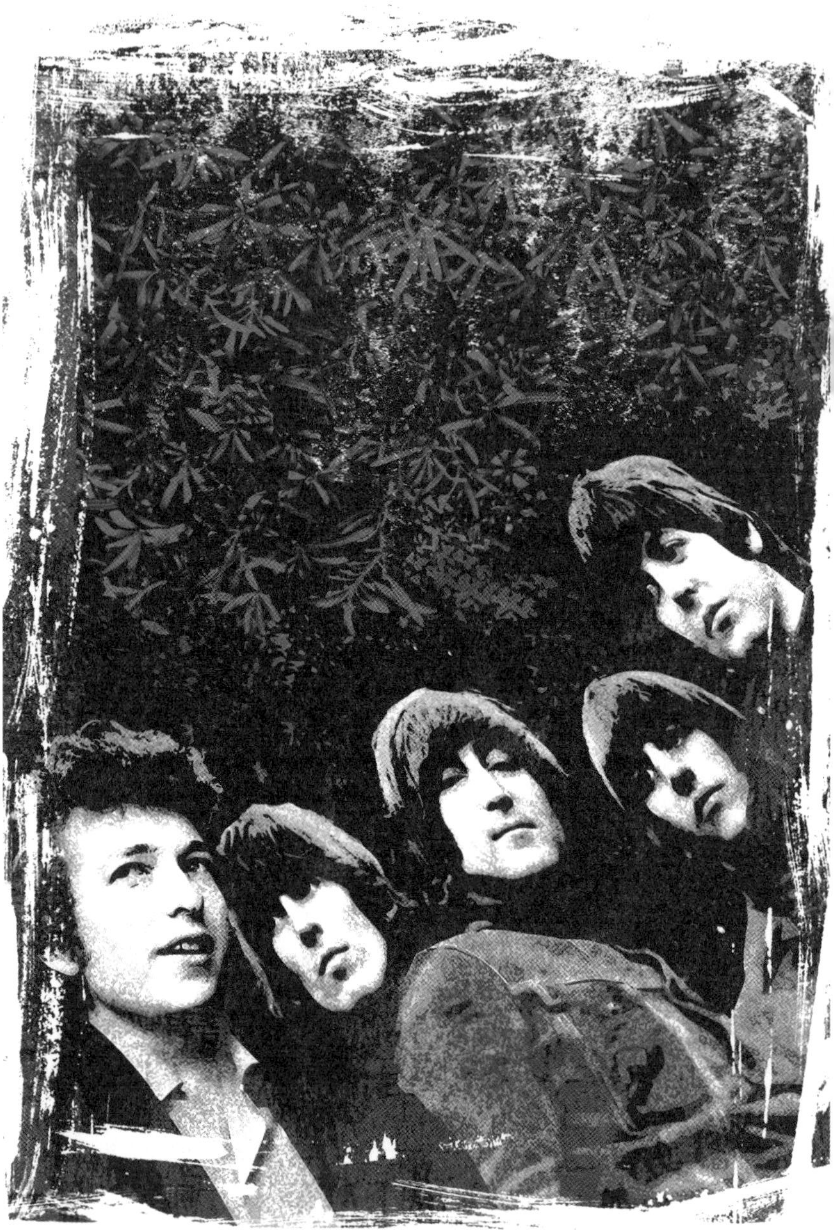

len. Denn auch im Pop herrscht zu der Zeit in bestimmten Szenen eine Art Segregation. Schwarze Musik gilt als authentisch und roh, nahe am Ursprung der reinen Leere, weiße als verdünnt, verkünstelt und kommerziell.

Soul der Marke *Motown* aus Detroit mit schmissigen Singles von Acts wie den Supremes und Smokey Robinson & The Miracles ist weißer als die Platten von *Stax Records* aus Memphis, bei denen Otis Redding und Wilson Pickett ihre rauen, aus verschwitzten Körpern tönenden Stimmen erklingen lassen, und die Stones sind mit ihren alten Bluesnummern authentischer als die Beatles mit ihren eigenen Liedern. Dass *Stax* einem weißen Bankangestellten, der in seiner Freizeit gern Country-Fiddle spielt und auch noch Jim Stewart heißt, und seiner Schwester Estelle gehört, dass die Hausband des Labels, Booker T. & The M.G.'s, mit Steve Cropper einen weißen Gitarristen und mit Donald »Duck« Dunn seit 1964 auch einen weißen Bassisten hat und die Rolling Stones weiße Mittelschichtjungs aus London sind, spielt in dieser essenzialistischen Logik keine Rolle.

Mit »Heart Of Stone« trauen die Stones sich Ende 1964, ihr musikalisches Reinheitsgebot aufzugeben, die selbst geschriebenen Lieder »The Last Time« und »Play With Fire« folgen 1965. »(I Can't Get No) Satisfaction«, das in den USA im Juni 1965 (in England erst zwei Monate später) erscheint, wird schließlich ihre erfolgreichste Single des Jahres.

Als die Band den Song einen Monat zuvor aufnimmt (eine erste Version in den *Chess Studios* in Chicago, die definitive dann bei *RCA* in Hollywood), reist Bob Dylan, wie man in D. A. Pennebakers Dokumentation *Dont Look Back* sehen kann, noch ein wenig missmutig mit akustischer Gitarre durch das Vereinte Königreich und muss sich vor eingefleischten Folk-Fans für die elektrische A-Seite seines Albums »*Bringing It All Back Home*« rechtfertigen.

Zwei Monate später scharrt er dann eine laute Band um sich. Ausgerechnet beim Newport Folk Festival. Die Idee kommt ihm, als einer der Organisatoren des Festivals, der Folk-Archivar Alan Lomax, die Paul Butterfield Blues Band ankündigt und dabei mit seinem Missfallen über deren elektrisch verstärkte Musik nicht hinterm Berg hält. Dylan kennt ihren Gitarristen, Mike Bloomfield, bereits von den Aufnahmen zu seiner aktuellen Single, dem nicht gerade radiofreundlichen, das Drei-Minuten-Format sprengenden »Like A Rolling Stone«.

Nachdem die Banjospielerin Cousin Emmy ihren letzten Ton gezupft hat, steigt er am Abend des 25. Juli mit Bloomfield, seinen Bandkollegen – dem Bassisten Jerome Arnold und dem Schlagzeuger Sam Lay – sowie den Tastenmännern Al Kooper und Barry Goldberg in Lederjacke auf die Bühne und richtet zu tumultuösem Backing seine individuelle Unabhängigkeitserklärung an die Folk-Gemeinde, die in ihm bis dahin einen Propheten gesehen hat, keinen Donnergott: »I ain't gonna work on Maggie's farm no more«, schmettert er, und die Menge buht. »How does it feel«, singt er wenig später, »to be on your own, with no direction home, like a rolling stone?«

Der Protestsänger von einst ist nun ein hedonistischer New Yorker Hipster und Dichterfürst, der im *Chelsea Hotel* abgestiegen ist und ab und zu auch in der *Factory*, einem neu eröffneten Kunstsalon im East Village, verkehrt. Hier produziert der Warenästhetik-Fetischist Andy Warhol Superstars in Serie. Der neueste Schrei heißt Edie Sedgwick, ein asthmatisches, psychotisches Model mit Alkoholproblemen, das ihn zu »Like A Rolling Stone« inspiriert haben soll.

Die Single landet auf Platz 2 der US-Charts – die Spitzenposition wird ironischerweise erst von der Beatles-Single »Help!«, dann von Barry McGuires »Eve Of Destruction« blockiert, die somit beide ihren größten Einfluss, Dylan eben, überflügeln – und offenbart sich schließlich als Schnauze eines noch viel größeren Ungeheuers, das wenige Wochen später folgt: »*Highway 61 Revisited*«, das erste Album des Pop, das mehr ist als eine Ansammlung von Single-Tracks und Füllmaterial, ein geschlossenes Kunstwerk nämlich. Die Songs beschreiben eine wilde Reise durch die surreal verfremdeten Vereinigten Staaten von Amerika.

Dylan erzählt den amerikanischen Traum auf LSD, so könnte man sagen. Das Halluzinogen, das man in Hippie-Kreisen bald auf den Namen »Acid« tauft, ist nämlich gerade – ebenso wie die Experimente des Psychologen Timothy Leary mit selbigem – in aller Munde. Der Schriftsteller Ken Kesey veranstaltet mit seiner Künstlerkommune The Merry Pranksters in der Bay Area von San Francisco Partys, die ganz auf die Wirkung des LSD-Trips setzen: die vom Dichter so genannten »Acid Tests«. Beim ersten spielt eine Band namens The Warlocks, die sich wenig später in The Grateful Dead umbenennt, beim zweiten überzeugt Kesey gemeinsam mit seinem Freund Allen Ginsberg die Vietnamkrieg-Befürworter der Hells Angels mittels Acid und Dylan-Platten davon, dass sie im Unrecht sind.

Ein Londoner Zahnarzt hat John Lennon und George Harrison bereits im April 1965 während eines gemeinsamen Abendessens auf ihren ersten LSD-Trip geschickt. An einem freien Abend während der Dreharbeiten zu *Help!*, dem weniger inspirierten Nachfolger ihres ersten Kinofilms, *A Hard Day's Night*. Harrison scheint zu dieser Zeit besonders empfänglich für jede Art von Bewusstseinserweiterung. Im selben Monat hört und sieht er in den Filmstudios von Twickenham zum ersten Mal eine Sitar. Diese Erfahrung wird für ihn in Kombination mit einem Yogabuch, das ihm ein Swami beim Dreh an einem Bahamas-Strand ein paar Wochen zuvor in die Hand gedrückt hat, weitaus bedeutsamer werden als die neue Droge – und ähnlich revolutionäre Auswirkungen auf die Popmusik haben.

Doch die Beatles finden erst Ende des Jahres die Zeit, all die neuen Einflüsse und Erlebnisse zu verarbeiten und ihre, um es mit William Blake zu sagen: »Songs of Experience« zu schreiben. Erst mal müssen sie vor 55.000 kreischenden Teenagern im New Yorker *Shea Stadium* den Höhepunkt der Beatlemania überstehen, den King, Elvis Presley, treffen, der sie sehr misstrauisch beäugt, und die Queen, Elizabeth II., die ihnen Orden anheftet und zu »Members of the British Empire« ernennt, weil sie die britischen Exportschlager Nummer 1 sind.

Drei Tage später gehen sie ins *Abbey Road Studio 2*, um »*Rubber Soul*« aufzunehmen. Ihr erstes Album mit Werkcharakter, voll ehrlicher Lieder über das Chaos der

Liebe, quasi Abgesänge an die patriarchale Paarbeziehung. Im folgenden Jahr muss sich jede Pop-Produktion in Sachen Raffinesse und Originalität an dieser Platte messen lassen. Auch Brian Wilson, der Ende 1964 auf dem Weg zu einem Beach Boys-Konzert in Houston im Flugzeug eine Panikattacke erlitten hat und seine Zeit seitdem lieber im Studio verbringt als auf Tour. Die melancholische zweite Seite des Albums »*Today!*« zeigt in ihrer musikalischen Geschlossenheit und ihrem Einfallsreichtum bereits, wozu er fähig ist. Doch die Plattenfirma kann ihn überzeugen, im selben Jahr mit »*Summer Days (And Summer Nights!!)*« ein (allerdings fantastisches) Hit-Album alten Schlags nachzulegen.

Auch wenn 1965 allmählich das Albumzeitalter anbricht, scheint sich das Jahr Ende Oktober noch in einer dreiminütigen Single zu verdichten: »My Generation« von The Who. Der Song benennt den entflammten Generationenkonflikt und stellt ihn mit Härte und roher Gewalt aus. Gitarrist und Songwriter Pete Townshend zertrümmert auf der Bühne sein Instrument und beruft sich – er hat mal kurz Kunst studiert – auf den deutschen Aktionskünstler Gustav Metzger und dessen »Auto Destructive Art«. Pop gibt sich in diesem Jahr einen Kunstanstrich, um als Stimme der Jugend ernst genommen zu werden, und andere Medien – Literatur, Film, bildende Kunst etc. – umhüllen sich mit der Aura des Pop, um besser verkäuflich zu sein.

Andy Warhol und sein Regisseur Paul Morrissey überlegen gar, das Management einer Band zu übernehmen, um mit dem so verdienten Geld neue Filme zu produzieren. Im

East Village gibt es mit den beatinspirierten Fugs und dem psychedelischen Folk-Duo The Holy Modal Rounders zwei potenzielle Klienten. Mitte Dezember 1965 sieht Morrissey im *Café Bizarre* an der West 3rd Street dann allerdings eine Band mit dem von Leopold von Sacher-Masoch inspirierten Namen The Velvet Underground und stellt sie Warhol vor. Der ist von ihren dunklen Liedern und ihrer nihilistischen Haltung begeistert, hat allerdings Zweifel, ob der linkische Sänger Lou Reed als Identifikationsfigur taugt. Das deutsche Model Christa Päffgen alias Nico scheint ihm da bald eine reizvolle Alternative zu sein.

Während sich 1965 das Singles-Zeitalter in der Popkultur furios dem Ende neigt und die Popmusik sich allmählich in die psychedelischen Höhen der Album-Ära aufschwingt, an der Westküste die Hippie-Bewegung Fahrt aufnimmt und der *Summer of Love* bereits in den Sternen zu lesen ist, arbeiten im tiefsten New Yorker Untergrund schon die ersten an der Musik für den Kater danach.

Das Jahr nach dem Yeah

(1966)

Wenn 1965 ein neues Pop-Zeitalter anbrach, fand es bereits ein Jahr später zur Vollendung. Brian Wilson wollte »*Rubber Soul*« übertreffen und schuf das Beach-Boys-Meisterwerk »*Pet Sounds*«, das im Mai erschien. Wenige Wochen danach veröffentlichte auch Bob Dylan sein Glanzstück: das noktambule Doppelalbum »*Blonde On Blonde*«. Die Beatles folgten im August mit »*Revolver*«, das in der späteren Rezeption zu Unrecht jahrzehntelang im Schatten ihrer nachfolgenden Alben »*Sgt. Pepper's Lonely Hearts Club Band*«, »*The Beatles*« und »*Abbey Road*« stand und anscheinend für die Beatles selbst immer noch steht, denn die drei letztgenannten Platten wurden alle mit von Feuilletonfeuerwerk begleiteten Jubiläumseditionen geehrt. Zum 50. Geburtstag von »*Revolver*« gab es nur einen Artikel von mir – und ein tolles Buch von Klaus Voormann.

Untersuchungshaftanstalt Hamburg, Holstenglacis 3, 26. Juni 1966. Es riecht nach Desinfektionsmittel. Ein Mann Anfang 30, klein, aber kräftig, sitzt in seiner kargen Zelle und versucht, durch die Gitterstäbe einen Blick auf die Ernst-Merck-Halle gegenüber zu erhaschen. Schon am Morgen steht dort trotz des starken Regens eine riesige Menschenmenge: junge Männer in nassen Texashosen, die die Amerikaner »Jeans« nennen, und aufgeregte junge Mädchen, einige von ihnen den Tränen nah. Nachmittags um drei und abends um sieben spielen hier die Beatles. Das erste Mal seit ihrem Konzert am Silvesterabend 1962 sind sie wieder in der Stadt.

Es ist der dritte Stopp der *BRAVO-Beatles-Blitztournee*. Klingt irgendwie nach Blitzkrieg. Ob der verrückte John sich das ausgedacht hat, der schon den Chef des *Kaiserkellers*, Bruno Koschmider, mit seinen Naziwitzen zur Weißglut getrieben hat? Im Vorprogramm spielen Cliff Bennett & The Rebel Rousers, die Rattles und Peter & Gordon. Er hat sogar eine Karte für die Abendvorstellung. Die hat der Beatles-Manager, Brian Epstein, ihm persönlich geschickt: »For Horst Fascher. This is your ticket.« Aber er ist »verhindert«, weil er auf der Großen Freiheit wieder mal in eine Schlägerei verwickelt war. Als Geschäftsführer und Booking-Manager des *Star-Club* gehört es eben zu seinem Job, die Randalierer aus dem Laden zu schmeißen, bevor Schlimmeres passiert, und das geht in der Regel nicht ohne schlagende Argumente, immerhin war er mal Hamburger Meister im Federgewicht.

Die Beatles werden das verstehen. Schließlich kennen sie diese harte Welt, haben mit ihrem toughen, lauten, derben Rock'n'Roll den Soundtrack dazu geliefert. Den Lennon hat Fascher einmal erwischt, wie er sich auf dem Klo von einem Mädchen einen blasen ließ, während die anderen drei schon spielten. Das war unprofessionell. Das kann er nicht leiden. Er hat ihm eine kalte Dusche verpasst und ihn klatschnass, nur mit Unterhose und Stiefeln bekleidet, auf die Bühne geschickt. Der Irre hat sich noch eine Klobrille umgehängt. Aber das ist lange her. Fünf Jahre oder so.

Der Anfang vom Ende begann, als dieser blasse Künstler Stuart Sutcliffe ein paar Monate vor seinem Tod aus der Band ausstieg und Paul den Bass übernahm. Plötzlich waren die Beatles nicht mehr hart, sondern seltsam leichtfüßig und verspielt. Das war keine Reeperbahn-Musik mehr. Doch in London gefiel es den Leuten offenbar. Jedenfalls bekamen die Beatles dort einen Plattenvertrag. Als Paul ihm die erste Beatles-Single vorsang, hat er nur gesagt: »Vergiss es! Das wird nichts. Bleib beim Rock'n'Roll!« Da hat er sich wohl geirrt. Sogar Amerika haben sie mit ihrer Musik erobert. Jetzt übernachten sie im piekfeinen Hotel *Schloss Tremsbüttel* in Bargteheide, und davor ist zu ihrer Sicherheit eine Hundertschaft der Polizei postiert, mit einer riesigen Gulaschkanone für die Verpflegung. Steht im *Hamburger Abendblatt*.

Aber eine feine Geste, dass sie bei ihrer Rückkehr an die alten Freunde aus Hamburg gedacht haben. Sie werden wohl alle dort sein: die schöne Witwe von Stuart, Astrid Kirchherr, mit ihrem neuen Freund, Gibson Kemp, der damals Ringo bei Rory Storm & The Hurricanes am Schlagzeug ersetzt hat; die rothaarige Kathia Berger, die auf Paul stand, der sie immer »Ketchup« nannte, weil er ihren Namen nicht aussprechen konnte; Betty, die blonde mollige Barfrau aus dem *Star-Club*, mit der John mal was hatte; und bestimmt auch Icke Braun, der die Band schon aus dem *Top Ten*-Club kannte, und seine hübsche Frau, Evelyn Hamann – eine echte Schauspielerin.

Vielleicht kein gutes Zeichen, dass die Beatles nach Deutschland zurückkommen. Könnte sein, dass es bergab geht mit ihrer Karriere. In diesem Jahr haben sie noch kein

Album veröffentlicht, und ihre letzte Single, »Paperback Writer«, schaffte es nur mit Mühe, in der zweiten Woche »Paint It Black« von den Rolling Stones von der Spitze der britischen Charts zu stoßen, und zwei Wochen später vom Kinks-Song „Sunny Afternoon" schon wieder verdrängt.

Der Song handelt nicht mehr von Liebe, sondern von irgendeinem Typen, der Bücher schreiben will, und Paul singt den Text so schnell, dass man kein Wort versteht, während George und John »Frère Jacques« anstimmen. Die B-Seite, »Rain«, ist eine Zumutung. Das ist nicht mehr der »harte Neger-Beat«, von dem die *Bravo* geschrieben hat. »Can you hear me?«, leiert John seltsam verschlafen oder wohl eher bekifft, dann läuft der Gesang plötzlich rückwärts. Unmöglich.

Was Horst Fascher nicht wissen kann: Die Arbeiten am lang erwarteten Nachfolger von »*Rubber Soul*«, das im Dezember 1965 erschienen ist, haben die Beatles fünf Tage zuvor im Studio 2 an der Abbey Road beendet.

Und irgendwo auf der Deutschlandtour, zwischen München und Hamburg, hat das neue Album auch schon einen Namen bekommen. Ein Zimmerkellner fischte im *Schloss Tremsbüttel* einen Zettel aus dem Papierkorb, auf den McCartney mit Bleistift »Spiral Staircase« und darunter »Revolver« geschrieben hat. Auf der Rückseite noch mal, in Konturen: »REVOLVER«.

Der erste Track, den die Beatles am 6. April für ihr neuestes Werk in den *EMI Studios* an der Abbey Road aufgenommen haben, ist noch viel weiter vom Beat und den Erwartungen ihrer Fans entfernt, als Fascher oder sonst wer sich das vorstellen könnte. Er hieß damals noch »Mark I«

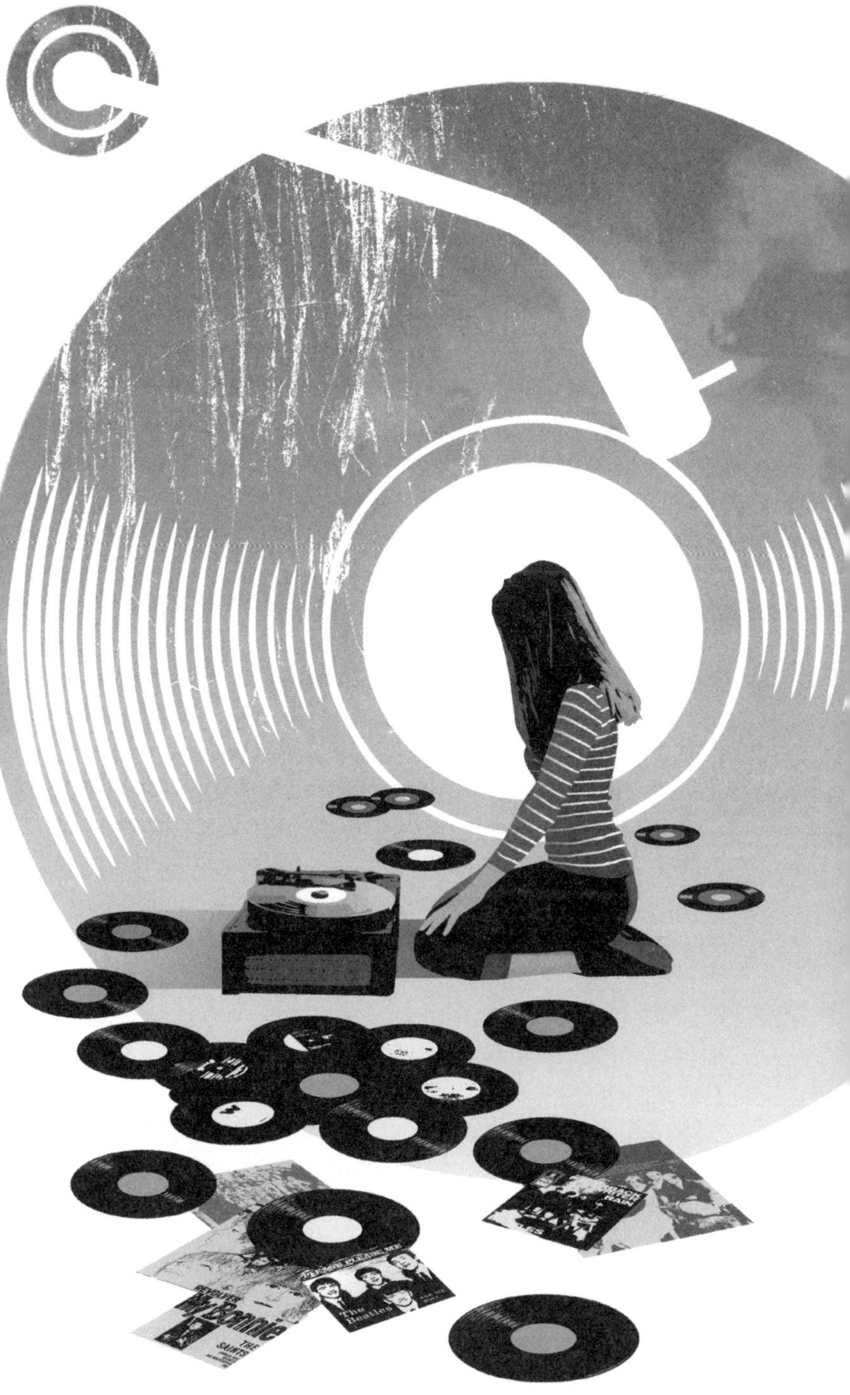

REVOLVER
My Bonnie
The Beatles

und war John Lennons Versuch, ein Lied mit nur einem Akkord – C-Dur – zu schreiben. Zum Text hat ihn ein Buch inspiriert, das er im von McCartney gesponserten Buchladen *Indica* am Mason's Yard gekauft hat: Timothy Learys *The Psychedelic Experience: A Manual Based on the Tibetan Book of the Dead.* Er wolle auf diesem Stück wie der Mantras von einem Berggipfel rufende Dalai Lama klingen, erklärte Lennon George Martin. Es war nun Aufgabe des Beatles-Produzenten und seines Toningenieurs Geoff Emerick, die gewohnt unkonkreten Anweisungen des an technischen Dingen wenig interessierten Beatle umzusetzen. Sie schickten seine Stimme durch den Leslie-Lautsprecher einer Hammond-Orgel, um sie so klingen zu lassen, als käme sie aus weiter Ferne herübergeweht, Starr und McCartney entwickelten dazu einen hypnotischen Groove, und Harrison spielte die Tamboura, ein indisches Zupfinstrument, das er gerade erst erworben und aus Vorsicht eigenhändig aus seinem Porsche ins Studio getragen hatte. Der Koffer sah aus wie ein kleiner Sarg. Am nächsten Tag kam McCartney mit einer Plastiktüte voller Tonbänder ins Studio, die er am Abend daheim aufgenommen hatte: Soundexperimente mit Weingläsern, der eigenen Stimme, einer Orchesteraufnahme eines Stücks des finnischen Komponisten Jean Sibelius …

Sein Freund Barry Miles, Mitbetreiber des *Indica*-Buchladens, hatte ihm die musikalische Avantgarde von Free Jazz bis Musique concrète nahegebracht, und vor allem der »*Gesang der Jünglinge*«, ein frühes elektronisches Werk des deutschen Komponisten Karlheinz Stockhausen, hatte es ihm angetan. Deshalb hatte er sich für eigene Versuche in Avantgarde ein Aufnahmegerät in sein neues Haus an der Cavendish Avenue, fünf Minuten vom Studio entfernt, liefern lassen. Er hatte schon länger die Idee, selbst mal ein Album zu veröffentlichen, das »Paul McCartney Goes Too Far« heißen sollte, aber Lennons neuer Song gab ihm nun die Möglichkeit, die Techniken der Avantgarde in den Mainstream zu überführen.

An der Abbey Road war man darauf allerdings nicht vorbereitet. In jedem Studio stand nur eine einzige Bandmaschine. Da konnte man nicht ohne Weiteres mehrere Tapes abspielen und hin- und herspulen. Und so brauchte es viele Angestellte der *EMI* (die damals alle noch weiße Kittel tragen mussten), um die über die Studioräume verteilten Bandmaschinen miteinander zu verbinden. Einige von ihnen standen missmutig mit Weingläsern oder Bleistiften in der Hand im Gang, um die Bänder damit von einem Studioraum in den anderen zu führen.

Das fertige Stück erhielt, nach einem Ringo-Bonmot, den Titel »Tomorrow Never Knows«. Schon erstaunlich, dass dieser Track, an dem alle vier Bandmitglieder so intensiv zusammengearbeitet hatten wie noch nie zuvor, so gar nicht nach ihnen klang. Bereits auf »*Help!*« und »*Rubber Soul*« hatten sie den Beat unter dem Einfluss von Bob Dylan und dem Folkrock der Byrds hinter sich gelassen, jetzt veränderten vor allem George Harrisons Interesse an indischer Musik und McCartneys Avantgarde-Ambitionen ihren Sound.

Harrison brachte einige Tage nach den Aufnahmen von »Tomorrow Never Knows« Freunde vom Asian Music Circle im Norden Londons, wo er unter anderem Sitar-Unterricht nahm, mit ins Studio, um einen nach seiner damaligen Lieblingsapfelsorte, Granny Smith, benannten Song aufzunehmen, der später in »Love You To« umbenannt wurde. Klang auch nicht unbedingt wie der nächste Beatles-Chartstürmer, aber die Plattenfirma brauchte genau den und drängelte. George Martin befahl das Komponieren einer Hitsingle.

McCartney kam einige Tage später ins Studio, setzte sich ans Klavier und fragte: »Wollt ihr unsere neue Single hören?« Lennon zog eine missmutige Schnute. Er verlor nicht gern den internen Songwettbewerb. Aber nach dem ersten Durchgang von »Paperback Writer« war klar, dass ihm nur die B-Seite bleiben würde. McCartney, ein großer Fan des *Motown*-Labels, dessen Sound ein paar Tage zuvor schon bei den Aufnahmen zu seinem Song »Got To Get You Into My Life« ein wichtiger Einfluss gewesen war, wollte einen ähnlich prominenten Bass wie auf den Soul-Singles aus Detroit. Also wechselte er vom leichten Höfner-Violinbass zum muskulösen Rickenbacker. Und der eifrige Toningenieur Emerick funktionierte einen mächtigen Verstärker zum Mikrofon um. Das Ergebnis war so überzeugend, dass er anschließend Angst hatte, die Plattennadel könne bei diesem mächtigen Bass-Sound aus der Rille springen. Glücklicherweise hatte die *EMI* Technikabteilung eine Lösung: ein neues Gerät namens ATOC – Automatic Transient Overload Control.

Lennon schrieb für die B-Seite seine dunkle Klage »Rain«. Auch er hatte mittlerweile ein Tonbandgerät zu Hause, wusste aber nicht damit umzugehen. Aus irgendeinem Grund lief es eines Abends rückwärts, und durch das

Lysergsäurediethylamid in seiner Blutbahn klang das verdammt gut. George Martin kannte den Knopf, mit dem man die Bänder auch absichtlich rückwärtslaufen lassen konnte, sodass es kein Problem war, das glückliche Missgeschick im Studio zu reproduzieren. Doch das eigentliche Herz des Tracks waren wieder mal Starr und McCartney. Letztgenannter übernahm immer mehr die Kontrolle über die Aufnahmen und riss auch Harrisons »Taxman« an sich, nachdem der Autor des Songs mehrere Stunden an seinem Gitarrensolo gescheitert war, und spielte es zur Erleichterung von Martin und Emerick in zwei Takes ein. Es klang sogar ein bisschen indisch, genau wie Harrison es haben wollte.

Während Lennon sich den Ennui der Vorstadtexistenz und den Familienvaterfrust von der Seele schrieb (und so quasi einen Steilpass in die 1990er-Jahre direkt auf den Fuß von Noel Gallagher spielte), reagierte McCartney euphorisch auf jeden Reiz, den das Swinging London, der große bunte Popkosmos und sein Mehr-oder-weniger-Junggesellenleben ihm boten. Eine Beziehungskrise mit Jane Asher während eines Skiurlaubs verarbeitete er, auf dem Skihüttenklo sitzend, genialisch zu »For No One«. »Daydream« von The Lovin' Spoonful inspirierte ihn zu »Good Day Sunshine«. Und nachdem er auf einer vom nach Kalifornien emigrierten ehemaligen Beatles-Pressemann Derek Taylor organisierten Party das erste Mal das Beach Boys-Album »*Pet Sounds*« gehört hatte und sich vor allem in Brian Wilsons Song »God Only Knows« verliebt hatte, schrieb er »Here, There And Everwhere«.

Selbst für Ringo, der auf jedem Beatles-Album widerwillig einen Song singen musste, fiel ihm etwas ein: ein

Kinderlied mit dem Titel »Yellow Submarine«. Die Aufnahmen waren eine riesige Party, auf der auch Brian Jones von den Rolling Stones zu Gast war. George Martin lag mit einer Lebensmittelvergiftung flach und konnte nicht den strengen Erziehungsberechtigten und Spielverderber geben. Es war schließlich Lennon, der das wilde Treiben stoppte und um Konzentration bat, er wollte an jenem Abend noch zurück nach Hause in den Vorort Weybridge fahren. Das dauerte mindestens eine Stunde.

Dort, in seinem Haus auf dem privaten Anwesen des hiesigen Golfclubs, das den Namen *Kenwood* trug, nahm auch der wohl beste Song des neuen Albums Gestalt an. Neben Harrison und Starr war der Schulfreund Pete Shotton bei Lennon zu Gast, als McCartney eintraf und ihnen eine Melodie vorspielte, die ihm am Abend zuvor am Klavier eingefallen war. Ein paar Textzeilen hatte er auch schon. Die erste Strophe ging so: »Miss Daisy Hawkins picks up the rice/ In the church where a wedding has been/ Lives in a dream/ Waits at the window, wearing the face/ That she keeps in a jar by the door/ Who is it for?« Und für die zweite Strophe hatte er die Zeilen »Father McCartney, writing the words/ Of a sermon that no one will hear«. Das mit dem Gesicht im Einmachglas klang irgendwie komisch, oder? Und »Father McCartney« musste weg; Shotton holte das Telefonbuch und fand »McKenzie«, Starr schlug vor, der neue Pater McKenzie könnte Socken stopfen, Harrison fragte McCartney, der sich doch immer als Sonnenschein und Partylöwe inszenierte, erstaunt: »All the lonely people – where do they all come from?«

Lennon war angesäuert, weil sein Songwriting-Partner ihn nicht exklusiv um Mithilfe gebeten hatte, und erklärte, dass das mit dem Gesicht im Einmachglas das Beste am ganzen Lied sei. Und alle waren sich einig, dass der Pater und die einsame Jungfer in der dritten Strophe zusammenfinden mussten – bei Daisys Beerdigung. Wobei »Daisy« irgendwie nicht dunkel und erdenschwer genug klang. Auch ein bisschen zu gewöhnlich – oder zu albern, wie Daisy Duck. Tage später sah McCartney bei einem Besuch in Bristol, wo Jane Asher ein Engagement hatte, die Schauspielerin Eleanor Bron, die auch in *Help!* mitgespielt hatte, in einer Inszenierung von John Dightons Komödie *The Happiest Days of your Life* – Eleanor war ein guter Name für eine alte Jungfer. Auf dem Weg durch die Stadt fiel ihm ein Ladenschild auf: »Rigby & Evans Ltd, Wine & Spirit Shippers«. Eleanor Rigby – das war's! Vielleicht kam ihm der Name vertraut vor, denn auf dem Friedhof der St Peter's Church in Liverpool-Woolton, wo er 1957 den betrunkenen Teddy Boy John Lennon beim Kirchweihfest kennengelernt hatte, liegt tatsächlich eine Eleanor Rigby: gestorben am 10. Oktober 1939, fast auf den Tag genau ein Jahr vor Lennons Geburt.

Um ihre neueste Single nicht in Fernsehshows promoten zu müssen und so kostbare Studiozeit zu verlieren, drehten die Beatles kleine Clips, die sie an die Sender schicken konnten. Der junge amerikanische Regisseur Michael Lindsay-Hogg filmte sie in den Studios in Twickenham und in einem Garten in Chiswick, im Westen Londons. In den Clips sieht man, dass Paul McCartney ein Stück des linken Schneidezahns fehlt.

Bei einem Besuch seiner Familie in Liverpool am Zweiten Weihnachtstag hatte er mit einem Freund, dem Guinness-Erben Tara Browne, einen nächtlichen Ausflug auf dem Moped gemacht und, berauscht vom Weihnachtstrunk, einen Stein auf der Straße übersehen, sodass er – ein gutes halbes Jahr bevor Bob Dylan es ihm gleichtat – über den Lenker seines Kraftrades abgestiegen war. Dabei hatte er sich einen Zahn abgebrochen und die Lippe eingerissen. Sein lädierter Look spielte später in die nicht besonders stichhaltige, sich bis zum heutigen Tag haltende Verschwörungstheorie hinein, McCartney sei 1966 bei einem Unfall ums Leben gekommen und durch einen Doppelgänger ersetzt worden.

Tatsächlich ums Leben kam am 18. Dezember 1966 Tara Browne, als er eine rote Ampel übersah und mit seinem Lotus Elan in einen stehenden Lieferwagen krachte. Lennon las davon in der Zeitung und musste beim Anblick des Unfallfotos lachen. So erzählte er jedenfalls später in der ersten Strophe seines Songs »A Day In The Life«.

Die Aufnahmen des »*Rubber Soul*«-Nachfolgers zogen sich nun schon drei Monate. Die Zeit wurde knapp. Um das neue Album vor Beginn der bereits zugesagten Tourneen fertigstellen zu können, mussten die Beatles eine Nachtschicht einlegen. »She Said She Said« entstand in der Nacht vom 21. auf den 22. Juni zwischen sieben Uhr abends und vier Uhr morgens. Der Druck war groß, es gab Streit, McCartney verließ das Studio, Harrison übernahm den Bass (und revanchierte sich so für das geklaute Gitarrensolo auf »Taxman«). Dann waren Zeit und Budget aufgebraucht.

Den Bläsern von »Got To Get You Into My Life« fehlte es nach McCartneys Geschmack noch an Fülle und Druck, aber für eine weitere Session war kein Geld da. Also wurde der Bläsertrack mit einer neuen Technik, die bei den Aufnahmen zu »Tomorrow Never Knows« entwickelt worden war, gedoppelt – allerdings nur für die Monoversion des Albums (aber nur die zählte damals).

»Wir werden einige Fans verlieren«, erklärte McCartney im Juni 1966, als ein Journalist des *Disc and Music Echo* ihn auf das noch nicht erschienene neue Album ansprach. »Aber wir werden auch welche hinzugewinnen. Diejenigen, die wir wahrscheinlich verlieren werden, werden die sein, die Dinge an uns mögen, die wir selbst sowieso nie gemocht haben.« Er meinte wohl das von Brian Epstein mühsam aufgebaute Image der unbeschwerten, fröhlichen, von kreischenden Mädchen umringten Fab Four aus Liverpool.

Auf der Bühne sollten sie dieses Bild den ganzen Sommer lang noch einmal aufrechterhalten. Doch sie begannen bereits, es zu sabotieren. Ihre US-Plattenfirma etwa, *Capitol*, musste die erste Auflage der Kompilation »*Yesterday And Today*« zurückziehen, weil sich einige Plattenhändler über das Coverfoto des Beatles-Stammfotografen, Robert Whitaker, beschwert hatten. Es zeigt die vier – wohl inspiriert von der Fotoserie *Die Puppe* des deutschen Surrealisten Hans Bellmer – in Metzgerkitteln inmitten zerstückelter Puppen, Fleisch- und Wurstwaren. Harrison fand das Bild, mit dem im *NME* bereits für die »Paperback Writer«-Single geworben worden war, »widerlich«, McCartney und Lennon dagegen waren begeistert von diesem Attentat auf ihr braves Image. Wenn die Öffentlichkeit etwas so Grausames wie den Vietnamkrieg ertragen könne, könne sie auch dieses Cover akzeptieren, versuchte Lennon die Affäre auf eine politische Ebene zu heben.

Nach der *BRAVO-Beatles-Blitztournee* reisten die Beatles nach Japan, um als erste Rockband im *Nippon Budokan* zu spielen – zum Missvergnügen einiger Nationalisten, die alles taten, um diese Schändung des Nationalheiligtums zu verhindern. Die Konzerte konnten schließlich nur unter höchsten Sicherheitsvorkehrungen stattfinden, und die meiste Zeit ihres Japan-Aufenthaltes waren die heiligen vier Könige des Pop in der Präsidentensuite des Tokioter *Hilton* gefangen. Aus Langeweile malten sie gemeinsam ein Bild und ließen Händler kommen, die ihnen Kimonos, Jade und Weihrauchfässchen anboten. Auf den Philippinen mussten sie schließlich um ihr Leben fürchten, nachdem sie eine Einladung der Diktatorengattin Imelda Marcos verschlafen hatten.

Im Juli, kurz vor der US-Tour, tauchte schließlich ein altes Lennon-Interview aus der Reihe »How Does A Beatle Live?« des *Evening Standard* im US-Teen-Magazin *Datebook* wieder auf. »Das Christentum wird gehen«, sagt er da. »Es wird verschwinden und schrumpfen. Das muss ich nicht näher erörtern, weil ich recht habe und recht behalten werde. Wir sind populärer als Jesus. Ich weiß nicht, was zuerst gehen wird: das Christentum oder der Rock'n'Roll.«

Hatte das Interview in Großbritannien keinerlei Reaktion ausgelöst, so waren sich die konservativen Kräfte in den USA nun ziemlich sicher, was oder wer zuerst gehen musste. Öffentlich riefen sie zu Schallplatten-, Perücken-, Stiefel-, Kalender- und Zeitschriftenverbrennungen auf. Nach Bob Dylan, der bei seinen Konzerten mit einer Rockband angefeindet und ausgebuht worden war und schließlich den Notausgang über einen Motorradlenker gewählt hatte, schlug nun auch den Beatles Gewalt entgegen. Die Kartenverkäufe für die Tour im August stockten – im New Yorker *Shea Stadium*, das sie ein Jahr zuvor noch ausverkauft hatten, blieben 11.000 Plätze leer, und auf den Pressekonferenzen mussten sie sich ununterbrochen rechtfertigen.

Über die gerade erschienene LP »*Revolver*« redete trotz guter Kritiken und Verkäufe niemand. Dabei hatten die Beatles nach »*Rubber Soul*« die Möglichkeiten des Albumformats noch einmal neu ausgelotet und das Meisterwerk ihrer in künstlerischer Hinsicht einzigen ernsthaften Konkurrenz, »*Pet Sounds*« von den Beach Boys, vielleicht sogar noch übertroffen. Heute gilt »*Revolver*« vielen als das Meisterwerk der Beatles, ein Status, der lange Zeit dem Nachfolger, »*Sgt. Pepper's Lonely Hearts Club Band*«, gebührte, doch während dieses Konzeptwerk in der Psychedelia jener Jahre gefangen ist, scheint »*Revolver*« den Zeitgeist zu transzendieren, ist eine Art Blaupause für visionären Pop einerseits und Retromusik andererseits, in Britpop-Lingo quasi eine Synthese von Radiohead und Oasis *avant la lettre*.

Als sie nach dem letzten Konzert der Tour im *Candlestick Park* von San Francisco nass vom Regen und vor Kälte bibbernd in einem fenster- und rückbanklosen Transporter, der aussah wie ein Leichenwagen, aus der Gefahrenzone geschafft und in jeder Kurve mangels Haltegriffen durcheinandergewirbelt wurden, sollen sie sich geschworen haben, nie wieder auf Tour zu gehen. Selbst der Showman und Performer Paul McCartney hatte am Ende dieses Sommers des Missvergnügens, der eigentlich ein Triumph hätte werden sollen, genug, auch wenn er nicht ganz so apodiktisch schien und sich erst mal nur für eine längere Tourpause aussprach. Seine Bandkollegen grinsten. Im Gegensatz zu ihrem alten Freund Horst Fascher waren sie nun frei. Die schreienden Teenager konnten sie getrost den Monkees überlassen, die in ihrer Fernsehserie alle Beatles-Klischees perfekt bedienten und mit »Last Train To Clarksville« bereits die Charts stürmten.

Für Harrison waren die Beatles damit Geschichte, und er begann sich ausgiebig den Studien der indischen Spiritualität und Musik zu widmen. Lennon übernahm eine kleine Rolle im neuen Film von Richard Lester, der mit den Beatles *A Hard Day's Night* und *Help!* gedreht hatte. Als Musketeer Gripweed in der Kriegssatire *How I Won the War* musste er sich seinen Pilzkopf stutzen lassen. Starr besuchte ihn bei den Dreharbeiten in Spanien. Auch McCartney zog es ins Filmgeschäft: Er komponierte den von George Martin produzierten Soundtrack zum Fernsehfilm *The Family Way* – das erste Solowerk eines Beatle.

Es waren schließlich Epstein und McCartney, die die Band für ein neues Album wieder zusammentrommelten. Am 24. November standen vier junge Männer im großen Studio an der Abbey Road. Lennon, der einige Tage zuvor im *Indica*-Buchladen, der mittlerweile auch eine Galerie war, eine japanische Künstlerin kennengelernt hatte, die ihn sehr faszinierte, trug kurze Haare und Nickelbrille;

McCartney einen Schnauzbart, um die Narbe zu kaschieren, die sein Mopedunfall hinterlassen hatte; auch Starr ließ sich einen Bart stehen; Harrison war in einem bunten, indisch anmutenden Gewand vorgefahren. Sie waren nicht mehr dieselben, aber sie waren immer noch die Beatles. Der erste Song, den sie aufnahmen, brachte die vergangenen Monate auf den Punkt: »It's getting hard to be someone, but it all works out.«

Ein Zeile übrigens, die auch auf das Leben des entfremdeten Freundes Horst Fascher passte. Nach seiner Freilassung ging er im Sommer 1967 nach Vietnam, wo sein Freund Tony Sheridan vor US-Truppen spielte. Hier wollte er neu anfangen. Er litt an Hitze, Krieg und Einsamkeit – und er verliebte sich in eine 17-jährige philippinische Sängerin, die er wenig später heiraten würde.

Der Ikonenmaler

Nach meinem Besuch bei ihm am Starnberger See war es für unsere »*Revolver*«-Titelgeschichte mal wieder an der Zeit, mit Klaus Voormann zu telefonieren. Schließlich hatte er das Bild auf dem Cover des Albums gezeichnet und collagiert – bis heute eines der schönsten Plattencover aller Zeiten.

Klaus Voormann hörte die Beatles erstmals, als er an einem Herbstabend 1960 nach einem Streit mit seiner Freundin Astrid Kirchherr etwas melancholisch über den Kiez von St. Pauli schlenderte. Auf der Großen Freiheit drang aus einem Kellerloch lauter Rock'n'Roll. Eigentlich war Voormann Feingeist, liebte Jazz und studierte an der Meisterschule für Gestaltung. Aber die Musik zog ihn in seiner trüben Stimmung irgendwie an, und er stieg hinab in den *Kaiserkeller*. Auf der Bühne machte sich gerade die nächste Band bereit. Als die fünf jungen Männer sich mit Wucht in Chan Romeros »Hippy Hippy Shake« warfen, war er endgültig infiziert und schleppte am nächsten Abend seine Künstlerfreunde mit in den Club.

Mit ihren schwarzen Rollkragenpullovern hoben sie sich von den Seemännern und Kiezgängern, die hier zum Stammpublikum gehörten, ziemlich ab. Als Voormann sich schließlich traute, einen der Sänger der Band anzusprechen, hatte er eine Single der Band The Typhoons in der Hand, für die er das Cover gestaltet hatte: eine Schwarz-

Weiß-Zeichnung eines Rockers, im Hintergrund die geschäftige Bürgerschar. Der Musiker sah ihn argwöhnisch an und deutete auf den schmächtigen Bassisten der Band: »Geh am besten zu Stuart, der ist der Künstler hier.«

Vielleicht hatte John Lennon diese erste Begegnung noch im Kopf, als ihm im Frühjahr 1966 die Idee kam, Voormann könne das Cover des nächsten Beatles-Albums gestalten. Sie sahen den alten Freund aus Hamburg immer noch oft. Er war mittlerweile nach London gezogen, hatte eine Zeitlang mit George und Ringo in einer WG gewohnt und war nach einem Job in einer Werbeagentur nun selbst Musiker: Er spielte Bass für Manfred Mann. Lennon meldete sich persönlich bei Voormann und kam gleich auf den Punkt: »Hey, Klaus, hast du nicht Lust, unser neues Cover zu machen?«

Der Ex-Grafiker war ein bisschen überrumpelt: »Ich hatte seit Ewigkeiten keinen Zeichenstift mehr in der Hand gehabt«, erinnert er sich. »Ich musste mich da erst wieder reinfuchsen.« Da Lennon am anderen Ende der Leitung ungeduldig wurde, willigte er schließlich ein und fuhr in die Abbey Road, um die neuen Songs zu hören. »Die waren noch mitten in den Aufnahmen, total involviert in ihre Arbeit, und sprachen die ganze Zeit über irgendwelche Details. Die waren ganz aufgedreht und auch sehr glücklich mit dem, was sie da machten. Und vor allem Paul und Brian Epstein waren angespannt: ›Ob die Fans das wirklich annehmen, das neue Material?‹«

Einen Titel für das Album hatten die Beatles noch nicht. Was sie sich denn in etwa vorstellten für ihr Cover, wollte ihr deutscher Freund wissen. »Du bist doch der

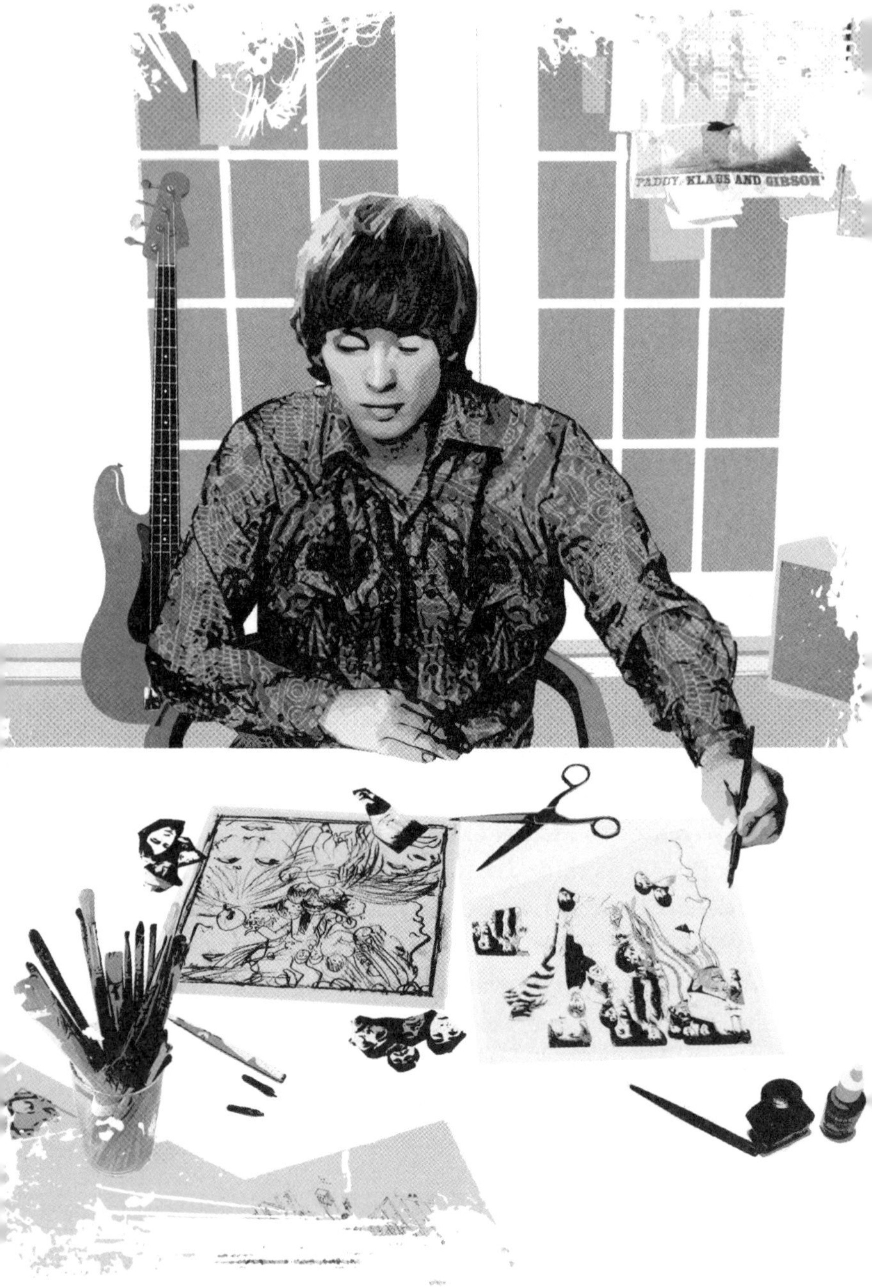
PADDY, KLAUS AND GIBSON

Grafiker!«, sagten die Vier quasi einstimmig. Und so saß Voormann ziemlich verloren in seiner Künstlerbude auf dem Parliament Hill im Nordwesten Londons, bis ihm die Eingebung kam: Haare! Es musste irgendwas mit Haaren zu tun haben, denn dafür waren die Beatles ja berühmt.

»Damals war alles in Farbe«, erklärt er. »Und immer wurde die Band nett von vorn gezeigt, und alle mussten lachen. Damals hat sich kaum jemand Gedanken gemacht, wie schön so ein Platz auf einer LP ausgenutzt werden kann – bis auf die Jazzlabels, die haben wirklich tolle Sachen gemacht. Und da habe ich gedacht: Warum soll das mit den Popleuten nicht auch gehen? Damals fing die Psychedelia schon an, und da dachte ich: Nee, nee, das machen wir nicht, wir machen das in Schwarz-Weiß.«

Es dauerte eine Weile, bis er die vier Gesichter zufriedenstellend auf Papier gebannt hatte. Schließlich arbeitete er aus der Erinnerung. Der Beatle, der ihm am nächsten war, George, war zugleich am schwierigsten, vor allem Augen und Mund. Dann kam er auf die Idee, sie einfach aus einer Zeitschrift auszuschneiden. In den wild wuchernden Haaren der Vier wollte er zudem Beatles-Bilder aus Magazinen collagieren, so wie die Band Sounds collagierte und ihre Songs in mehreren Schichten konstruierte.

Als Voormann seinen Entwurf im *EMI*-Büro am Manchester Square präsentierte, in dessen Treppenhaus Angus McBean 1963 das Foto für das Coverfoto des Debütalbums, »*Please Please Me*«, aufgenommen hatte, herrschte Grabesstille – bis McCartney das Eis brach: »Schau mal, das bin ich, wie ich auf dem Klo sitze! Großartig!« – »Das geht natürlich nicht«, sagte George Martin mit hochgezogenen Augenbrauen, und das Foto wurde dann tatsächlich herausgenommen. Brian Epstein aber war zufrieden und bedankte sich sehr herzlich bei Voormann, der 40 britische Pfund für seine Arbeit erhielt – und ein Jahr später einen Grammy. Es war jedoch Epsteins Bruder Clive, der den Preis entgegennahm, denn Voormann selbst war mit Manfred Mann auf Tour.

Das Original seiner Coverzeichnung hat Voormann nie mehr wiedergesehen, nachdem er es eingereicht hatte. Der Legende nach befindet es sich jetzt im Besitz des Eagles-Gitarristen Joe Walsh. »Ich weiß gar nicht, ob es das Original ist«, so Voormann. »Ich habe viele Leute gefragt: George Martin, Neil Aspinall bei Apple, ich habe auch Paul gefragt, und keiner konnte mir sagen, wo die Zeichnung abgeblieben war. Daher bin ich immer davon ausgegangen, dass *EMI* sie irgendwann in den Papierkorb geschmissen hat. Weiß der Teufel, vielleicht ist das auch so.«

Zum 50. Geburtstag des Covers hat Voormann seine Geschichte noch einmal erzählt – und zwar so, wie er es am besten kann: in Zeichnungen, sozusagen als Graphic Novel. Anderthalb Jahre hat er an dem prächtigen Band *Birth Of An Icon: Revolver 50* gearbeitet. »Wenn man wirklich anfängt zu recherchieren, kommen plötzlich noch mal Dinge nach oben, die man ganz vergessen hat. Auch Personen fallen einem wieder ein. Der Toningenieur Geoff Emerick zum Beispiel. Plötzlich war er wieder vor meinem inneren Auge. Es fällt einem immer noch was ein. Das hört wohl nie auf.«

Besonders schwierig sei es gewesen, all die Räumlichkeiten zu rekonstruieren: »Vom *Abbey Road Studio* gibt es natürlich Fotos. Aber George Martins Büro zum Beispiel war schwierig: Ich konnte mich noch daran erinnern, wo die Türen und die Fenster waren – aber was lag auf seinem Schreibtisch? Man kriegt nicht alles raus, und manchmal muss man auch nach Gefühl arbeiten, aber besser ist es, wenn es tatsächlich authentisch ist.«

An die 200 Illustrationen hat Voormann für sein Buch angefertigt. Zu großen Teilen hat er sie per Hand auf kleine Notizzettel gezeichnet, um sie später beliebig verschieben zu können, bis die Geschichte den richtigen Flow hat. Einige von ihnen sind unglaublich detailliert, andere wirken eher wie Entwürfe. »Es sollte nicht ganz perfekt sein. Es sollte ein bisschen skizzenhaft bleiben, damit die Leute, wenn sie es sich anschauen, mitfühlen können, wie es entstanden ist.«

Auch seinen alten Freund Paul McCartney fragte Voormann, ob der sich noch an Begebenheiten aus dieser Zeit erinnern könne. »Wenn ich was von ihm wissen will, schreibe ich immer eine Mail an sein Management und einen persönlichen Brief per Post, weil ich nicht weiß, ob er überhaupt Mails liest.« Im Vorwort für Voormanns Buch schreibt McCartney: »Am Ende war ›*Revolver*‹ ein Klassiker, und das Cover ist auch einer.«

Fathers of Invention

Ich bin kein Plattensammler. Wirklich nicht. Aber aus irgendeinem Grund besitze ich »*Sgt. Pepper's Lonely Hearts Club Band*« in fünf unterschiedlichen Ausführungen. Wobei, eigentlich sechs. Denn Ende der 1980er-Jahre kaufte ich beim Plattenversand Disk Center in Weikersheim, dessen Kataloge in unserer Realschulklasse vor allem während langweiliger Geschichtsstunden eine willkommene Lektüre waren, schon eine Kassette dieses Albums, die ich danach etwa ein halbes Jahr lang unaufhörlich in meinem Jugendzimmer spielte. Ich hatte ja sonst nichts. Die Mittel waren knapp. Und wollte man auch noch Fußballzeitschriften kaufen, reichte das Budget für Original-Tonträger kaum. Die immer teuren Beatles-Alben konnte ich damals aber dummerweise auch von niemandem überspielen, die hörten alle Depeche Mode. Mit 17 kaufte ich mir dann auf dem Flohmarkt von selbstverdientem Geld eine LP, weil das Pierre-Littbarski-Poster an meiner Wand nicht mehr zeitgemäß erschien und ich mir das Cover ins Zimmer hängen wollte (ich hatte damals noch keinen Plattenspieler) – eine billige Nachpressung aus den 1980er-Jahren und eine teure Erinnerung an meine Jugend. In den 2000er-Jahren, mittlerweile konnte ich die LPs auch hören, habe ich mir eine klangtechnisch aufpolierte Fassung gekauft. Dann habe ich in einer Musikzeitschrift gelesen, dass die Beatles ihre Platten seinerzeit in Mono produzierten, weil man in England damals eben nur auf einem Kanal hörte. So gesehen ist die Mono-Version quasi das Original, wenn es so was überhaupt gibt im Zeitalter der technischen Reproduzierbarkeit. Also habe ich mir noch eine klanglich aufpolierte Mono-Fassung des Albums gekauft, und wenig später habe ich dann im Internet eine gut erhaltene britische Erstpressung für hundertzwanzig Euro entdeckt und gedacht, es wäre doch schön, mal zu hören, wie die damals wirklich so klang. Na ja, und dann erschien zum 50. Jubiläum des Albums eine neu abgemischte Stereo-Version mit allerlei Bonus-Stücken. Und Giles Martin empfing im Studio 2 an der Abbey Road, wo das Album einst entstanden war, zu einer Art Pressekonferenz. Die dauerte etwa eine Stunde, aber ich kostete diesen heiligen Ort aus und blieb ein bisschen länger, bis mich das Security-Personal höflich aber bestimmt bat, den Raum jetzt bitte zu verlassen.

An einem Sonntagmorgen Ende April 1967 wurden die Bewohner des Londoner Bezirks World's End im Stadtteil Chelsea um kurz nach sechs von lauter Musik geweckt. Belästigt fühlte sich davon seltsamerweise niemand – es gab nicht einen einzigen Nachbarn, der die Polizei rief. Vielleicht weil alles so unwirklich war. Viele öffneten ihre Fenster und lehnten sich neugierig hinaus, um zu lauschen. Es war keine klassische Musik, die da über ihrem Viertel schwebte, auch wenn ab und zu ein Orchester aufspielte; es war auch keine Popmusik, wie man sie aus dem Radio kannte, obwohl angezerrte Gitarren, ein wuchtiges Schlagzeug, ein melodischer Bass und äußerst schöne Harmonien über die Dächer schallten. Diese Stimmen waren vielen der allmählich aus den Träumen der vergangenen Nacht an die klare Frühlingsmorgenluft emportauchenden Zuhörer vertraut. Die Musik drang aus einer Wohnung in der Luna Street. Die Fenster waren sperrangelweit geöffnet, auf dem

Sims standen große Lautsprecher. In diesem Apartment stieg seit einigen Monaten öfter eine junge Amerikanerin ab, die ihre barocke Figur in bunte Kleider hüllte. Sie sang in einem Quartett, das in den vergangenen zwei Jahren einige Hits hatte: »California Dreamin'«, »Monday, Monday«, »Dedicated To The One I Love«.

Aber in diesem morgendlichen Weckruf war keine einzige Frauenstimme auszumachen. The Mamas & The Papas konnten es also nicht sein. Nein, ganz sicher nicht. Das klang eher nach – den Beatles? Wirklich? Mit ihrer letzten Single hatte es die berühmteste Band der Stadt – ach, des Landes, ja, der Welt! – vor zwei Monaten nicht an der Schnulze »Please Release Me« von Engelbert Humperdinck vorbei an die Spitze der Charts geschafft. Zum ersten Mal seit ihrer zweiten 45er mit dem mysteriöserweise fast identischen Titel »Please Please Me« von 1963 blieb ihnen nur der zweite Platz. Besonders hitverdächtig klang diese neue Beatles-Musik hier nun auch nicht – aber außergewöhnlich und irgendwie schön. Die Menschen in den Fenstern begannen am Ende jedes Songs zu applaudieren und riefen: »Gut gemacht, Jungs!«

Diese Legende der Welturaufführung von »*Sgt. Pepper's Lonely Hearts Club Band*« klingt zu schön, um wahr zu sein. Aber das haben Legenden ja so an sich. Der 2008 verstorbene Beatles-Freund und -Assistent Neil Aspinall hat sie öfter erzählt. Paul McCartney dagegen kann sich an das besagte Wochenende nicht mehr so genau erinnern, vielleicht weil er in dieser Zeit ziemlich unter Strom stand und die Eindrücke nur so auf ihn einprasselten. Anfang April war er noch in den USA gewesen und mit

Frank Sinatras Learjet durchs Land gereist, hatte in San Francisco John und Michelle Phillips von The Mamas & The Papas besucht, seine Freundin, Jane Asher, an ihrem Geburtstag bei einem Gastspiel in Denver und schließlich Brian Wilson, der in einem Tonstudio in Los Angeles versuchte, sein Meisterstück »*Pet Sounds*« sowie die letzten Beatles-Werke, »*Revolver*« und besagte Single mit den beiden A-Seiten »Strawberry Fields Forever« und »Penny Lane«, an Originalität und Kunstfertigkeit noch zu überbieten – was ihn naturgemäß in den Wahnsinn trieb. McCartney hatte für den neuen Beach Boys-Song »Vegetables« in eine Selleriestange beißen müssen. Auf dem Rückflug hatte er die zündende Idee für das nächste Beatles-Projekt gehabt (die besten Einfälle hatte er immer im Flugzeug): eine nordenglische Antwort auf Ken Keseys 1964er-Bustour mit dem Künstlerkollektiv Merry Pranksters, angelehnt an die Charabanc-Trips, mit denen die Liverpooler Workingclass nach Blackpool in die Ferien fuhr. Als Fernsehfilm. Den Titelsong, »Magical Mystery Tour«, hatten sie Ende April schon im Kasten.

Paul McCartney war mit gerade mal 24 Jahren im Begriff, sich als Künstler zu erfinden, und wuchs bei den Beatles langsam in die Rolle des Bandleaders hinein – da konnte man schon mal vergessen, wo man wann zum ersten Mal jemandem sein neuestes Meisterwerk vorgespielt hatte. Dummerweise gibt es aber auch sonst niemanden mehr, den man nach diesem denkwürdigen Sonntagmorgen in der Luna Street fragen könnte. Es gibt nicht mal mehr die Luna Street! Die wurde in den 1970er-Jahren dem sozialen Wohnungsbau geopfert – bullige Mietskasernentürme aus rotem Backstein stehen nun dort, wo einst von viktorianischen Häuschen gesäumte Straßen verliefen. Eine einsame Platane ist alles, was von damals noch übrig ist. Und natürlich die Musik, die tatsächlich von einer vor langer Zeit untergegangenen Stadt zu erzählen scheint, von einer Music-Hall, einem Jahrmarkt, einem Zirkus und einem indischen Tempel, von einer sentimentalen Musikkapelle, einem, nun ja, verträumten Straßenarbeiter, einer hübschen Politesse und ihren Schwestern, einem einsamen Mädchen, das sein Elternhaus verlässt, einem Mann, der nach einem langen Arbeitstag deprimiert in der Stube sitzt und auf einen dröhnenden Fernseher glotzt, und einem anderen – nein, Moment, es ist derselbe! –, der in der Küche die *Daily Mail* liest und sich über eine kurze Meldung mit der Überschrift »The holes in our roads« amüsiert: In einer Straße in Blackburn/Grafschaft Lancashire haben sie 4.000 Löcher gezählt – das sind 26 Löcher pro Einwohner. Wie viele davon bräuchte man wohl, um die *Royal Albert Hall* zu füllen?

Man hat den Eindruck, »*Sgt. Pepper's Lonely Hearts Club Band*« ist mittlerweile selbst so eine Art versunkener Stadt, die immer weiter in die dunklen Tiefen der Zeit hinabtaucht. Das Album darf zwar noch immer nicht fehlen, wenn Beatles-Zeitgenossen über die einflussreichsten und besten Alben der Popgeschichte diskutieren, aber nachfolgenden Generationen scheint dieses Werk fremd zu sein; sie bevorzugen wahlweise die meisterhafte britpopkompatible Songkollektion »*Revolver*« aus dem Jahr zuvor oder den zerrissenen, mit seinen Pastichen und Stilübungen quasi postmodernen titellosen Nachfolger in der weißen Hülle von 1968.

Warum ist das so?

Vielleicht weil der Mythos um »*Sgt. Pepper*« über die Jahre den Blick auf die Musik verstellt hat und die psychedelische Ära – der *Summer of Love*, die Unschuld im Umgang mit Drogen und Sexualität – sich am Ende doch als singuläre, naive und eigentümliche Laune des Zeitgeists entpuppte, oder weil man heutzutage generell eine gewisse Skepsis gegenüber sogenannten Konzeptalben hegt, was vor allem an den Beatles nachfolgenden Bürgerkindern lag, die auf Geheiß welcher satanischen oder karmesinroten Majestät auch immer diese Form nutzten, um sich und ihre Kunst sehr, sehr wichtig zu nehmen.

Womöglich wissen viele das Album auch einfach nicht so zu schätzen, weil sie es noch nie richtig gehört haben. Die meisten kennen nur eine stümperhafte Kopie, nämlich den auf Druck des US-Markts angefertigten künstlichen Ping-pong-Stereo-Mix (Bass- und Gesangsspur auf der einen Seite, Gitarren und Schlagzeug auf der anderen usw.), den Beatles-Produzent George Martin, Toningenieur Geoff Emerick und sein Assistent Richard Lush in drei Tagen fix anfertigten, ohne die detaillierten Anmerkungen der Band für den in drei Wochen intensiver Arbeit entstandenen Mono-Mix zu berücksichtigen.

Und wer diese Stereofassung gehört hat, kann tatsächlich zu der Einschätzung kommen, die Beatles hätten hier die afroamerikanischen Wurzeln ihrer Musik verleugnet und sie verschämt mit anämischer weißer Kunstmusik überdeckt. In Mono dagegen pocht und groovt das Herz des Rock'n'Roll laut und deutlich. Man muss kein HiFi-Esoteriker sein, um diesen Unterschied zu hören.

Die Gitarren klingen in Mono lauter und metallischer, die Rhythmusgruppe wuchtiger, »She's Leaving Home« wirkt, da schneller abgespielt, viel heller, »Within You Without You« sinfonischer, »Lucy In The Sky With Diamonds« verträumter und verspielter. Erst seit Erscheinen der »*Beatles in Mono*«-Box (auf CD 2009, 2014 auf LP) gibt es »*Sgt. Pepper's Lonely Hearts Club Band*« wieder in voller Pracht zu kaufen und zu hören. Die meisten entscheiden sich der Hörgewohnheit wegen, oder weil sie denken, wer im Besitz zweier Ohren sei, müsse sich nicht auf einen Kanal beschränken, aber immer noch für die Stereoversion.

Doch auch diesen armen Menschen kann nun geholfen werden, denn zum 50. Geburtstag von »*Sgt. Pepper*« hat Giles Martin gemeinsam mit seinem Tontechniker Sam Okell einen neuen Stereo-Mix angefertigt, der sich an der Monofassung des Albums orientiert. Ein halbes Jahrhundert nachdem diese Songs erstmals aus der Wohnung von Mama Cass über die Londoner Dächer schallten, spielt er seinen Remix dort vor, wo diese Musik einst zu großen Teilen entstand: im ehemaligen *EMI Studio 2* an der Abbey Road. Der sonst eher nüchterne, weiß gepinselte Raum wurde für diesen Anlass ein wenig geschmückt und aufgehübscht: Bequeme Ledersofas stehen auf dem Parkett, eine Bildergalerie zeigt die Beatles im Studio, psychedelische Projektionen verströmen den Geist des Swinging London.

Man kann an der Architektur dieses magischen Ortes einiges über die Arbeitsweise der Beatles ablesen. Eine lange Treppe führt vom Studio hinauf zum Kontrollraum, in dem George Martin einst saß und die Band durch eine Glasscheibe beobachtete. Wie ein Vater seine Kinder auf dem Spielplatz oder am Basteltisch. Während John, Paul, George und Ringo sich unten kreativ austobten, passte er auf sie auf, half ihnen, ihre Wünsche und Ideen umzusetzen, und fungierte als ordnende Hand. Er war es schließlich auch, der die Reihenfolge der Songs auf »*Sgt. Pepper's Lonely Hearts Club Band*« festlegte – der Band war das erstaunlicherweise ziemlich egal, abgesehen natürlich vom offensichtlichen Auftakt mit dem Titelstück, das dann in »With A Little Help From My Friends« übergeht, dem mächtigen Schlussakkord »A Day In The Life« und dem Geschnatter und der Hundepfeife in der Auslaufrille (die man allerdings nur auf britischen Pressungen hören konnte).

»Man wird hier nichts Neues hören«, erklärt der smarte Giles Martin in seinen einführenden Worten mit britischem Unterstatement. Er habe lediglich den Staub von den Tracks geblasen, sie ein bisschen blankpoliert und von den Fesseln der rudimentären Technik ihrer Entstehungszeit befreit. »Das ist jetzt wirklich das Album der Jungs. Es zeigt, wie sie Krach machen – in diesem Raum hier.«

Der 47-Jährige, der seit seinem 15. Lebensjahr an der Seite seines im März 2016 verstorbenen Vaters an Beatles-Projekten mitgearbeitet hat und im Lauf der Zeit immer mehr zum Gehör des langsam taub werdenden Produzenten wurde, war zuvor schon für den Soundtrack der Beatles-Show des Cirque du Soleil, *Love*, zuständig, auch die Stereo-Mixe der Hit-Compilation »*1*« stammen von ihm. Die Arbeit an den heiligen Beatles-Tracks sei ein ständiger Lernprozess, sagt er. »Für ›*Love*‹ hatte ich einen Remix von ›I Am The Walrus‹ gemacht, den ich vollkommen genial fand«, erzählt er belustigt. »Als ich ihn mir einen Tag später noch mal anhörte, stellte ich fest, dass er mit dem dunklen, beklemmenden Original nichts mehr zu tun hatte – das klang wie Steely Dan! *(Lacht)* Da muss man aufpassen. Man hat eine große Verantwortung, wenn man an diese Aufnahmen Hand anlegt.« Zugleich ermutige vor allem McCartney ihn immer wieder, kreativ mit den historischen Tracks umzugehen. »Als ich ihm einen Remix für das ›*Love*‹-Projekt vorspielte, der sehr nah am Original war, sagte er: ›Dafür bezahlen wir dich nicht. Leb dich aus, mach etwas Neues daraus!‹ Das ist immer seine Philosophie gewesen: Neues erschaffen, in Bewegung bleiben.«

Auch während der Arbeiten an »*Sgt. Pepper*« stand Martin in ständigem Kontakt mit McCartney und Ringo Starr. Den Remix von »A Day In The Life« musste er einige Male wiederholen, bis alle einverstanden waren. »Ringo war vor allem froh, dass man ihn beim Titelsong endlich hören kann«, erzählt Martin und lacht.

Es sei nicht leicht, die richtige Mischung aus Ehrfurcht und Erneuerung zu finden, es Künstlern, Fans, Puristen und Plattenfirma recht zu machen. »Man muss sich ja auch fragen, warum man sich überhaupt an diesen historischen Aufnahmen vergeht«, so Martin. »Ich wache auch manchmal nachts auf und denke: Warum tust du das? *(Lacht)* Ich sehe meine Aufgabe vor allem darin, einerseits neue Generationen mit dieser Musik vertraut zu machen und andererseits mit der neuen Technik das umzusetzen, was die Beatles schon damals wollten.«

Da sein Vater 1967 für die Produktion von »*Sgt. Pepper*« nur Vierspurgeräte zur Verfügung hatte, musste er

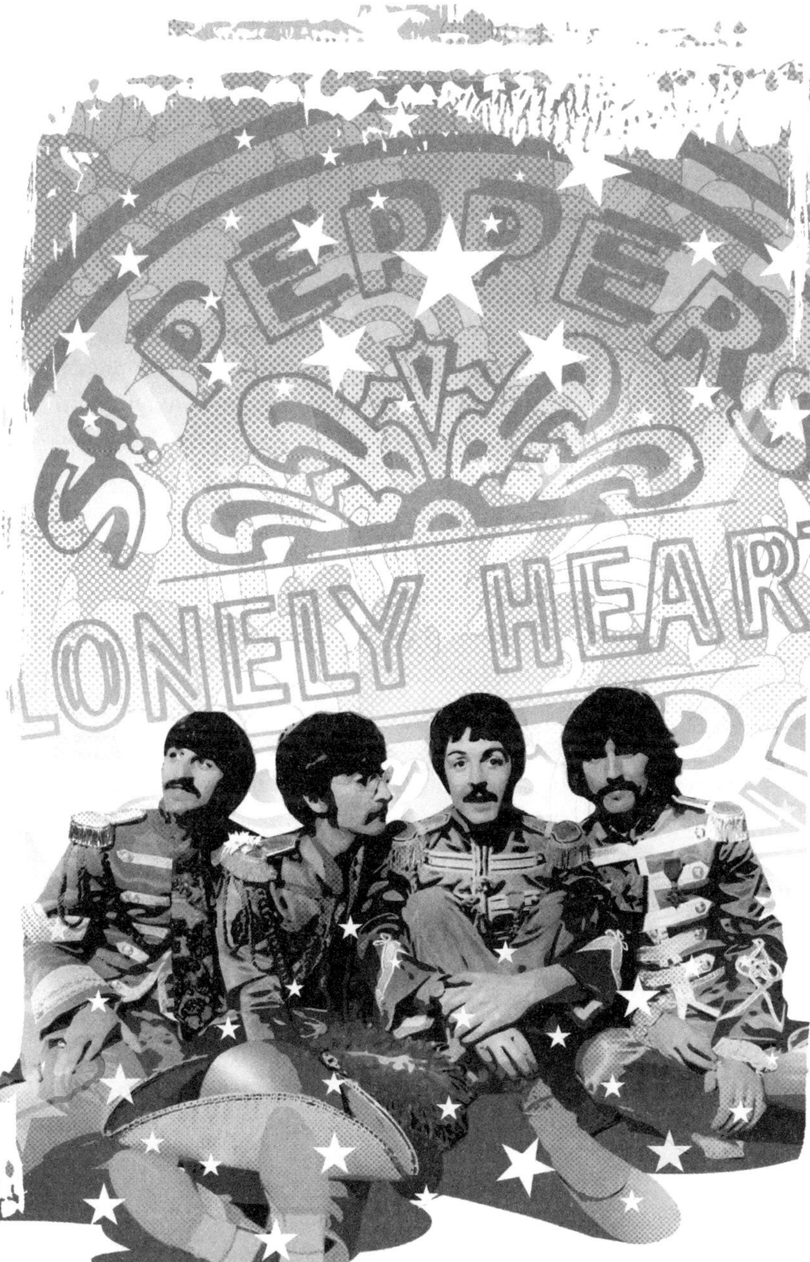
PEPPER
LONELY HEAR

einen Trick anwenden, um den opulenten und komplexen Sound des Albums zu ermöglichen: Wenn die vier Spuren voll waren, überspielte er sie auf eine Spur eines zweiten Vierspurgeräts. Diesen Vorgang wiederholte er, bis sich schließlich vier mal vier, also 16 Spuren auf dem zweiten Gerät befanden.

Giles Martin und Okell bewegten sich in die entgegengesetzte Richtung, gaben jeder Spur ihren eigenen Platz im Stereobild und fertigten für Hörer mit fünf Lautsprechern und einem Subwoofer in der heimischen Stube zudem einen 5.1-Surround-Mix des Albums an. Außerdem gibt es in der Jubiläums-Edition einige Outtakes zu hören, die Martin bei der Präsentation seines Remixes an der Abbey Road vorspielt: eine wilde Version des Titelsongs, ein aggressives »Getting Better«, eine Rohfassung von »Lucy In The Sky With Diamonds«. Man kann zuhören, wie die Beatles mehrmals versuchen, den Schlussakkord von »A Day In The Life« zu summen, bevor Lennon, McCartney und Starr ihn schließlich an drei Klavieren anschlagen. Man wird Zeuge, wie McCartney und Harrison ihr Händeklatschen für die Taschensinfonie »Penny Lane« aufnehmen, und hört, wie Lennon auf seiner Epiphone Casio-Gitarre schrummelt, während McCartney auf dem Mellotron herumspielt, bis Geoff Emerick sich aus dem Kontrollraum meldet: »Take One«, und Lennon zu singen beginnt: »Living is easy with eyes closed ...«

Da ist plötzlich wieder Donnerstag, der 24. November 1966, und die Beatles stehen auf dem Studioparkett. Sie sehen nicht mehr aus wie die Männer, die sie bei ihrem letzten Besuch an der Abbey Road, fünf Monate zuvor gewesen waren. Die Mop Tops sind rausgewachsen, McCartney und Starr tragen Schnauzbärte, Lennon Nickelbrille, und Harrison eifert modisch seinem Sitar-Meister, dem indischen Musiker und Komponisten Ravi Shankar, nach. Es ist viel passiert, seit sie ihr letztes Album »*Revolver*« abgeschlossen haben. Eine alles in allem ziemlich traumatische Tour, die sie von Deutschland nach Asien und schließlich in die USA geführt hat. Sie mussten um ihr Leben fürchten, nachdem sie die philippinische Präsidentengattin Imelda Marcos versetzt hatten. Und in den US-Südstaaten wollten ihnen aufgebrachte Teenager an den Kragen, weil sie Lennons über den Atlantik vorausgeeilte Äußerung aus dem *Evening Standard*, die Beatles seien populärer als Jesus, falsch in ihre kreuzbehangenen Hälse bekommen hatten. Sie verbrannten lieber die Platten der Band, als zu ihren Konzerten in die Stadien zu gehen. Nach dem letzten Auftritt im nasskalten San Francisco haben die Vier sich geschworen, von nun an keine Konzerte mehr zu geben. Harrison flog nach Indien, um Mystik und Musik zu studieren, Lennon übernahm die Rolle des Musketeer Gripweed in Richard Lesters Antikriegsklamotte *Wie ich den Krieg gewann*, Starr besuchte ihn bei den Dreharbeiten in Almeria, und auch McCartney und Beatles-Roadie Mal Evans machten sich schließlich über Frankreich auf den Weg nach Spanien – nur um zu erfahren, dass Lennon früher als geplant zurück nach London gereist war (wo er gerade in der von McCartney protegierten *Indica Gallery* eine japanische Künstlerin kennengelernt hatte, die ihn sehr beeindruckte). Die Versetzten flogen daraufhin weiter nach Kenia und gingen auf Safari.

Auf dem Rückflug hatte McCartney eine Idee: Da nach den traumatischen Erlebnissen des Sommers niemand in der Band mehr große Lust darauf hat, ein Beatle zu sein, könnten sie doch einfach jemand anders werden. Nur wer? Dem Bordmenü lagen zwei kleine Tütchen bei, auf eines war ein großes S gedruckt, auf das andere ein P. »What does it mean, Mal?« – »Salt and pepper.« – »Did you just say ›Sergeant Pepper‹?« Sergeant Pepper, guter Name. Dieses Wortspiel könnte auch John gefallen. So ein schneidig-pfeffriger Unteroffizier konnte natürlich nicht wie die Beatles vor einer Horde kreischender Teenager spielen – sein Publikum müsste reifer sein, eleganter, aufmerksamer … Vielleicht ein Klub der einsamen Herzen?

So sollte aus den Beatles also Sergeant Pepper's Lonely Hearts Club Band werden. Und die konnte natürlich keine herkömmliche Beatles-Hitsammlung aufnehmen. McCartney schwebte ein geschlossenes Werk vor, das – so wie das ein halbes Jahr zuvor erschienene »*Pet Sounds*« der Beach Boys – nach seinen eigenen Regeln und in der Gesamtschau funktionierte. Das Album als große Leinwand, auf der sich mit bunten Farben malen lässt.

Natürlich musste er John, George und Ringo noch von seiner Idee überzeugen. Zunächst mal bedurfte es aber einiger Bemühungen, um sie überhaupt wieder ins Studio zu locken. Lennon hing gelangweilt und einigermaßen deprimiert auf seinem Anwesen im Londoner Vorort Weybridge ab, Ringo kam öfter vorbei, um ihn aufzumuntern, und Harrison dachte eigentlich, er könne sich jetzt endlich auf den langen Weg ins Nirwana machen.

Um sein Konzept umsetzen zu können, musste er Lennon eine führende Rolle zuweisen und die Aufnahmen mit einem seiner Songs beginnen, das wusste McCartney. Doch dummerweise hatte sein wichtigster musikalischer Partner kaum neues Material – gerade mal ein simples Liedchen, das er in Almeria geschrieben hatte. Das handelte allerdings nicht davon, ein anderer zu werden, sondern drehte sich, wie seit »*Beatles For Sale*« alles bei ihm, darum, was es bedeutete, John Lennon zu sein: »No one I think is in my tree/ I mean, it must be high or low.« Er hatte dem Song den Namen eines Waisenhauses der Heilsarmee im Liverpooler Stadtteil Woolton gegeben, das sich ganz in der Nähe der Menlove Avenue befand, wo er bei seiner Tante Mimi aufgewachsen war: Strawberry Field.

Etwa einen Monat arbeiteten die Beatles wieder und wieder an diesem Stück, bis es sich in ein komplexes, von George Martin aus zwei Takes mit unterschiedlichen Geschwindigkeiten zusammenmontiertes psychedelisches Klangkunstwerk verwandelt hatte. Mellotron, Trompeten, Celli, rückwärtslaufende Zimbeln, Maracas – mit dem auf »*Revolver*« noch vorherrschenden Gitarre-Bass-Schlagzeug-Sound hatte das nichts mehr zu tun; selbst der wilde Abschluss »Tomorrow Never Knows« klang dagegen wie ein Oldie aus der Jungsteinzeit.

Das erste Stück, das McCartney bei den Sessions präsentierte, hatte er als Teenager geschrieben. Es hieß »When I'm Sixty-Four« und erinnerte an die Jazzschlager, die sein Vater, Jim, so mochte: Lieder wie »Stairway To Paradise« von George Gershwin oder Zez Confreys »Stumbling«, vor allem in der Version von Paul Whiteman und seinem

Orchester. Der alte McCartney hatte als Leader von Jim Mac's Jazz Band auch selbst mal so ein Stück komponiert – »Eloise« hieß es –, und sein Sohn Paul wollte ihm seit frühester Jugend nacheifern. McCartney liebte die Lieder aus der Tin Pan Alley (so der Name der 28. Straße zwischen Fifth Avenue und Sixth Avenue in Manhattan, wo bis in die 1930er-Jahre die meisten Verlage für Unterhaltungsmusik zu Hause waren), und seine ersten musikalischen Erinnerungen stammen aus der Zeit, als er fünf Jahre alt war, seine Familie gerade in die Sozialbausiedlung Speke im Süden von Liverpool gezogen war und er seinem Vater jeden Sonntag in der Stube beim Spielen auf dem heimischen Klavier zuhörte, um ihm dabei ganz genau auf die Finger zu schauen. Die ersten Zeilen seines Titelsongs für das neue Album sollten auf diese Zeit verweisen: »It was twenty years ago today/ Sgt. Pepper taught the band to play«. Ist Jim McCartney vielleicht Sergeant Pepper?

Von Lennons Kindheitserinnerungen in »Strawberry Fields Forever« wiederum ließ McCartney sich zu »Penny Lane« inspirieren, das er über die Weihnachtsfeiertage schrieb. An der titelgebenden Straße hatte er damals in Liverpool in einen anderen Bus umsteigen müssen, wenn er John an der Menlove Avenue besuchen wollte. Ganz in der Nähe befand sich ein Kreisverkehr, den er nun in seinem Song einsetzte, um ein Panoptikum aus Liverpooler Typen zu entwerfen: dem Friseur, der Fotografien all seiner Bekannten ins Schaufenster hängt; dem Banker, der nie einen Regenmantel trägt; dem Feuerwehrmann mit dem Stundenglas, der immer ein Porträt der Queen in der Tasche mit sich führt; und der hübschen Krankenschwester, die am *Remembrance Day* Mohnblumen von einem Tablett verkauft. Seine Songs aus dieser Zeit sind reich an solchen mit wenigen Worten gezeichneten Figuren und surreal verfremdeten Alltagsgeschichten.

McCartney ließ das spektakuläre Arrangement aus Trompeten, Flügelhorn und Flöten von einem echten königlichen Philharmoniker veredeln: Nachdem er auf BBC Two eine Aufführung von Johann Sebastian Bachs *2. Brandenburgischem Konzert in F-Dur* des English Chamber Orchestra gesehen hatte, bei der David Mason die Piccolotrompete spielte, ließ er den 41-jährigen Ersten Trompeter des Royal Philharmonic Orchestra ins Studio bitten und ihn ein kurzes barockes Solo spielen.

Während der Produktion dieses perfekten Popsongs hatte McCartney nebenher noch die Möglichkeit, seiner Liebe zur musikalischen Avantgarde (den Werken von Karlheinz Stockhausen, Cornelius Cardew, Luciano Berio, John Cage und neuerdings Frank Zappa) zu frönen, die bereits »Tomorrow Never Knows« beflügelt hatte: Die Künstler Doug Binder, Dudley Edwards und David Vaughan hatten ihn beauftragt, einen Beitrag zum The Million Volt Light and Sound Rave-Festival im Londoner *Roundhouse* zu liefern, und er animierte seine Bandkollegen während einer Overdub-Session für »Penny Lane« zu freien Improvisationen, die schließlich zu einer viertelstündigen Soundcollage mit dem Titel »Carnival Of Light« zusammenmontiert wurden.

Nach den beiden Aufführungen am 28. Januar und 4. Februar verschwand dieser Track in den Archiven. Wenn man dem McCartney-Biografen und -Freund Barry Miles glauben darf, klingt er wie eine noch abstraktere Version von »The Return Of The Son Of Monster Magnet«, dem Schlussstück des Mothers of Invention-Debüts, »*Freak Out!*«. McCartney wollte den Heiligen Gral der Beatles-Forschung Mitte der 1990er-Jahre auf der zweiten Folge der »*Anthology*« veröffentlichen – Harrison stimmte jedoch dagegen. Auch auf der neuen »*Sgt. Pepper*«-Edition ist das Stück nicht zu hören. Er habe es einfach zeitlich nicht mehr geschafft, das Stück zu bearbeiten, erzählte mir Giles Martin auf meine Nachfrage. Als reines Tondokument sei der Track auch wenig eindrucksvoll, und da es nicht möglich sei, die für eine angemessene Rezeption notwendigen Drogen beizulegen, habe man überlegt, ihn in Verbindung mit einem angemessen psychedelisch anmutenden Videoclip zu veröffentlichen, die Idee dann aber verworfen, weil der Track ja streng genommen nicht zu Album gehöre.

Das gilt aber eigentlich auch für »Penny Lane« und »Strawberry Fields Forever«, denn Beatles-Manager Brian Epstein war Anfang 1967 nervös geworden: Die letzte Single seiner Schützlinge lag schon fast ein halbes Jahr zurück. George Martin bot ihm diese beiden Songs an, die bereits Mitte Februar als Doppel-A-Seite erscheinen sollten und somit nach gängiger Firmenpolitik für die LP verbrannt waren. Der Produzent hat später oft gesagt, es sei der größte Fehler seiner Karriere gewesen, diese beiden Lieder vom Album zu streichen. Doch für das Verständnis von »*Sgt. Pepper*« als geschlossenem Gesamtkunstwerk und radikales ästhetisches Statement für das Album- und gegen das Singleformat war das natürlich die richtige Entscheidung.

Die Beatles hatten ihre beiden ambitioniertesten Songs also schon verschossen und fingen, was das nächste Album betraf, wieder fast bei null an. Unbeeindruckt bereiteten sie ihre nächste Großtat vor. Wie schon »Strawberry Fields Forever«, begann »A Day In The Life« als recht einfacher, in diesem Fall zudem unvollendeter Song auf der akustischen Gitarre. Inspiriert war er von Lennons Lektüre der *Daily Mail*. Darin hatte er unter anderem die Meldung vom Unfalltod des McCartney-Freunds und Guinness-Erben Tara Browne am 18. Dezember 1966 gelesen. »I read the news today, oh boy«, begann der Text, in dem er noch weitere Meldungen verarbeitet hatte. Aber das Lied hatte keinen Refrain, keinen Mittelteil und keinen echten Höhepunkt. Es wirkte ein bisschen lethargisch. Denn Lennon war ein bisschen lethargisch.

Am ersten Aufnahmetag hielt die Band »In The Life Of ...« (so der Arbeitstitel) bewusst für weitere Ideen offen – im fehlenden Mittelteil ließ man Mal Evans die Takte zählen, am Ende klingelte ein Wecker –, denn der Track sollte im Studio langsam Form annehmen. Die Grenzen zwischen Songwriting, Arrangement- und Aufnahmekunst begannen sich während der Sessions zu »*Sgt. Pepper*« allmählich aufzulösen. Die Komposition war erst mit dem finalen Mix abgeschlossen, eine Technik, wie man sie bis dahin vor allem aus der *Musique concrète* kannte.

McCartney baute am nächsten Tag ein eigenes Songfragment in Lennons Lied ein und hatte den Einfall, die beiden Teile durch ein atonales Crescendo miteinander zu verbinden (wieder so eine John-Cage-Idee): Jeder Musiker eines etwa 90-köpfigen Orchesters sollte sich von einer vorher festgelegten tiefen zur höchsten Note seines jeweiligen Instruments hochspielen. George Martin handelte ihn auf 40 Musiker runter (die er dann viermal übereinanderlegte). Die BBC schickte zur Aufnahme am 10. Februar ein Kamerateam ins Studio 1 an der Abbey Road; im Film sieht man berühmte Gäste wie Mick Jagger, Marianne Faithfull, Mike Nesmith von den Monkees und Donovan. Martin und McCartney dirigieren das Orchester.

Den Verantwortlichen der *EMI* wurde jedoch allmählich etwas unwohl. Nach fast drei Monaten im Studio war außer einer Single, einem ziemlich verstörenden Track und einem altmodischen Schlager noch nicht viel herausgekommen. Und es sollte noch einmal zwei Monate dauern, bis das Album fertig war. Pink Floyd, die nebenan an ihrem Debüt, »*The Piper At The Gates Of Dawn*«, arbeiteten, schauten auf McCartneys Einladung bei den Aufnahmen zu »Lovely Rita« vorbei. Und bei einer Session zu »Fixing A Hole« im *Regent Sound Studio* in Soho, in das sie ausweichen mussten, weil an der Abbey Road alle Studios belegt waren, stand plötzlich ein Mann vor der Tür, der behauptete, er sei Jesus. »Oh! Wenn das so ist ...«, begrüßte McCartney ihn und bat ihn höflichst auf »einen Tee« herein.

Lennon verwandelte seinen profanen Alltag weiter in magische Songs: ein krakeliges Bild seines dreijährigen Sohns Julian (»Lucy In The Sky With Diamonds«), eine Cornflakes-Werbung (»Good Morning Good Morning«) und ein Zirkusplakat, das er im Januar während der Dreharbeiten zum berühmten »Strawberry Fields Forever«- Video in einem Antiquitätenladen in Sevenoaks/Kent gefunden hatte (»Being For The Benefit Of Mr. Kite!«) – Pop-Art zum Hören. Außerdem sang und schrieb er wundervolle Harmonien und Disharmonien für die Lieder seines Songwriting-Partners. So schmetterte der extrovertierte Entertainer McCartney, der die Beatles, begeistert von den Entwicklungen in Avantgarde und Underground, vorantrieb: »It's getting better all the time«, und der deprimierte Zyniker Lennon, der sich statt von äußeren Impulsen von seiner eigenen Originalität leiten ließ, antwortete: »It can't get more worse.«

Während der Aufnahmen zu diesem Song hatte Lennon statt eines Aufputschmittels versehentlich LSD eingeworfen, und es war nicht viel mit ihm anzufangen. Der ahnungslose Martin ließ ihn aufs Studiodach bringen, damit er frische Luft schnappen konnte. Das half nicht. McCartney nahm ihn schließlich mit in sein neues Haus an der Cavendish Avenue, zehn Gehminuten vom Studio entfernt, und beschloss, aus Solidarität auch einen Trip einzuwerfen. Während der folgenden vier Stunden saßen die beiden Freunde, die sich zu diesem Zeitpunkt fast genau zehn Jahre kannten, einander gegenüber und schauten sich tief in die Augen. Irgendwann ging McCartney in den Garten und hatte eine Vision, in der John ihm als König und Herrscher über die Ewigkeit erschien. Schnell zurück ins Haus und einen starken Kaffee trinken!

Dem langsam wieder zu sich kommenden, auf dem Sofa sitzenden Lennon dürfte ein Gemälde aufgefallen sein, das einen Rothirsch zeigte und dem Werk eines berühmten romantischen Landschaftsmalers nachempfunden war. Der Kopist hatte in der rechten unteren Ecke ziemlich auffällig in einem mit orangefarbener Linie umrahmten Kasten mit gelben, eine dritte Dimension andeutenden Lettern vermerkt: »AFTER THE MONARCH OF THE GLEN BY SIR EDWIN LANDSEER. PETER BLAKE. 1966«

Blake, ein Künstler der britischen Pop-Art, der bereits 1963 ein Beatles-Porträt angefertigt hatte und mit McCartney befreundet war, wurde wenige Tage nach diesem gemeinsamen Trip mit der Gestaltung des Covers für das neue Album betraut. McCartney gab ihm einige Skizzen, die auf einem alten Foto aus den 1920er-Jahren basierten, das eine Jazzkapelle zeigte. In der Mitte des Bilds stand eine große Basstrommel, auf der der Schriftzug »Jim Mac's Band« prangte – ein weiteres Indiz dafür, dass er bei der Konzeption von »*Sgt. Pepper*« an seinen Vater gedacht hatte.

Es dauerte nicht lange, bis Blake auf die Idee kam, um die in bunte Uniformen gekleideten psychedelischen Beatles, die neben den wächsernen »echten« Pilzkopf-Beatles hinter der Basstrommel mit dem Schriftzug »Sgt. Pepper's Lonely Hearts Club Band« stehen sollten, eine illustre Schar einsamer Herzen zu versammeln, die sich vor allem aus den persönlichen Helden der Band zusammensetzte. Doch zunächst wollte er sich ein Bild von der Musik machen.

Als er ins Studio kam, waren aber weder Lennon noch McCartney, nicht mal Starr anwesend. Auf dem Plan stand die Aufnahme eines Stücks von George Harrison. Von einer Fortsetzung der Beatles in anderer Form und von McCartneys Konzeptkunst wenig begeistert, versuchte der Gitarrist sich von der Band zu emanzipieren. Sein »Only

A Northern Song« war ein recht lahmes Spottlied auf den Beatles-Songverlag und flog im letzten Moment zugunsten der Reprise des Titelstücks vom Album. Sein zweiter Versuch, »Within You Without You«, zeigt ihn als Solokünstler. Für seine Bandkollegen hatte er bei der Aufnahme keine Verwendung mehr. Stattdessen kamen – wie schon beim »*Revolver*«-Track »Love You To« – Freunde des Asia Music Circle aus Finchley ins Studio, um seine Komposition auf indischen Instrumenten wie Tabla, Dilruba, Swarmandal und Tamboura zu spielen.

George Martin, bisher nicht unbedingt Harrisons größter Fan, zeigte sich von dem Stück angetan und dirigierte am letzten Aufnahmetag, an dem eben Blake ins Studio kam, acht Geiger und drei Cellisten durch ein selbst geschriebenes Arrangement, in dem die klassischen Streicher den indischen Klängen antworten. Diese Spannung zwischen Orient und Okzident macht sicher den Reiz des Tracks aus, der – Hörer der Monofassung wissen das – zu Harrisons besten gehört und ohne Zweifel ein Höhepunkt des Albums ist. Im neuen Stereo-Mix klingt dieser Song vielleicht sogar noch ein bisschen eindrucksvoller, auch »Lucy In The Sky With Diamonds« und »Lovely Rita« scheinen von der weit aufgezogenen akustischen Leinwand zu profitieren.

Der neue Remix hat eine Wucht und Durchschlagskraft, die den bisherigen Stereofassungen fehlen – man hört hier zweifelsohne eine Rock'n'Roll-Band, die bei jedem Track in einer neuen, vollkommen originellen und originären Klangwelt spielt. Man spürt, dass die Erinnerung an die vielen gemeinsamen Konzerte und Erlebnisse noch frisch ist und die Beatles als eingespieltes Team funktionieren, das sich allerdings über alle Beschränkungen der Vergangenheit hinwegsetzen kann. Diese Zeit zwischen eingeschworener Einheit und endgültigem Zerfall ist ihr großer Moment der Freiheit.

Während man in späteren Jahren Konzeptalben oft mit inhaltlicher und formaler Geschlossenheit assoziierte, hört man auf »*Sgt. Pepper*« vollkommene Offenheit. Diese Platte ist keine Kopfgeburt eines solitären Genies wie »*Pet Sounds*«, sondern entstand im Zusammenspiel der vier mittlerweile sehr individuell denkenden Musiker, ihres Produzenten und ihrer Tontechniker. Und der heimliche Star ist Ringo. Keith Moon hätte wohl wegen Unterforderung gekündigt und eine Boxerkarriere begonnen – Ringo lernte in den vier Monaten der »*Pepper*«-Produktion Schach, und wenn er gebraucht wurde, war er da: als zuverlässige und präzise Rhythmusmaschine, aber auch als feinsinniger Pointillist, der Stücken wie »Fixing A Hole« oder »A Day In The Life« Struktur und Tiefe verlieh.

Wie etwa Gershwins »*Rhapsody In Blue*« mehr als 40 Jahre zuvor oder Kendrick Lamars »*To Pimp A Butterfly*« fast 50 Jahre später, zählt »*Sgt. Pepper*« zu den Werken, die die bis zu ihrem Erscheinen gültige Definitionen von populärer Musik infrage stellten und zeigten, welche radikalen Ausdrucksformen und Ambitionen sich auch innerhalb des sogenannten Mainstreams umsetzen ließen. Und »*Sgt. Pepper*« ist selbstverständlich noch viel mehr als ein Album: Es ist eine kulturelle Ikone, eine Kombination aus Kunst, Mode, Drogen und Sinnsuche, ein wildes Spiel mit Referenzen und ein Bekenntnis zur Künstlichkeit, ein Spiegel seiner Entstehungszeit und die offizielle Eröffnung des Pop-Maskenballs, auf dem Identitäten verwischen, wechseln und sich jederzeit neu erfinden lassen. Ziggy Stardust und die Spiders From Mars sind ebenso direkte Nachfahren von Sergeant Pepper und seiner Lonely Hearts Club Band wie später die ständig wechselnden Alter Egos von Madonna oder Lady Gaga. Durch »*Sgt. Pepper*« wurde die Popmusik bunt. *A splendid time was guaranteed for all.*

Die Ballade vom Yogi und Yoko

Zurück an der Abbey Road, dieses Mal zum schon erwähnten Einzelinterview mit Giles Martin. Das »Weiße Album« wurde 50, und die Jubiläumsedition war mit allerlei Beigaben besonders interessant – hier konnte man tatsächlich hören, wie die Beatles im Studio arbeiteten und das immer verfügbare Technikpersonal in den Schlaf spielten.

Wohl nie zuvor und nie danach hat sich eine Kunstform so schnell weiterentwickelt wie die Popmusik Mitte der 1960er-Jahre. Jeden Monat war die Welt eine andere, erschienen bahnbrechende Singles und Alben, die das Format immer wieder neu defnierten. Künstler veränderten sich vor den Augen ihrer Fans, nutzten Amphetamine, Halluzinogene, Opiate und andere Substanzen als Treibstoff ihrer Kreativität. Irgendwann würden sie zwangsläufg verglühen oder ausbrennen.

Bob Dylan zog als erster die Notbremse, flog über den Lenker seines Motorrads, brach sich dabei fast den Hals und zog sich in die Waldeinsamkeit der Catskill Mountains zurück. Brian Wilson musste im Frühjahr 1967, dem Wahnsinn nah, sein »*Smile*«-Album stoppen, und Anfang 1968 wählten die Beatles, bis dahin immer auf der Überholspur unterwegs, die Ausfahrt Richtung Rishikesh.

Mit »Lady Madonna« ließen sie eine Single zurück, die eher nach dem guten alten Boogie-Woogie von Fats Domino klang als nach dem nächsten großen Ding. Dann flogen sie mit Partnerinnen und Freunden nach Indien, um bei ihrem Guru, dem Maharishi Mahesh Yogi, zu meditieren und die Welt anzuhalten.

Sie kannten den Begründer der Transzendentalen Meditation schon von einem Kurs im walisischen Bangor im Jahr zuvor. Den hatten sie allerdings abbrechen müssen, weil ihr Manager Brian Epstein am 27. August 1967 an einer Überdosis Schlaftabletten gestorben war. Wenig später gründeten sie eine neue Firma namens Apple, die die Bandgeschäfte regeln, Steuern sparen und junge Kreative fördern sollte, und drehten *Magical Mystery Tour*. In gewisser Weise eine Fortschreibung der Kindheitserinnerungen von »Strawberry Fields Forever« und »Penny Lane«, war der Film von den Reminiszenzen an Jahrmärkte und die traditionellen Ausflugsfahrten mit dem Bus (engl.: mystery tour) von Liverpool nach Blackpool inspiriert. Die Idee kam von Paul Mc Cartney, dem wohl eine britische Entsprechung des acidgeschwängerten Bustrips von Ken Keseys Merry Pranksters quer durch die USA vorschwebte. Ein Drehbuch hatte er nicht. Nur einen auf ein Stück Papier gemalten Kreis. Viel Magie fanden die Beatles bei ihrem kopflosen Trip ins Blaue dann leider nicht, doch ihr surrealer Humor und die Songs retteten den Film. Auch wenn die Kritiker das nach der Ausstrahlung am Boxing Day auf BBC1 anders sahen und ihn einhellig verrissen.

Eine neue Erfahrung – bis dahin war alles, was sie angefasst hatten, zu Gold geworden. Und ganz nebenbei hatten sie das Neue Testament des Pop geschrieben. In dem stand, dass man sich als Mainstreamkünstler und Teenie-Idol vom vorgefertigten Image emanzipieren, eine eigene Persönlichkeit ausbilden, die Gesetze des Showbusiness außer Kraft setzen und neue installieren konnte. Dafür mussten die Beatles nicht mal die Rebellenpose einnehmen. Sie beherrschten die Popwelt durch Talent und Erfolg geradezu spielerisch. Und alle folgten ihnen.

Aber was würde passieren, wenn diese vier Gurus nicht mehr vorangingen und ihre Jünger allein zurückließen? Würde es ähnlich schlimm werden wie Ende der 1950er-Jahre, als Little Richard Gott fand, Jerry Lee Lewis seine 13-jährige Cousine heiratete und auf die Schwarze Liste der Radiostationen kam? Als Elvis Presley seinem Land diente, Chuck Berry in den Knast musste, weil er angeblich eine Minderjährige über eine Bundesstaatsgrenze befördert hatte, um sie in seinem Nachtclub in St. Louis arbeiten zu lassen, und als das Flugzeug mit Buddy Holly und Richie Valens in ein Kornfeld bei Mason City, Iowa, stürzte und der Rock'n'Roll verkümmerte?

Wenn man Anfang 1968 die Spitze der britischen Single-Charts sah, konnte man schon eine mittelschwere Panik bekommen. Da thronten etwa Manfred Mann mit »The Mighty Quinn«, Esther & Abi Ofarim mit »Cinderella Rockafella«, Dave Dee, Dozy, Beaky, Mick & Tich mit »The Legend Of Xanadu« und Louis Armstrong mit »What A Wonderful World« – revolutionärer Geist klang irgendwie anders. Konnte ja keiner ahnen, dass zeitgleich ein friedfertiger Ashram am Fuß des Himalayas täglich von kreativen Explosionen erschüttert wurde.

Die Explosionen, die Ringo Starr plagten, waren allerdings eher, wie der Mediziner sagt, gastrointestinaler Natur. Er vertrug die indische Küche nicht, und der Koffer voller Baked Beans, den er aus England mitgebracht hatte, hatte auf Dauer nicht mal für einen Jungen aus dem Liverpooler Elendsviertel Dingle genug Nährwert. Er reiste mit seiner Frau Maureen nach zehn Tagen wieder ab. Seine Bandkollegen versuchten, mit unterschiedlichem Erfolg, die Gedanken ziehen zu lassen. Zwei von ihnen waren aufmerksame Schüler ihres Gurus. George Harrison, weil er am tiefsten in die indische Kultur eingetaucht war und nach Erleuchtung strebte. Und John Lennon, weil er an Depressionen litt, sich gefangen fühlte in seiner Vorstadtvilla und seiner Ehe und nach etwas suchte, das die Leere in seinem Leben füllen konnte.

Paul McCartney sah in dem Trip eher eine Mischung aus teambildender Maßnahme und Wellness-Urlaub; zudem war es an der Zeit, in aller Ruhe neue Lieder zu schreiben: »Mother Nature's Son«, »Blackbird«, »I Will« und, mit ein bisschen Hilfe vom Ashram-Nachbarn Mike Love von den Beach Boys, »Back In The U.S.S.R.«. Auch Lennon war auf einmal wieder inspiriert und hatte einen Lauf, seit er von dem Maharishi-Jünger und Folkie Donovan akustisches Fingerpicking gelernt hatte. Die umherlaufenden Affen, die ihnen bei den Mahlzeiten im Freien öfter was von ihren strikt vegetarischen Speisen mopsten, und die mit kindlich heller Stimme vorgetragenen Lehren des Gurus (»Come on, it's such a joy, take it easy«) verarbeitete er zu »Everybody's Got Something To Hide Except For Me And My Monkey«. Aus der Geschichte eines jungen

Amerikaners, der mit seiner Mutter im Ashram weilte und mit einigen Eingeborenen auf den Rücken von Elefanten auf Tigerjagd ging, entstand das Spottlied »The Continuing Story Of Bungalow Bill«. Für die scheue Schwester der Schauspielerin Mia Farrow, die sich nur selten aus ihrer Hütte traute, schrieb er »Dear Prudence«, und gemeinsam mit McCartney und Donovan improvisierte er den Text zu »Rocky Raccoon«.

So produktiv wie in Indien waren die Beatles noch nie gewesen. Songwriting als Form der Selbsterfahrung. Bei drei so unterschiedlichen Egos waren die Ergebnisse naturgemäß sehr unterschiedlich, und McCartney schlug vor, das nächste Album »Umbrella« zu nennen – ein Schirm, unter dem alles einen Platz hatte. War aber noch zu früh. »Wir sind verdammt noch mal nicht hier, um ein neues Album zu machen, wir sind hier, um zu meditieren!«, grummelte Harrison. Doch nach einem Monat wollte McCartney nicht länger in sich gehen und reiste mit Jane Asher ab. Kurz darauf traf der Apple-Angestellte Alexis Mardas ein, ein Hochstapler und Wirrkopf, den Lennon »Magic Alex« nannte und der für ihn mindestens so sehr ein Guru war wie der Maharishi. Er glaubte ihm alles, weil Mardas ganz offensichtlich nicht von dieser Welt war.

So wie die Autorin des Buchs, das auf seinem Nachttisch lag. Es trug den Titel *Grapefruit* und war voller kurioser Anweisungen wie der, man solle sich irgendwo verstecken, bis alle anderen Menschen gestorben seien, oder sein Hirn mit einem Penis umrühren und dann einen Spaziergang unternehmen. Die Autorin, eine japanische Künstlerin, die Lennon 1966 in der von McCartney-Freunden betriebenen *Indica Gallery* kennengelernt hatte und die ihm seither nachstellte, hieß Yoko Ono. Sie schrieb ihm täglich Postkarten nach Rishikesh. Auf einer stand: »Ich bin eine Wolke, suche im Himmel nach mir.« Er nahm ihre Zeilen wie ein Mantra mit in die nächste Meditationssitzung. Danach ließ ihn diese Frau nicht mehr los.

Magic Alex, der keine Götter neben sich duldete, zettelte bald eine Verschwörung an. Der Maharishi habe eine amerikanische Studentin verführt und sich an Mia Farrow rangemacht, ließ er verbreiten. Daraufin packte der Beatles-Tross seine Sachen. Der Guru fiel aus allen Wolken und wollte den Grund für die plötzliche Abreise wissen. »Wenn du so kosmisch bist, wirst du schon wissen, warum!«, ätzte Lennon. Als er auf das Taxi zum Flughafen wartete, schrieb er den Song »Maharishi, What Have You Done«, den er später auf Harrisons Bitte in »Sexy Sadie« umbenannte.

Auf dem Rückfug gestand Lennon seiner Frau Cynthia schwer angetrunken alle Affären, die er seit ihrer Eheschließung 1962 gehabt hatte, schickte sie wenige Tage später mit Magic Alex in den Urlaub nach Griechenland und widmete sich desillusioniert von den Heilsversprechen des Maharishi seiner neuen Muse Yoko Ono, dem LSD und bald auch dem Heroin. McCartney wurde derweil von Jane Asher verlassen, nachdem sie ihn *in flagranti* mit der Apple-Angestellten Francie Schwartz erwischt hatte, und ertränkte sein gebrochenes Herz in Alkohol. Harrison glaubte, von einem bösen Fluch des Maharishi besessen zu sein, und bekam von seinem Sitar-Meister Ravi Shankar ein paar Amulette, die diesen ablenken sollten. Starr sehnte sich nach seinen Freunden. Plötzlich war für alle Beatles der Gang ins Studio wieder eine Verheißung. Sie wollten zurück an den einzigen Ort, an dem sie alles unter Kontrolle hatten.

Zunächst trafen sie sich zu dritt – ohne Ringo – in Harrisons Bungalow in Esher, südwestlich von London, um sich ihre neuen Lieder vorzuspielen und mit einem Zweispurgerät Demos davon aufzunehmen. Sie hatten Songs für ein Doppelalbum und noch mehr. Lennon spielte eine frühe Version seines späteren Solosongs »Jealous Guy« mit dem Titel »Child Of Nature« und der Zeile »On the road to Rishikesh, I was dreaming more or less«, die Kifferhymne »What's The New Mary Jane« sowie »Polythene Pam« und »Mean Mr. Mustard«, die später auf »*Abbey Road*« landen sollten. McCartney zupfte sein hübsches »Junk«, das noch zwei Jahre auf seine Veröffentlichung warten musste, und Harrison, der in Indien als Songwriter geradezu aufgeblüht war, hatte »Sour Milk Sea« geschrieben, das er dem Apple-Künstler Jackie Lomax für dessen Debutalbum gab, sowie »Circles« und »Not Guilty«, die er Ende der 1970er-Jahre noch einmal für Soloalben aufnahm. Man merkt ihnen auf all diesen Aufnahmen die Vorfreude an, wieder ins *EMI Studio* an der Abbey Road zurückzukehren.

Am 30. Mai 1968, einem Donnerstag, begannen endlich die Aufnahmen zum Nachfolger von »*Sgt. Pepper's Lonely Hearts Club Band*«[2], das fast auf den Tag genau

2 Moment, ist nicht »*Magical Mystery Tour*« das Nachfolgealbum von »*Sgt. Pepper*«? Nein, das ist, wenn man es genau nimmt, kein reguläres Beatles-Album. Die sechs Songs aus dem Soundtrack des Films *Magical Mystery Tour* erschienen in England im Dezember 1967 auf einer Doppel-EP. In den USA, wo man den Film (noch) nicht sehen konnte, veröffentlichte man stattdessen eine LP

ein Jahr zuvor erschienen war. John Lennon kam an diesem Tag in Begleitung: Yoko Ono war an seiner Seite. Die beiden wohnten nach einem kurzen, nicht ganz harmonischen Aufenthalt in McCartneys Haus an der Cavendish Avenue unweit des Studios nun in einer Kellerwohnung am Montagu Square, die Ringo Starr gehörte und in der auch schon Jimi Hendrix untergekommen war.

Es war eigentlich eine unausgesprochene Regel, dass sich außer der Band, dem Produzenten George Martin und den Tontechnikern niemand im Studio aufhalten durfte, wenn die Beatles aufnahmen. Doch Lennon ließ nicht mit sich reden, ermutigte seine neue Freundin sogar, an den Sessions und Diskussionen teilzunehmen. Gleich auf dem ersten Stück, an dem sie arbeiteten, ist sie zu hören: »Revolution«, ein Lennon-Song, der beim 18. Durchlauf in einen irren Jam mit allerlei Soundefekten ausartete und die Grundlage für gleich zwei Tracks des Albums lieferte, das später schlicht und einfach »*The Beatles*« heißen sollte: »Revolution 1« und »Revolution 9«. Nach etwa neuneinhalb Minuten hört man Ono mit kindlicher Stimme zu einem kleinen Klaviermotiv von McCartney etwas murmeln, das mit den klar verständlichen Worten »if you become naked, but then the other part« endet. Lennon schreit auf, sie giggelt: »That's too much!« Er lacht. »Yeah, isn't it great?«, fragt er, und McCartney quittiert mit einem deeskalierenden »Yeah.«

Zu hören ist dieser Track nun auf der Neuausgabe von »*The Beatles*« zum 50. Geburtstag des ersten und einzigen

---

gleichen Titels, auf der neben den Stücken der EP noch fünf bisher nur auf Singles veröffentlichte Songs zu hören waren. Zwei davon, »Strawberry Fields Forever« und »Penny Lane«, waren sogar bereits einige Monate vor »*Sgt. Pepper*« erschienen.

Doppelalbums der Band, das man aufgrund des Covers auch das »White Album« nennt. Eine wahre Schatzkiste. Neben 50 Session-Outtakes und den kompletten 27 Demos aus Esher ist auf den insgesamt sechs CDs auch ein neuer Remix des Albums zu hören, den – wie schon bei der Jubiläumsausgabe von »*Sgt. Pepper*« vor einem Jahr – Giles Martin gemeinsam mit dem Tontechniker Sam Okell angefertigt hat.

»Normalerweise hätten wir zu einem solchen Jubiläum einfach das Album noch mal mit ganz vielen Extras veröffentlicht«, erklärt der 49-jährige Martin. »Aber nach dem Erfolg des ›*Pepper*‹-Remixes gab es unglaublich hohe Erwartungen, sodass wir dann auch das ›White Album‹ neu mischen mussten.«

Wir sitzen im Studiogebäude an der Abbey Road in Martins kleinem Büro/Studio, das fast vollständig von einem riesigen Mischpult eingenommen wird. Dahinter stehen zwei Drehstühle und ein kleines Sofa, an der Seite ein Regal mit Beatles-Fachliteratur. Seit dem Soundtrack für die *Love*-Show des kanadischen Cirque du Soleil von 2006 arbeitet Giles Martin an Fab-Four-Projekten. Sein 2016 verstorbener Vater, der Beatles-Produzent George Martin, hatte ihn Mitte der 1980er-Jahre erstmals als externes Paar Ohren mit ins Studio geschleppt, weil sein eigenes Gehör merklich nachließ. Ungefähr zu dieser Zeit arbeitete der alte Martin gerade an der ersten CD-Version von »*Sgt. Pepper*«.

»Ich würde nie selbst auf die Idee kommen, ein Beatles-Album neu abzumischen«, sagt Giles Martin, ganz wie sein Vater britischer Gentleman und das Understatement pflegend. »Wenn man mich fragt, ist es mir allerdings eine

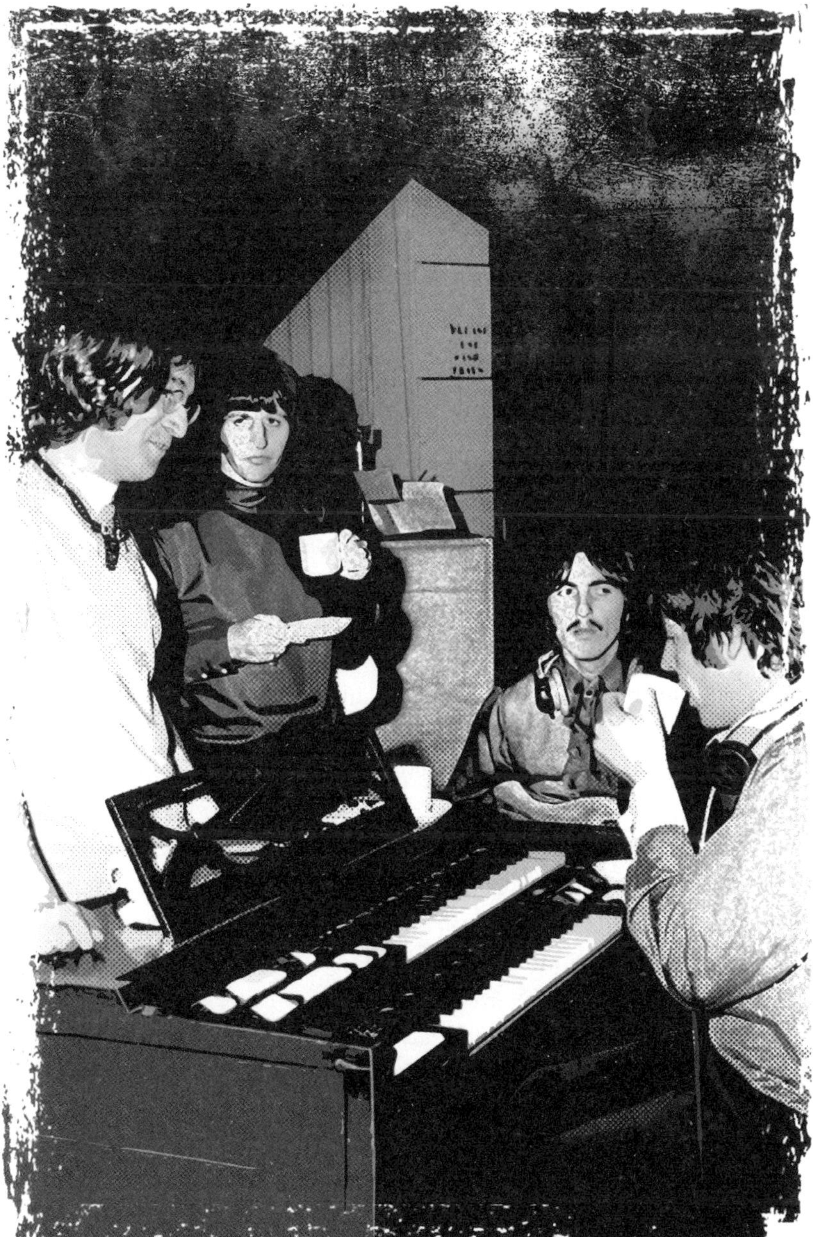

Ehre. Was nicht heißt, dass ich nicht manchmal Zweifel an dem hege, was ich da tue. Als ich zum Beispiel für Ron Howards Dokumentation *Eight Days A Week* einen Remix des Live-Albums ›*The Beatles At The Hollywood Bowl*‹ gemacht habe, hörte ich ständig die Stimme meines verstorbenen Vaters: ›Warum? Warum?‹«. Er lacht.

Die Frage nach dem Warum stellt sich natürlich auch bei seinem neuen Projekt. Den Remix von »*Sgt. Pepper*« konnte man leicht rechtfertigen. Es gab bis dahin keinen richtigen Stereo-Mix des Albums, weil die Beatles 1967 noch in Mono dachten und es den Tontechnikern überließen, anschließend künstlich eine Stereoversion herzustellen. Doch anderthalb Jahre später arbeiteten sie an beiden Fassungen parallel. Es gibt das Album also seit 50 Jahren in passablem Stereo. »Meine Argumentation ist vielleicht etwas seltsam und vermutlich falsch«, so Martin, »aber ›*Sgt. Pepper*‹ ist ein sehr kunstvoll gefertigtes Album. Davon sollte man, so dachte ich anfangs, eigentlich keinen Remix machen. Aber während der Arbeit stellte ich fest, dass wir da noch eine Menge rausholen konnten, weil alles einfach so unglaublich gut aufgenommen war und man es noch viel satter klingen lassen konnte. Und die Leute haben es geliebt. Als es dann an das ›White Album‹ ging, dachte ich: Das wird spitze, ich werde dafür sorgen, dass es unglaublich klingt!« Als er sich die Originalbänder der Sessions, die an einem geheimen Ort an der Abbey Road lagern, dann angehört habe, sei er allerdings ein bisschen enttäuscht gewesen: »Der Klang war nicht so satt wie bei ›*Sgt. Pepper*‹. Auch logisch, wenn man drüber nachdenkt. Die Tontechniker hatten keine Möglichkeit, rumzubasteln und alles richtig zu mikrofonieren. Es klingt sehr viel roher und trashiger – und das meine ich nicht negativ. Das ›White Album‹ klingt so, wie es klingt, weil es das ist, was da war, nicht weil es besonders gemischt oder bearbeitet wurde.«

Der erste Mix, den er angefertigt habe, sei daher vom Original auch kaum zu unterscheiden gewesen, sagt er und lacht. »Ich dachte: Mist, da kriegt man jetzt nicht besonders viel für sein Geld! Aber wenn man zu viel daran herumschraubt und es zu gut und zu wenig verzerrt klingen lässt, ist es eben nicht mehr das ›White Album‹. Man muss da die richtige Balance finden.« Keine leichte Aufgabe. Denn sowohl Pophistoriker als auch Klangfetischisten werden genau hinhören, und zugleich ist sein Remix vor allem dazu gedacht, einer neuen Generation mit anderen Hörgewohnheiten die größte Band der Welt nahezubringen – es muss also knallen.

»Diese Band ist nicht alt«, so Martin. »Die vier sind zwischen 25 und 28 Jahren alt, wenn sie aus den Lautsprechern kommen, und Leute, die das ›White Album‹ noch nie gehört haben, sollen nicht denken, dass das eine alte Platte sei.«

Martin lud schließlich nacheinander McCartney, Starr, Harrisons Witwe, Olivia, und Yoko Ono in seinen Studioraum an der Abbey Road. »Es ist immer ein großer Spaß, wenn einer von ihnen vorbeikommt. Vor allem Paul hat jedes Mal tolle Geschichten zu erzählen. Ringo hat vor allem den Remix von Georges ›Long, Long, Long‹ geliebt. Man versteht auch sofort warum: weil er klingt, als wären die Beatles alle vier zusammen in einem Raum – und das waren sie auch. Nicht bei jeder Band ist das wünschenswert, aber bei den Beatles war es das definitiv.«

Zwischen den vieren sei im Studio etwas Magisches passiert, das man nicht technisch reproduzieren könne. »Diese Tracks haben eine unglaubliche Energie. Viele Sachen, für die ich gelobt werde, haben mit meiner Arbeit gar nichts zu tun. Die Leute sitzen da und sagen: Meine Güte, das klingt so kraftvoll, Wahnsinn! Aber ich habe keine Energie-Taste, ich habe nichts gemacht, so klingen sie einfach, wenn sie zusammenspielen.«

Seine Hauptaufgabe bestehe deshalb darin, die technischen Einschränkungen aufzuheben, mit denen die Band damals zu kämpfen hatte. »Wir haben einfach die Bandbreite, um das zu tun. Wir müssen uns keine Gedanken machen, ob die Nadel später aus der Rille springen könnte, wenn jemand die fertige Platte hört. Wir müssen die Sachen nicht limitieren, wir müssen den Bass nicht runterdrehen und die lauten Sachen stark komprimieren.«

Andererseits gebe es auch Stücke, die von Kompression und Verzerrung leben, wie etwa McCartneys Proto-Heavy-Metal »Helter Skelter«. »Als ich Paul die Originalbänder noch mal vorgespielt habe, hat er mich ganz erstaunt angeschaut und gesagt: ›Wow, haben wir da versucht, die lauteste Band der Welt zu sein?‹« Genau das haben sie versucht. McCartney hatte im *Guitar Player*-Magazin ein Interview mit Pete Townshend gelesen, in dem der die neue The Who-Single »I Can See For Miles« als den lautesten, rohesten und dreckigsten Song beschrieben hatte, den die Band je aufgenommen habe. McCartneys Ehrgeiz war geweckt, und er schrieb dieses Lied, das er nach einer in britischen Vergnügungsparks beliebten Rutsche taufte. Die erste Version des Songs hatte allerdings – wie man nun in der »*The Beatles*«-Box hören kann – noch nicht den Furor der bekannten Fassung, war ein sehr langsames, zehnminütiges Drone-Stück, nach dem den anwesenden Technikern die Ohren geglüht haben müssen, so laut hatte die Band ihre Verstärker aufgedreht. »Es ist seltsam, wie höflich Platten heutzutage klingen«, so Martin. »›*Nevermind*‹ von Nirvana zum Beispiel ist eine unglaublich aufwendig produzierte Platte mit gesampeltem Schlagzeug und Gitarren, die nicht so laut sind, wie man denkt – in ›Helter Skelter‹ waren die Gitarren wirklich so verdammt laut, wie sie auf der Platte klingen, es ist einfach ein unglaublicher Krach.«

Fast fünf Monate arbeiteten die Beatles an ihrem Doppelalbum. An manchen Songs mehrere Tage mit bis zu hundert Takes. Der Stress mit ihrer Firma Apple, die allerlei Scharlatane anzog und massiv Geld verlor, sodass schon bald ihre erste Boutique in der Baker Street wieder schließen musste, die ständige Anwesenheit von Yoko Ono, Lennons Launen und McCartneys Rechthaberei machten die Arbeit nicht unbedingt leichter. Bei den Aufnahmen zu »While My Guitar Gently Weeps« tanzte Lennon mit Ono Walzer, um sich über die meditative Betulichkeit von Harrisons Song lustig zu machen. Der holte als Beistand Eric Clapton ins Studio, der das schwere Blues-Besteck auspackte. McCartney weigerte sich, auf Lennons albernem »What's The New Mary Jane« mitzuspielen, und als Lennon und Ono ihm ihre Soundcollage »Revolution 9« vorspielten, schaute er betreten zu Boden. Er hatte die

Band zwar auf »Carnival Of Light« anderthalb Jahre zuvor durch ein ähnlich experimentelles Stück getrieben, aber das war für eine einmalige Aufführung im Londoner *Roundhouse* gedacht gewesen, nicht für die Veröffentlichung auf einer kommerziellen LP. »Für ein Beatles-Album nicht geeignet«, war sein Urteil zu »Revolution 9«. Lennons Entgegnung: »Das sollte unsere nächste Single werden.«

Teilweise arbeiteten die Beatles getrennt voneinander in unterschiedlichen Studios. Auf einem Drittel der Stücke ist die Band nicht vollzählig vertreten, in drei Stücken hört man nur McCartney, in einem nur Lennon, in einem anderen nur Starr. George Martin engagierte mit Chris Thomas einen zusätzlichen Produzenten und fuhr während der Aufnahmen sogar in den Urlaub; nach sieben ermüdenden Tagen Arbeit an McCartneys »Ob-La-Di, Ob-La-Da« quittierte Toningenieur Geoff Emerick seinen Dienst. Am 22. August verließ Ringo Starr nach einem Streit entnervt die Band, verbrachte die nächsten zwei Wochen auf der Yacht des Schauspielers Peter Sellers vor Sardinien und schrieb »Octopus's Garden«. Anfang September kehrte er in ein zu seinen Ehren mit Blumen geschmücktes Studio zurück, um sich gleich bei »Helter Skelter« Blasen an die schwielenfreien Fingerchen zu spielen, während George Harrison, inspiriert vom Rock'n'Roll-Verrückten Arthur Brown, der zwei Tage zuvor im *Roundhouse* gespielt hatte, mit einem brennenden Aschenbecher auf dem Kopf durchs Studio lief. Die Stimmung konnte schnell umschlagen an der Abbey Road.

»Nach allem, was ich an Session-Aufnahmen gehört habe, kann es schon sein, dass die Stimmung nicht immer die beste war – aber das galt eigentlich nicht für die Beatles untereinander«, so Martin. »Sie hatten großenteils eine glückliche Zeit, es gibt keinerlei Streitereien auf den Bändern. Wirklich wahr. Ich hätte gern welche vorgespielt, aber es gibt einfach keine.«

Nicht mal bei den Aufnahmen zu »Ob-La-Di, Ob-La-Da«?

»Paul erzählt eine sehr lustige Geschichte darüber. Und er kennt sich wirklich aus und ist ein sehr zuverlässiger Erzähler, der sich all der Dinge, die damals im Raum standen, sehr bewusst ist und ein sehr gutes Gedächtnis hat. Er weiß natürlich, dass er die anderen zu diesem Song, den sie nicht besonders mochten, gezwungen hat. Paul, George und Ringo waren in Studio 2 und nahmen auf. John war spät dran, kam durch die Studiotür: ›All right, lads, what's going on then?‹ Und George antwortete: ›We're doing bloody ›Ob-La-Di, Ob-La-Da‹! – ›Oh fuckin' hell!‹, rief John, ging zum Klavier und spielte: ›Ding-da-dading-ding-ding‹. Das sollte eine Art Verarsche des Songs sein. Aber die anderen meinten: ›Oh, das ist eine gute Idee, so machen wir's!‹«

In Beatles-Geschichtsbüchern klingt diese Episode ungleich schärfer: Lennon sei irgendwann entnervt von McCartneys »granny music« (so nannte er alle Songs seines Songwriting-Partners, die der aus seiner Leidenschaft für die amerikanische Unterhaltungsmusik aus Prä-Rock'n'Roll-Zeiten schrieb, die auch sein Vater so liebte) aus dem Studio geflüchtet, vollkommen bekifft zurückgekommen und habe dann jene legendären Akkorde angeschlagen, die dem Song schließlich den entscheidenden

Dreh gaben, was jedoch wiederum McCartney nicht davon abhielt, am nächsten Tag weitere Durchgänge anzuordnen usw.

Wenn man das Album und die Outtakes allerdings unvoreingenommen hört, klingt es tatsächlich, als habe die Band während der Aufnahmen durchaus Spaß gehabt, es wird viel gelacht und rumgealbert. Und wie sie bei einem frühen Take zusammen »Good Night« singen und miteinander harmonieren, müssen sie sich einfach aus tiefstem Herzen gemocht haben.

Vieles lief ja auch richtig gut in dieser Zeit: Harrison etwa hatte große Freude an seiner Arbeit als Produzent von Jackie Lomax' Debütalbum »*Is This What You Want?*«, auf dem neben Freunden wie Klaus Voormann und Nicky Hopkins auch McCartney und Starr mitspielten, und fieberte der baldigen Veröffentlichung seines Soundtracks zu Joe Massots Film *Wonderwall* auf Apple entgegen. Und die während der Sessions zum neuen Album entstandene erste Single auf dem neuen Beatles-Label, »Hey Jude«, wurde mit einer aggressiveren Neuaufnahme von »Revolution« als B- Seite einer ihrer größten Erfolge überhaupt. McCartney hatte den Song geschrieben, um Lennons Sohn Julian nach der Trennung seiner Eltern aufzumuntern, doch Lennon bezog die Zeilen »Hey Jude, don't be afraid/ You were made to go out and get her« auf sich und glaubte, sein Songwriting-Partner gebe ihm damit den Segen für die amouröse und kreative Beziehung mit Yoko Ono (im gleichen Monat wie das »White Album« würde dann auch ihr gemeinsames Werk »*Two Virgins*« erscheinen).

McCartney schien wenig später nach einem Traum, in dem ihm seine 1956 verstorbene Mutter Mary erschienen war, tatsächlich seinen Frieden mit der neuen Situation gemacht zu haben. »Alles wird gut«, hatte sie gesagt, »lass es sein.« Daraufhin schrieb er »Let It Be«, das er während der Session zum »White Album« auch erstmals ausprobierte – noch nicht als große Klavierballade, sondern als groovenden Gospel.

Vielleicht hatte seine neue Gelassenheit auch noch einen anderen Grund: Als er zu Geschäftsterminen im Namen von Apple nach New York und Los Angeles gereist war, hatte er Linda Eastman wiedergetrofen, eine junge Fotografn, die er im Jahr zuvor im Londoner Club *Bag O'Nails* kennengelernt hatte. Im September zog sie bei ihm ein. Ab und zu schaute sie mit ihrer Kamera im Studio vorbei, wo vor allem das technische Personal allmählich mit den Nerven runter war. Es kann nach Stunden, Tagen, Wochen sogar ermüdend sein, den Beatles zuzuhören, zumal wenn man noch ein Leben jenseits des Studios hat oder um Mitternacht einfach mal Feierabend machen will. Doch die Sessions gingen meist bis tief in die Nacht.

»Brian Epsteins Tod hat sicherlich seinen Teil zu dieser neuen Arbeitsweise beigetragen«, erklärt Giles Martin. »Plötzlich war der Strippenzieher weg, der Kontrolle über sie hatte, ihnen sagte, sie seien eine Popband, und sie in Anzüge steckte. Plötzlich waren sie außer Kontrolle, machten *Magical Mystery Tour*, gingen nach Indien, und als sie zurückkamen, standen sie in der Verantwortung. Das war nun alles ihrs.« Sein Vater habe jedes Mal gequält das Gesicht verzogen, wenn ihm jemand gestanden habe, das »White Album« sei sein liebstes Beatles-Werk. »Er mochte das Album nicht, weil die Beatles ihre Arbeitsweise geändert hatten. Bei ›*Sgt. Pepper*‹ wussten sie ganz genau, was sie taten, und hier wussten sie es nicht. Es ist eine undisziplinierte Platte.«

George Martin jedoch war ein sehr genauer Mensch, der die Ordnung liebte. »Einer der schlimmsten Streite, die wir je hatten, drehte sich um Pimm's – das ist ein Likör, den man im Sommer mit Limonade trinkt«, erzählt sein Sohn. »Ich glaube, das wird im Verhältnis drei zu eins gemischt. Jedenfalls habe ich ihm einmal einfach von beidem gleich viel eingeschüttet, und er ist völlig ausgerastet: ›Was ... was ... was machst du da?! Das ... das ... das ist nicht mein Kind!‹ *(Lacht)* Und so war für ihn auch das ›White Album‹: Das Verhältnis stimmte nicht, und es war nicht sein Kind.«

In der Dokumentation zur *Beatles Anthology* bereute George Martin noch fast 30 Jahre später, die Beatles nicht überredet zu haben, statt eines Doppelalbums ein sehr gutes einzelnes Album mit den besten Tracks zu veröffentlichen. Harrison pflichtete ihm bei. McCartney jedoch entgegnete, dass es doch genau diese Vielfältigkeit und Unausgegorenheit gewesen sei, die das Album so cool gemacht habe: »Ich halte nichts von diesem ›vielleicht hätten wir dies oder das machen sollen‹. *It's great, it sold, it's the bloody Beatles' ›White Album‹, shut up.*«

Und er hatte recht. Wozu hätten sie ein weiteres perfektes Album aufnehmen sollen? »Es ging nicht mehr darum, die größte Band der Welt zu sein – größer konnten sie sowieso nicht mehr werden«, sagt Giles Martin. »Schon bei ›*Sgt. Pepper*‹ dachten nicht wenige: Das wird ihnen das Genick brechen. Aber es wurde das größte Album aller Zeiten. Danach konnte sie niemand mehr stoppen – das wäre viel zu gefährlich gewesen. Sie spielten ohne Filter. Es war der komplette kreative Wahnsinn.«

Nach dem geschlossenen Konzeptkunstwerk »*Sgt. Pepper*« war die große absolute Erzählung vom Album als Welterklärungsmodell oder doch zumindest Sinnstiftungsangebot abgeschlossen, ein offener, heterogener, auseinanderstrebender Gegenentwurf musste her. Genau das ist »*The Beatles*«. Man kann sagen, es ist das erste postmoderne Album der Popmusik, es handelt nicht mehr von großen Utopien oder allumfassenden Ideen wie Liebe und Frieden und passte daher gut in die Katerstimmung nach der 1968er-Studentenrevolte.

»*The Beatles*« handelt von der Musik selbst, besinnt sich auf alte Formen und schreibt sie ironisch um: Geburtstags-, Kinder- und Wiegenlied, Folk, Music Hall, Blues, Country. Dabei starten die Beatles an ihrem Ausgangspunkt: »Back In The U.S.S.R.« ist ein Pastiche der Hitformel des Rock'n'Roll-Urvaters Chuck Berry und zugleich eine Hommage auf einen Zeitgenossen, der sie auf ihrem weiteren Weg inspirierte: Brian Wilson. Ein anderer, Bob Dylan, wird in der Parodie des britischen Blues-Revivals, »Yer Blues«, namentlich genannt und in »Rocky Raccoon«, das sein jüngstes Hinwenden zu amerikanischen Mythen und Bibel aufgreift, persifliert.

In »Glass Onion« und »Savoy Trufe« beziehen sich die Beatles dann gleich auf sich selbst. »Revolution 1« ist ein Protestsong zum Selberbasteln. (Ist man gegen Gewalt, singt man: »But when you talk about destruction/ Don't you know that you can count me out?« Ist man dafür, singt man: »... count me in«). In »Revolution 9« kollabiert der Popsong, in »Good Night« steht er in einer schmalzigen Prä-Rock'n' Roll-Variante wieder auf.

Es ist vielleicht kein Zufall, dass die erste autorisierte Bandbiografie von Hunter Davies nur wenige Wochen vor diesem Doppelalbum erschien. Denn schon diese 30 Songs erzählen eindrücklich, wer oder was die Beatles sind, ja, was Popmusik ist und wie sie funktioniert. Das vom britischen Künstler Richard Hamilton konzipierte Cover korrespondiert damit: ein weißes Quadrat, auf das jeder Hörer sein eigenes Bild projizieren kann – millionenfach gepresst und durch die eingeprägte Seriennummer doch einzigartig.

»*The Beatles*« ist eines der berühmtesten Werke der Popmusik und im Œuvre der Band zugleich das Album, auf dem man immer noch etwas entdecken kann, das sich mit jedem Hören verändert und das man im Geiste von George Martin durch Streichungen und Umstellungen zu seinem persönlichen perfekten Beatles-Album kompilieren kann. Es ist im Vergleich zu allen anderen Alben der Band am wenigsten gealtert. Es klingt immer noch so heutig wie 1968.

Historisch betrachtet war es natürlich der Anfang vom Ende der Beatles. Man hört, wie sich alle vier von ihren Bandkollegen emanzipiert haben. Lennon und McCartney waren nur noch auf dem Papier Lennon/McCartney, Harrison schrieb mit »While My Guitar Gently Weeps« den, neben McCartneys »Blackbird«, bekanntesten Song des Albums, und selbst Ringo hat mit »Don't Pass Me By« erstmals ein Lied ganz allein geschrieben.

Aber zugleich haben die Vier im Studio noch einmal als Band zusammengefunden. So intensiv und so lange wie auf dem »Weißen Album« hatten sie seit den Tagen in Hamburg nicht mehr am Stück zusammengespielt. Nach der Veröffentlichung von »*The Beatles*« am 22. November 1968 überlegten sie sogar, wieder Konzerte zu geben. Zwei Monate später standen sie tatsächlich mitten in London auf dem Dach eines Hauses an der Savile Row, in dem sich die Büros ihrer Firma Apple befanden, und sangen: »Get back to where you once belonged.« Der Kreis hatte sich geschlossen. Die Geschichte der Beatles war (fast) am Ende.

Ebenso der naive Traum der 1960er-Jahre von Frieden und freier Liebe, den ein Mann jäh beendete, der, als die Beatles im Februar 1964 die USA erobert hatten, wegen Förderung der Prostitution und Scheckbetrug im Gefängnis auf McNeil Island, südwestlich von Seattle, Washington, einsaß und dort eine ziemliche Fab-Four-Obsession entwickelt hatte. Er glaubte, er könne noch »viel größer als die Beatles« werden. Er hieß Charles Manson. Nach seiner Haftentlassung schwang er sich zum Anführer einer Hippiekommune auf, die er seine »Family« nannte, und schaffte es, in den inneren Kreis der Beach Boys vorzudringen. Er wohnte bei Dennis Wilson, schrieb Songs mit ihm, nahm Demos auf und traf sich mit dem Produzenten und Doris-Day-Sohn Terry Melcher. Diese Verbindung endete aber im Streit, und Manson flüchtete sich in Verschwörungstheorien.

Als er im Dezember 1968 erstmals das »White Album« hörte, erkannte er in den Beatles die vier Reiter der Apokalypse, in ihren Songtexten die Prophezeiung eines Rassenkriegs (»Helter Skelter«), in dem die Schwarzen und die reichen Schweine (»Piggies«) ausgelöscht werden mussten. Am 8. August 1969 verschafften sich vier Mitglieder der Manson Family Zugang zu Terry Melchers ehemaligem Anwesen am Cielo Drive in Los Angeles, das nun vom Regisseur Roman Polanski, der sich gerade für Dreharbeiten in Europa befand, und seiner hochschwangeren Frau, der Schauspielerin Sharon Tate, bewohnt wurde. Die Family ermordete Tate, drei ihrer Freunde und einen 18-jährigen Gast des Hausmeisters und schrieb mit dem Blut ihrer Opfer die Worte »Pig« und »Helter Skelter« an die Wände.

Manson hatte das »Weiße Album« der Beatles blutrot gefärbt.

Das Ende der Straße

(1969/70)

Auch das 50. Jubiläum der Alben »*Abbey Road*« und »*Let It Be*« wurde im *Rolling Stone* mit umfangreichen Titelstories gefeiert. Die Geschichten der beiden Alben sind allerdings so sehr ineinander verwoben, dass ich die beiden Texte zu einem einzigen zusammengestrichen habe, um allzu viele Dopplungen zu vermeiden. Zu »*Abbey Road*« erschien – wie zuvor zu »*Sgt. Pepper's Lonely Hearts Club Band*« und »*The Beatles*« – ein neuer Remix von Giles Martin, den Geburtstag von »*Let It Be*« ließ das Beatles-Lager ohne Veröffentlichung verstreichen, weil im Herbst 2020 Peter Jacksons Alternativ-Fassung des gleichnamigen Films unter dem Titel *Get Back* in die Kinos kommen sollte. Doch die Corona-Pandemie sorgte dafür, dass es dazu nicht kam und der Film auf einen späteren Zeitpunkt verschoben wurde.

Der Film ist weder eine Tragödie noch ein Melodram und nicht mal besonders anrührend, aber alle Zuschauer im kleinen Kinosaal an der Polk Street in San Francisco weinen. Sie sehen, wie die berühmteste Band der Welt im Januar 1969 für ein Konzert probt, das schließlich auf dem Dach eines Hauses im feinen Londoner Bezirk Mayfair, nahe der Regent Street, stattfindet und am Ende wohl durch eine Intervention der Polizei ohne Widerstand der Beteiligten friedlich beendet wird. Überhaupt nicht dramatisch also – wenn man nicht selbst dabei war. Aber zwei der insgesamt nur vier Besucher dieser Nachmittagsvorstellung an einem Frühjahrstag im Jahr 1970 *waren* dabei: Yoko Ono und John Lennon.

Den Tag über sind sie mit Jann Wenner, einem 24-jährigen Fan, der anderthalb Jahre zuvor den *Rolling Stone* auf die Beine gestellt hat, und seiner Frau Jane durchs Umland gekurvt, um das Haus zu besuchen, in dem Ono als kleines Mädchen in den 1930er-Jahren zwei Jahre lang gelebt hat, als ihr Vater, Eisuke, in San Francisco für die Yokohama Specie Bank arbeitete. Der Besuch ist wohl Teil ihrer Vergangenheitsbewältigung, unterzieht Ono sich doch gemeinsam mit Lennon in Kalifornien gerade einer Primärtherapie beim US-Psychologen Arthur Janov, der davon ausgeht, dass die nachhaltige Wirkung traumatischer Kindheitserfahrungen abgemildert werden kann, wenn man sie als Erwachsener noch einmal durchlebt. Nach dem Ausflug wollen sie sich die Beine vertreten und kommen dann an diesem Kino vorbei, in dem *Let It Be* gezeigt wird. Zum Erstaunen der Wenners hat Lennon den Film noch nicht gesehen.

Die Kartenverkäuferin erkennt den Beatle nicht. Nickelbrille, lange Haare und Vollbart tragen in San Francisco gerade viele. Als eine Stunde später der vollbärtige Paul McCartney auf der Leinwand das besagte Dach betritt und seinen Song »Get Back« anstimmt, ist es um Lennon (und dann auch um seine drei Begleiter) geschehen. Er hat das Lied immer gemocht und es ab und zu bei den Proben auch selbst gesungen. Er weiß, dass es der Versuch seines entfremdeten Freundes war, die Band zu retten.

Und tatsächlich hat es damals noch freundschaftliche Momente zwischen ihnen gegeben – ganz egal, ob sich die nun aus einer unmittelbaren geistigen Nähe oder aus der bloßen Erinnerung an eine frühere Freundschaft speiste. Und das Konzert auf dem Dach hatte wirklich Spaß gemacht. Aber alles, was danach kam, wirft nun einen dunklen Schatten auf diese Zeit. Bis heute gilt *Let It Be* als Dokument einer Trennung.

Es gibt zurzeit keinen offiziellen Weg, diesen Film anzuschauen. Der vom amerikanischen Regisseur Michael Lindsay-Hogg aus insgesamt 55 Stunden Bildmaterial extrahierte Film ist als deprimierendes vorletztes Kapitel der beispiellosen Beatles-Erfolgsgeschichte im Giftschrank verschwunden. Auch die 140 Stunden Musik und Gespräche, die der Toningenieur Glyn Johns für Film und Soundtrack aufgenommen hat, sind nicht offiziell zugänglich. Doch das soll sich ändern: Der *Herr der Ringe*-Regisseur Peter Jackson hat jüngst Zugang zu allen Bildern und Tönen bekommen und daraus im Auftrag der Beatles-Firma Apple einen Film zusammengestellt, der unter dem Titel *Get Back* im Verleih von Walt Disney anlaufen soll. Er wird ein wesentlich helleres und (familien-)freundlicheres Bild des, um es in George Harrisons Worten zu sagen, »winter of discontent« zeichnen.

Und das durchaus zu Recht. Denn wenn man die Bootlegs und Transkripte studiert, die in Fankreisen kursieren, stellt man fest, dass die Geschichten von Zank und Zersetzung, die sich um dieses Projekt ranken, nur einen Teil der Wahrheit erzählen. Ja, natürlich – es gab Streit, wie vermutlich in jeder Band. Aber zugleich erlebt man vier alte

Freunde, die miteinander rumalbern, über das Fernsehprogramm und die Nachrichtenlage diskutieren, sich an alte Zeiten erinnern und an neuen Songs arbeiten. Vor allem aber versuchen sie, ihre Band zu retten.

Treibende Kraft ist Paul McCartney, der vorgeschlagen hat, ein einmaliges Konzert an einem spektakulären Ort zu geben – im Gespräch sind unter anderem ein tunesisches Amphitheater, der Flughafen in Biafra, das House of Parliament, die Liverpool Cathedral, ein Kreuzfahrtschiff, ein Waisen- und ein Krankenhaus. Vielleicht kam ihm die Idee, als er vom *Rock And Roll Circus* hörte, dem dann nicht gesendeten Fernsehspecial der Rolling Stones, bei dessen Aufzeichnung im Dezember 1968 schließlich auch John Lennon und Yoko Ono mitwirkten. Vor allem aber weiß er: Wenn die Beatles weiterhin eine Rolle spielen wollen, wird es Zeit, dass sie sich aus ihrer Isolation zurückmelden. Denn seit dem Monterey Pop Festival im Juni 1967, wo es durch ein neues Soundsystem erstmals gelang, Rockmusik auch für ein großes Publikum wirklich erlebbar zu machen, findet die spannendste Musik nicht mehr im Studio, sondern auf den Bühnen statt. Der Weg zum großen Live-Comeback der Beatles – die Proben und das Ausarbeiten neuer Songs – soll ebenso wie das Konzert filmisch festgehalten werden.

Dass die Band an den grauen ersten Tagen des Jahres 1969 nicht in gewohnter Umgebung, sondern aus logistischen Gründen in einem dunklen, kalten Filmstudio in Twickenham probt – Ringo Starr dreht ab Ende Januar nebenan mit Peter Sellers die Komödie *The Magic Christian* – und zudem die Kameras und Scheinwerfer jede Intimität unmöglich machen, ist sicher der entscheidende Fehler dieses als teambildende Maßnahme gedachten Projekts, das den Arbeitstitel »Get Back« trägt.

Wenn es nach McCartney geht, sollen die Beatles wieder eine richtige Band werden. Das sind sie schon seit August 1966 nicht mehr, als sie beschlossen haben, keine Konzerte mehr zu spielen. Es ist kein Zufall, dass Starr, der kein Songwriter und Studiotüftler ist, das als erster verstanden hat und im August 1968 während der Aufnahmen zum Doppelalbum ausstieg, das später ausgerechnet »*The Beatles*« heißen würde. (Er kehrte aber nach ein paar Wochen zurück.) So gesehen ist McCartneys Projekt wie gemacht für Starr – und auch Lennon, dem der Sinn immer noch eher nach Rock'n'Roll steht als nach Avantgarde, kann mit der »Get Back«-Idee durchaus was anfangen, auch wenn er dafür kaum neue Songs anzubieten hat.

Er hat seine Energie in den vergangenen Wochen vor allem dafür aufgewendet, mit seiner Partnerin Yoko Ono um die Welt zu jetten und Interviews für den Frieden zu geben. Im Dezember haben die beiden eine halbe Stunde lang auf der Bühne der *Royal Albert Hall* in einem weißen Sack gesessen. »Alchemical Wedding« nannten sie die Performance und sprachen von der »totalen Kommunikation«. »Könnt ihr euch eigentlich sehen, wenn ihr im Sack sitzt?«, fragt McCartney bei den Proben in Twickenham seinen (ehemaligen) Songwriting-Partner. »Ja, natürlich«, antwortet Lennon ein wenig belustigt.

In den zweieinhalb Jahren seit ihrer letzten Tour sind die Beatles sich ein bisschen fremd geworden. »Seit Brian Epstein nicht mehr da ist, ist alles anders«, sagt Harrison eines Morgens in Twickenham. Er scheint die Autorität des im August 1967 plötzlich verstorbenen Beatles-Managers zu vermissen. »Wir sind sehr negativ drauf, seit Mister Epstein gestorben ist«, entgegnet McCartney. »Und das ist auch der Grund, warum jeder von uns mal von der Gruppe die Schnauze voll hatte. Es gibt nichts Positives. Das zieht einen ein bisschen runter. Aber die einzige Möglichkeit, das zu ändern, ist, dass wir vier uns fragen: Sollen wir daraus etwas Positives machen, oder sollen wir es einfach sein lassen? Das sind die beiden Alternativen, oder?«

Die Situation sei ähnlich wie die, wenn der Vater nicht mehr für einen sorge und man auf eigenen Füßen stehen müsse, so McCartney. »Wir brauchen die Disziplin. Wir sind uns alle einig: Für alles, was man macht, braucht man, wenn man es gut machen will, Disziplin. Das wissen wir alle. Aber wir hatten nie Disziplin. Mister Epstein hat für uns eine leichte Disziplin symbolisiert. Er hat gesagt: Zieht Anzüge an. Und das haben wir gemacht ... Auch wenn wir immer ein bisschen gegen diese Disziplin gekämpft haben. Aber jetzt ist es dumm, gegen die Disziplin zu kämpfen, weil wir sie uns heutzutage selbst auferlegen müssen. Und das versuchen wir meist zu vermeiden. Aber ich denke, wir brauchen etwas mehr davon, wenn wir damit weitermachen wollen.«

Harrison ist mit Herz und Gedanken woanders. Er hat das vergangene Jahr in Woodstock ausklingen lassen, mit The Band gejammt und mit Bob Dylan Songs geschrieben. Er war begeistert davon, wie freundschaftlich und respektvoll Robbie Robertson, Rick Danko, Richard Manuel, Garth Hudson und Levon Helm miteinander umgingen;

zwischen ihnen gab es (noch) keine Hierarchien. Sie musizierten gemeinsam und nicht gegeneinander, und alle waren gleichwertig. Das hat ihn beeindruckt. Zudem schienen sie ihn als eigenständigen Musiker zu respektieren und sagten ihm, wie sehr sie seine neuen Songs mochten.

Als er zu den Beatles zurückkehrt, will der Gitarrist nicht mehr länger der Juniorpartner sein, der höchstens zwei Lieder auf einem Album unterbringen darf. Doch vor allem Lennon scheint kein Interesse an seiner Emanzipation zu haben. Er hört ihm nicht mal zu und fängt jedes Mal an, irgendwas auf seiner Gitarre zu dudeln, wenn der zweieinhalb Jahre jüngere Harrison einen Vorschlag macht oder einen Song anstimmt. Ein neues Lied, das er im Stil von The Band geschrieben hat und den Titel »All Things Must Pass« trägt, proben sie zumindest ein paarmal. Harrison will es auf einer akustischen Gitarre spielen, aber McCartney, der als Quasiproduzent versucht, den Songs Struktur zu geben und das Konzept des Films im Auge zu behalten, erklärt, dass sie das Lied ja später live spielen wollen, da wäre so eine leise akustische Nummer nicht geeignet. Harrison will aber gar kein Konzert spielen. Er will den Song vernünftig in einem Studio aufnehmen – live spielen sei immer ein künstlerischer Kompromiss, sagt er.

Nach einem langen Tag, an dem sie sich mehrfach bei Lennons »Don't Let Me Down« verzettelt haben, schlägt McCartney vor, sich zur Entspannung einem anderen Song zu widmen: seinem Liebeslied »Two Of Us«. »Lass es uns erst mal ganz einfach durchspielen, damit wir's draufhaben«, sagt er. »Dann können wir anschließend ja an Details arbeiten.« Harrison ist anderer Meinung: Er will sofort Riffs ausprobieren, was bei ihm meist einige Zeit dauert, da er Dinge lieber langsam und Schritt für Schritt angeht, als zu improvisieren. Es kommt zu einer kurzen Auseinandersetzung zwischen den beiden, die eigentlich nicht der Rede wert ist, die aber für viele, die später den fertigen Film sehen, zum Sinnbild für das Ende der Beatles werden wird. »Mir ist es jetzt egal«, schmollt Harrison schließlich. »Ich spiel alles, was du willst. Oder ich spiel auch gar nicht, wenn du das willst.«

Man merkt, wie der Gitarrist, der von Anfang an gegen das Projekt schießt, sich von Tag zu Tag weiter zurückzieht und frustrierter wird. Nach einem wohl nicht dokumentierten Streit mit Lennon in der Mittagspause kündigt er am 10. Januar an, die Band zu verlassen. »Wann?«, fragt Lennon. »Jetzt«, sagt Harrison. »Wir sehen uns in den Clubs.«

Als er das Studio verlässt, kommt ihm George Martin entgegen, der bisher alle Beatles-Alben produziert hat, aber am »Get Back«-Projekt nicht beteiligt ist, weil die Band dieses Mal ohne seine Tricks und Schönfärberei arbeiten will. Martin hat gerade beim Einparken vorm Studio Harrisons brandneuen Mercedes 600 gerammt. Aber er hat keine Möglichkeit, dem Geschädigten davon zu berichten. Harrison stürmt davon. Am Abend schreibt er in sein Tagebuch: »Aufgestanden nach Twickenham gefahren bis zur Mittagspause geprobt – bei den Beatles ausgestiegen, heimgefahren, am Abend an *(der Brute Force-Single, Anm. des Verfassers)* King Of Fuh in den *Trident Studios* gearbeitet, später Pommes gegessen.«

Was genau passiert ist in der Mittagspause, lässt sich nur mutmaßen. Harrisons Unlust, auf die Bühne zurückzukehren, dürfte eine Rolle gespielt haben, McCartneys Bevormundungen, Lennons Gleichgültigkeit gegenüber seinen Songs ebenso wie die ständige Anwesenheit von Yoko Ono, mit der Harrison sich nicht arrangieren kann. McCartney ist da pragmatischer, wie er in einer Pause Michael Lindsay-Hogg erklärt. Es gebe nur zwei Möglichkeiten, sagt er: gegen Ono und damit auch gegen Lennon zu kämpfen, oder die Situation zu akzeptieren. »Und so schlimm ist es auch nicht, schon okay, lass die beiden Verliebten zusammen sein. Es bringt ja nichts zu sagen: Ich kann unter diesen Umständen nicht arbeiten, Junge. Das ist ja, als würden wir wegen mieser Arbeitsbedingungen in den Streik treten. Dann scheiß drauf. John weiß das. Wenn er wählen muss zwischen den Beatles und Yoko ... Ist klar, sie übertreiben es ein bisschen. Aber das tut John ja immer. Und wenn ich das irgendwie ausgleichen kann, kommen sie mir vielleicht auch ein bisschen entgegen.«

Kurz nach Harrisons Abgang spielt Lennon das Riff des The Who-Songs »A Quick One While He's Away«, ruft: »Okay, George, take it!«, und die Band stürzt sich in eine über zehnminütige wilde, oder wohl besser, wütende Improvisation. Ihre Verarbeitung des gerade Geschehenen. Ausgerechnet Yoko Ono nimmt den verwaisten Platz ein und fällt kreischend in das Feedbackgetöse ein. Schon während der Aufnahmen zum weißen Doppelalbum hatten die Beatles gemeinsam mit ihr furios über den Lennon-Song »Revolution« improvisiert – sie sind eigentlich keine Band für ellenlange Jams und Improvisationen, weil sie von den konzisen Songs des klassischen Rock'n'Roll und *Motown*-Souls kommen und nicht, wie beispielsweise die

Rolling Stones oder die Yardbirds, vom Blues. Aber wenn sie eine Solistin an ihrer Seite haben, die sich nicht für musikalische Formen interessiert, und ihr einfach ins Ungewisse folgen können, kommen ganz interessante Sachen dabei raus. Diese Verbindung scheint Potenzial zu haben. In diesem Moment hätte Yoko Ono der beziehungsweise die vierte (oder fünfte) Beatle werden können.

Doch es kommt anders: Lennon schlägt vor, Eric Clapton als Ersatz zu holen, schließlich kehrt aber Harrison nach fünf Tagen unter der Bedingung zurück, dass die Konzertidee fallen gelassen wird und sie aus den Filmstudios in eine freundlichere Umgebung umziehen. Sie wählen das Studio im Keller ihres Apple-Hauptquartiers in der Savile Row. »Magic« Alex Mardas, ein eigentümlicher Scharlatan und Lennon-Buddy, der die Apple-Elektronikabteilung leitet, hat es allerdings so stümperhaft eingerichtet, dass George Martin mit Equipment von der *EMI* aushelfen muss, damit sie überhaupt etwas aufnehmen können.

Die Atmosphäre an der Savile Row ist gleich besser, der Raum ist weiß und hell und warm (irgendwann zu warm), Lennon ist bester Laune, Harrison hat seinen Willen durchgesetzt und scheint zufrieden; McCartney, sonst immer der Erste im Studio, kommt am ersten Arbeitstag in neuer Umgebung aus taktischen Gründen als Letzter und hält sich mit Anweisungen zunächst diplomatisch zurück – was dem musikalischen Niveau nicht unbedingt guttut.

Das ändert sich, als Harrison am zweiten Tag Billy Preston zu den Sessions mitbringt. Den Keyboarder haben sie 1962 in Hamburg kennengelernt, als er als 16-jähriges

Wunderkind in der Band von Little Richard spielte. Durch seine Anwesenheit löst sich die Stimmung, alle zeigen sich von ihrer besten Seite, und nun haben sie auch musikalisch mehr Möglichkeiten – viele ihrer bisher noch etwas vagen neuen Songideen nehmen plötzlich Gestalt an.

Was sie an den acht Tagen im Apple-Keller aufnehmen, klingt nicht nach einer Band, die am Ende ist. Die Sessions sind inspiriert und spontan, fast so wie die seinerzeit zirkulierenden Aufnahmen von Bob Dylan und The Band aus den Stuben und Kellern im New Yorker Hinterland, die als »The Basement Tapes« Legende werden sollten. Und Harrison stimmt tatsächlich ein paar Dylan-Songs an: »I Shall Be Released«, »Positively 4th Street« und »Window Window«, an dem er mitgeschrieben hat, als er Dylan am letzten Thanksgiving besuchte.

Die Beatles spielen sich durch Rock'n'Roll-Klassiker, ihre Setlists aus dem *Cavern* und den Hamburger Bars, ihre alten Songs und die neuen Stücke. Starr zeigt Harrison und George Martin sein Lied »Octopus's Garden«, und sie helfen ihm bei der Fertigstellung. McCartneys Freundin Linda Eastman kommt mit ihrer Tochter Heather vorbei, die eine kindliche Version von Yoko Onos Schreiorgie von vor zwei Wochen liefert. Lennon gibt Starr eine Gitarrenstunde und zeigt ihm die Akkorde zu Guy Mitchells »Singing The Blues«.

Als die Beatles am 30. Januar 1969 mit Preston um die Mittagszeit auf das Dach an der Savile Row steigen, um Lindsay-Hogg doch noch einen Höhepunkt für seinen Film zu liefern, und nach kurzem Soundcheck »Get Back« anstimmen, sind sie eine ziemlich gut geölte

Rock'n'Roll-Band. Live spielen und sich selbst dabei hören können – das ist nach all den Konzerten vor kreischenden Teenagern in mies beschallten Stadien eine Wohltat. Auch wenn das Publikum anfangs eher spärlich ist. Ein paar Apple-Mitarbeiter und das Filmteam hören zu. Dann die Leute auf den Straßen und Anwohner, die auf die Dächer der Nachbarhäuser steigen, um die Band sehen zu können. Auch die Polizei hört zu und bittet nach etwa 40 Minuten darum, doch etwas leiser zu spielen. Stattdessen gehen die Beatles ab.

Sie sind euphorisiert, als sie das Dach verlassen. George Martin ist da – und fantasiert von einem Hubschrauber mit einem Lautsprecher unten dran, der den Sound der Beatles über Londons Dächer tragen soll. »Fantastic, yeah!«, platzt es aus Harrison heraus. Lindsay-Hogg fragt, ob sie noch mal rausgehen wollen. »Nee, den Rest nehmen wir drinnen auf«, sagt McCartney. »Du hast ja jetzt die Bilder vom Dach, die kannst du dann über die Lieder drübermontieren.« – »Und wir haben die Polizei auf Film«, sagt Harrison. »Wir können so tun, als hätten wir wegen denen das Dach verlassen müssen.« So entstehen Mythen.

Während es scheint, als fänden sie musikalisch wieder zusammen, sind sie geschäftlich schon getrennt unterwegs. Zwei Tage vor dem Konzert haben sich Lennon, Harrison und Starr mit dem amerikanischen Geschäftsmann Allen Klein getroffen, den Lennon bei den Aufzeichnungen zum *Rock And Roll Circus* kennengelernt hat. Sein Kandidat, um das immer mehr Geld verlierende Apple-Imperium vor der Insolvenz zu retten und mit Brian Epsteins Erben zu verhandeln, die sich anschicken, die Managementgesellschaft *NEMS Enterprise* zu verkaufen, die immer noch 25 Prozent der Beatles-Platteneinnahmen einstreicht. Der mächtige britische Filmproduzent Lew Grade kauft derweil Anteile am Musikverlag Northern Songs auf, dem die Rechte an sämtlichen Lennon- und McCartney-Songs gehören – nicht nur der bereits veröffentlichten, sondern aller, die sie bis 1973 schreiben werden.

McCartney hat als erster versucht, das sinkende Schiff zu retten und seinen künftigen Schwiegervater, den New Yorker Anwalt Lee Eastman, ins Spiel gebracht. Der hat viele Klienten aus dem Showgeschäft, kennt sich mit Copyright aus und ist zudem sehr ehrgeizig. Aber Lennon gefällt es nicht, wie sein ehemaliger Kreativpartner sich immer wieder zum Macher und Entscheider aufschwingt. Auch die familiären Verstrickungen sind ihm nicht geheuer, und jüdischen Anwälten aus der New Yorker Upperclass in perfekt sitzenden Anzügen, wie Eastman einer ist, misstraut er prinzipiell. Klein, dieser schmierige, grobschlächtige Typ aus New Jersey mit seinen pomadisierten Haaren, schlechten Zähnen, mies sitzenden Sakkos und bollerigen Hosen, ist ihm da lieber. Er ist, ebenso wie Lennon, Halbwaise und bei einer Tante aufgewachsen und erinnert ihn zudem an seinen seine ganze Kindheit über abwesenden Vater Freddie. Überdies scheint er sich aufrichtig für Yoko Onos Meinung zu interessieren und hat für das erste Treffen ein Dinner mit makrobiotischem Reis arrangiert. *A working class hero is something to be.* Überhaupt ist Lennon in seinem Selbstverständnis immer noch der Boss und kann entscheiden, wer sich um die Geschicke der Band kümmert – und Harrison und Starkey folgen ihm natürlich.

Während all das hinter den Kulissen passiert, nehmen die Beatles nach einer kurzen Pause, in der Harrison sich die Mandeln entfernen lässt, weiter neue Songs auf. Billy Preston schaut auch wieder vorbei. In den *Trident Studios* in Soho arbeiten sie an einer präsentablen Version von Lennons »Don't Let Me Down«, das sie beim Dachkonzert im zweiten Versuch endlich unfallfrei hingekriegt haben und das die B-Seite ihrer nächsten Single werden soll. Am folgenden Tag machen sie sich gegen Abend an einen weiteren Lennon-Song: den schweren Blues »I Want You (She's So Heavy)«. Doch im noblen Soho ist Rock'n'Roll zu später Stunde nicht erwünscht, und ein Nachbar beschwert sich über die Lautstärke – was die Band dazu anregt, eine letzte, besonders räudige, laute und orgiastische Version des Liedes zu spielen. Reine Katharsis. Sie sind wieder zu einer richtig guten Band geworden in den vergangenen Monaten.

In Soho widmen sie sich auch gleich drei Harrison-Kompositionen: mal wieder »All Things Must Pass«, dazu dem Boogie »Old Brown Shoe« und einem Song, den sie in den vergangenen drei Monaten schon mehrmals lustlos durchgespielt haben, der Harrison aber anscheinend so viel bedeutet, dass er ihn immer wieder anstimmt – ein Liebeslied für seine Frau Pattie, inspiriert von einem Song des jungen amerikanischen Songwriters und Apple-Künstlers James Taylor und seiner Leidenschaft für Ray Charles. Es trägt den Titel »Something«.

Während Michael Lindsay-Hogg bereits am Film arbeitet, Glyn Johns die Musik dafür zusammenstellt und Allen Klein einen Verleih sucht, macht die Band nach zwei ziemlich turbulenten Monaten erst mal eine Pause. Mitte April erscheint »Get Back« mit der B-Seite »Don't Let Me Down« als Single und wird ein Riesenerfolg. In den britischen Charts gehen die Beatles zum ersten Mal überhaupt von 0 auf 1 – das hat selbst diese Band in Zeiten, in denen die Kunde über eine neue Platte nur langsam über Radio, Tageszeitungen und Musikmagazine die Runde macht, noch nie geschafft. In den USA stehen sie zum 17. Mal an der Spitze der Hitliste und stellen damit Elvis Presleys Rekord ein. Alle warten auf das Album.

Wenn es nach Glyn Johns geht, ist es fertig. Sein »*Get Back*« ist ein energiegeladenes, tightes, helles und spritziges Werk, das mit dem Song »One After 909« beginnt, den John Lennon Ende der 1950er-Jahre geschrieben hat. Eine triumphale Rückkehr zu den Wurzeln – so wie Elvis Presleys gefeiertes Comeback-Fernsehspecial im Dezember 1968 oder Dylans Versenkung ins amerikanische Folk-Erbe ein Jahr zuvor. »*Get Back*« ist ein Comeback-Album, ohne dass die Beatles jemals weg waren. Aber die Band hat es noch nicht freigegeben, und der Film ist auch noch nicht fertig.

Während Harrison sich gerade ein mögliches neues Anwesen anschaut und Starr noch *The Magic Christian* dreht, arbeiten Lennon und McCartney im Studio an der Abbey Road Mitte April schon wieder an der nächsten Single. Innerhalb eines Tages nehmen sie »The Ballad Of John And Yoko« auf. Einen Song, der wie die Antwort auf eine McCartney-Komposition aus den »Get Back«-Sessions im Januar klingt: »Two Of Us« ist einerseits eine Ode an Linda, die er Mitte März heiratete, andererseits beschwört der Song in Zeilen wie »You and I have memories longer than the road that stretches on ahead« die Freundschaft zu Lennon.

Während McCartney romantisch von der Unschuld des Verliebtseins erzählt, vom Ausflug ins Blaue, vom Sich-Verlieren und Die-Welt-hinter-sich-Lassen – »Two of us riding nowhere/ Spending someone's hard-earned pay« –, spinnt Lennon um seine Partnerschaft in »The Ballad Of John And Yoko« eine Art Heiligenlegende. Er inszeniert Ono und sich als Getriebene, die wie Maria und Josef von Herberge zu Herberge eilen und überall abgewiesen werden. Er erzählt, wie sie schließlich am Rand Europas, auf Gibraltar, heiraten können (zwei Wochen nach der McCartney-Trauung in London) und während des anschließenden Honeymoon die internationale Presse in Hotelbetten empfangen, um für den Weltfrieden zu demonstrieren. Dieser Song ist seine Unabhängigkeitserklärung von den Beatles. Nun ist er Johnandyoko. Am Ende stilisiert er sich noch zum modernen Märtyrer: »The way things are going/ They're going to crucify me.«

Und die Zeilen »The man in the mac said/ You've got to go back« sind sicher auch irgendwie auf McCartney und sein »Get Back«-Projekt gemünzt. Der ignoriert diese Spitze jedoch und hilft durch einen markanten Bass, ein treibendes Schlagzeug, ein pointiertes Klavier und wundervolle Harmonien, aus einem zugleich pikierten und größenwahnsinnigen Tagebucheintrag einen grandiosen Popsong zu machen.

Es ist sein Versuch, mit dem entfremdeten Freund zu bonden. Und das funktioniert prächtig. Sie albern herum wie in alten Zeiten, als sie als Duo unter dem Namen The Nerk Twins im *Fox and Hounds Pub* in Caversham, Berkshire, gespielt haben, und alles scheint ihnen mit leichter Hand zu gelingen. »Spiel mal ein bisschen schneller, Ringo!«, bittet Lennon. Teilzeitschlagzeuger McCartney lacht. »Okay, George!« – »Es war eine großartige Session«, erinnert sich Geoff Emerick später, »eine dieser magischen Gelegenheiten, bei denen alles passte und nichts schiefging.«

Zwei Tage danach treffen Starr und Harrison an der Abbey Road ein, und die Beatles nehmen in Anwesenheit von George Martin im kleinen Studio 3, später in den *Olympic Studios* im Londoner Südwesten und den *Trident Studios* in Soho weitere Songs auf, von denen sie nicht wissen, was daraus werden wird. Ein neues Album haben sie nicht geplant. »Get Back« ist ja noch nicht mal erschienen. Am 13. Mai treffen sie sich am Manchester Square, um ein Foto für das Albumcover aufzunehmen. Sie wollen mit dem Fotografen Angus McBean im Treppenhaus des *EMI*-Gebäudes das Cover ihres Debüts »*Please Please Me*« nachstellen – unvorstellbar, dass zwischen den enthusiastischen, milchgesichtigen Mop Tops und den gequält lächelnden Langhaarigen gerade mal sechs Jahre liegen.

Glyn Johns' erster Versuch, aus den »Get Back«-Sessions ein Album zusammenzustellen, ist derweil bei Lennon und (natürlich auch) Harrison durchgefallen. Allen Klein ist das ganz recht, denn er will die Aufnahmen nicht veröffentlichen, bis er *United Artists* als Verleih für den zugehörigen Film gewonnen hat. Aber für seine Verhandlungen mit *Capitol Records* über einen besseren Vertrag braucht er bis zum Herbst trotzdem ein neues Beatles-Album. Also bittet er seine Klienten Lennon, Harrison und Starr, schnell noch mal ins Studio zu gehen und eines aufzunehmen. Die können ihm die Bitte schlecht abschlagen. Und McCartney, der sich mittlerweile als einziger von seinem Schwager John Eastman vertreten lässt, sieht eine neue Chance, die Band zu reanimieren. Am liebsten mit der Hilfe von George Martin.

Als McCartney sich bei Martin meldet, um ihn zu bitten, das nächste Beatles-Album zu produzieren, stimmt der 43-jährige Perfektionist nur unter einer Bedingung zu: dass er wirklich der Produzent sein darf und nicht nur der Empfänger der Befehle von sich ständig streitenden egozentrischen Mittzwanzigern wie bei ihrer letzten Zusammenarbeit für das »White Album«. McCartney erklärt es ihm: »Wir wollen wieder ein richtiges Album machen. So wie früher.« Er ist ein Meister der Verdrängung. Immer gewesen. Schon mit 14, als seine Mutter Mary starb, suchte er gleich nach Wegen, wie es ohne sie weitergehen könnte, statt sich seine Trauer und Verzweiflung anmerken zu lassen. Er flüchtete sich in die Musik und merkte vermutlich gar nicht, dass das erste Lied, das er schrieb, »I Lost My Little Girl«, eigentlich von Mary handelte und nicht von irgendeinem Mädchen.

Auch das nahende Ende der Beatles scheint er zu ignorieren, obwohl es bereits während der »Get Back«-Sessions in Liedern wie »Let It Be«, »The Long And Winding Road« und »Two Of Us« präsent war, und auch der Song, an dem er am ersten Aufnahmetag des neuen Beatles-Albums, dem 1. Juli 1969, mit George Martin arbeitet, erzählt davon: »One sweet dream/ Pick up the bags and get in the limousine/ Soon we'll be away from here/ Step on the gas and wipe that tear away.«

»You Never Give Me Your Money« heißt das Lied, in das er seine ganze Musikalität hineinlegt, denn es soll der Auftakt einer Songsuite werden, an der er mit Martin arbeitet. Es ist schon lange ein Traum des Produzenten, dass die Beatles etwas, wie er es nennt, »Sinfonisches« aufnehmen. Sein Lieblingsschüler will ihm den Wunsch erfüllen. Er ist an diesem Tag der einzige Beatle im Studio. Harrison und Starr schwänzen, und John Lennon kurvt mit seinem Austin Maxi noch durch die schottischen Highlands. Er besucht mit seinem Sohn Julian, Yoko Ono und deren Tochter Kyoko Verwandte in Edinburgh. Es regnet, die Sicht ist schlecht, und ein entgegenkommender Wagen eines deutschen Touristen versetzt den stark kurzsichtigen und zudem ziemlich miesen Autofahrer in Panik – er steuert den Austin in einen Graben. Sein Sohn kommt mit einem Schock davon. Ono, ihre Tochter und Lennon selbst werden im Lawson Memorial Hospital in Golspie, eine Autostunde nördlich von Inverness, behandelt und bleiben dort fünf Tage.

Die Band – am zweiten Aufnahmetag kommen auch Harrison und Starr ins Studio – muss also zunächst ohne Lennon auskommen. Trotz einiger technischer Probleme mit einem neuen Mischpult, das den Klang softer und weniger druckvoll zu machen scheint als auf früheren Beatles-Aufnahmen, kommen sie ganz gut zurecht und scheinen sich wesentlich besser zu verstehen als zuletzt. McCartney rutscht manchmal gar übermütig das lange Geländer vom Kontrollraum ins Studio hinunter. Harrison hat an Selbstvertrauen gewonnen und genießt es, bei den Aufnahmen zu »Here Comes The Sun«, das er im Garten seines Freundes Eric Clapton geschrieben hat, die kreative Kontrolle zu übernehmen und einem ungewohnt offenen McCartney Anweisungen zu geben, was er zu spielen hat und was nicht. Außerdem bringt er mit seinem bereits auf seinem gerade erschienenen Album »*Electronic Sounds*« erprobten Moog-Synthesizer, wie einst auf »*Rubber Soul*« mit der Sitar, eine neue Klangfarbe in den Beatles-Kosmos.

Auch das Herzstück der geplanten Beatles-Sinfonie, McCartneys »Golden Slumbers/Carry That Weight« (Arbeitstitel: »The Long One«), haben die drei schon so gut wie fertig, als Lennon am 9. Juli wieder im Studio eintrifft. »Mir geht's gut«, versichert er. »Aber ich fürchte, Mutter fühlt sich noch nicht besonders.« Und während er das sagt, schleppen vier in die braunen Kittel des Luxuskaufhauses Harrods gekleidete Männer ein riesiges Bett ins Studio 2, in dem »Mutter«, so nennt Lennon seine zweite Ehefrau, sich ausruhen kann. Er lässt über dem Bett ein Mikrofon befestigen, damit Ono mit ihnen kommunizieren kann. Von dort gibt sie Anweisungen: »Beatles sollten ...«, »Beatles müssen ...« – »Es heißt *The* Beatles, meine Liebe«, korrigiert ein gereizter McCartney, und Harrison gerät außer sich, als er Ono vom Kontrollraum aus beobachtet, wie sie einen seiner McVitie's-Kekse stiehlt.

Die Stimmung kippt, Lennon weigert sich, auf McCartneys »Maxwell's Silver Hammer« mitzuspielen, das sie schon seit mehreren Monaten immer wieder proben müssen, und auch Starrs »Octopus's Garden« scheint unter seiner Würde. Der Schwung vom Beginn ist weg. Vermutlich hätten sie die Arbeiten längst abgebrochen, wenn Lennon von Anfang an dabei gewesen wäre. Er ist extrem launisch, man geht ihm besser aus dem Weg. McCartney kommt immer vor den anderen ins Studio, um sich wieder und wieder am perfekten Take seiner R&B-Hommage »Oh! Darling« zu versuchen, die Lennon ihm neidet. »Du solltest mich das singen lassen«, sagt er, »ich kann das besser singen als du.« Und wenn Linda ihren Mann im Studio besucht, um ein paar Fotos zu machen, und die beiden vom Kontrollraum aus sehen, dass Lennon und Ono sich über die linke Treppe nähern, nehmen sie flugs die rechte zurück in den Aufnahmeraum.

Auch mit George Martin legt Lennon sich an. Er hat keine Lust auf die große Beatles-Sinfonie. »Wir haben doch mit ›*Sgt. Pepper*‹ schon ein Konzeptalbum gemacht! Reicht das nicht?«, mault er. Man einigt sich auf einen Kompromiss: ein großes Medley auf Seite 2, und auf Seite 1 darf jeder Beatle für sich bleiben – Lennons Songs stehen am Anfang und am Ende, McCartneys Beiträge in der Mitte, die Stücke von Harrison und Starr trennen Lennon von McCartney.

Anderthalb Monate später – es sollte das letzte Mal sein, dass alle Beatles im Studio zusammenfinden – wird Lennon einen genialischen passiv-aggressiven Kommentar zu dieser Vereinbarung abgeben: Er weist Tontechniker Emerick an, die letzten 20 Sekunden vom Band mit dem fertigen Mix von »I Want You (She's So Heavy)« einfach abzuschneiden. So endet Seite 1 des Albums abrupt – die perfekte Antithese zu den kunstvollen Übergängen der sinfonischen zweiten Seite.

Dabei kommt ihm die Songsuite eigentlich ganz gelegen, denn abgesehen von »I Want You (She's So Heavy)« hat er nicht besonders viele fertige Lieder anzubieten. Ein paar Überbleibsel vom sehr produktiven Indien-Aufenthalt Anfang 1968, ein albernes, ihm im Traum erschienenes Nichts mit dem Titel »Sun King« und zwei Stücke, die er mehr oder weniger abgeschrieben hat wie ein Schüler, der vergessen hat, seine Hausaufgaben zu machen: Eines heißt »Come Together« und ist eine ziemlich orginalgetreue Kopie von Chuck Berrys »You Can't Catch Me«, das andere eine sehr hübsche Umkehrung von Ludwig van Beethovens »*Mondscheinsonate*« mit dem Titel »Because«.

Seine Stimmung wird besser, als die Beatles sich diesen beiden Stücken widmen. Er lässt sich von McCartney und Martin durch die vertrackten Harmonien von »Because« führen und geht auf McCartneys Vorschläge ein, wie sich »Come Together« durch Entschleunigung und einen prominenten Bass verbessern und zugleich von Berrys Original abrücken lässt. Ja, er beteiligt sich schließlich sogar am Schlussakkord des sinfonischen Medleys. Der trägt den Arbeitstitel »Ending« und beginnt mit einem Schlagzeugsolo von Starr, zu dem sie ihn lange überreden mussten. Danach hat McCartney ein paar Takte freigelassen, für die er sich – wie zwei Jahre zuvor bei »A Day In The Life« – noch etwas einfallen lassen will.

»Am naheliegendsten wäre ein Gitarrensolo«, schlägt Harrison vor, als sie sich beratend im Kontrollraum gegenüberstehen. »Aber dieses Mal solltet ihr es mich spielen lassen«, erklärt Lennon, nur halb im Scherz, aber alle anderen lachen. »Warum spielen wir das Solo nicht alle zusammen?«, schlägt er dann vor, und ein vom neuen Teamgeist begeisterter McCartney, der sich wohl erst in diesem Moment von der Idee eines großen Orchesters verabschiedet, setzt noch einen drauf: »Warum spielen wir es nicht gleich jetzt und hier zu dritt live?«

»Warte hier, meine Liebe, bin gleich wieder da«, wendet Lennon sich daraufhin an die neben ihm sitzende Ono und springt ausgelassen wie ein kleiner Junge die Treppen zum Aufnahmeraum hinunter. Seine beiden Freunde folgen ihm. Ein letztes Mal spielen sie zusammen. Und sie wissen, dass es das letzte Mal ist. »Danach grinsten alle breit«, erinnert sich Geoff Emerick später.

Sie wollen das Album »Everest« nennen – keine Anspielung auf die Größe ihrer Egos, sondern auf die Zigarettenmarke, die Emerick raucht. McCartney hat die Koffer für eine Foto-Session in Tibet wohl schon gepackt, aber Starr denkt an seine letzte unglückliche Asienreise zum Maharishi Mahesh Yogi, die seinem Verdauungstrakt nicht gut bekommen ist, und stimmt dagegen. Ausgerechnet der dem Mittleren und Fernen Osten doch eigentlich zugeneigte Harrison unterstützt ihn. »Wenn wir es nicht ›Everest‹ nennen und fürs Cover in Tibet posieren, was denn dann?«, bockt McCartney, und Starr witzelt: »Scheiß drauf, lass uns einfach vor die Tür gehen und es ›*Abbey Road*‹ nennen!« Genau so machen sie es.

McCartney kritzelt einen Cover-Entwurf, und am Tag nach den Aufnahmen zu »The End« hält ein Polizist gegen zehn Uhr morgens den Verkehr an der Kreuzung von

Abbey Road und Grove End Road an. Der Fotograf Iain Macmillan postiert sich auf einer Trittleiter mitten auf der Straße. Er hat zehn Minuten Zeit. Die Beatles überqueren in beide Richtungen mehrmals den Zebrastreifen. Auf dem Bild, das sie schließlich auswählen, sieht man sie, wie sie sich vom Studio entfernen – Lennon vorneweg im weißen, gefolgt von Starr im schwarzen und einem barfüßigen McCartney im grauen Anzug. Dahinter Harrison, ganz in Jeans. Der Priester, der Trauernde, der Tote und der Totengräber, wie Verschwörungstheoretiker bald deuten werden. Doch die vier sind nicht auf dem Weg zu einer Beerdigung, sondern zu einer Scheidung. Auch wenn ihnen das wohl selbst noch nicht so klar ist.

Anfang September diskutieren sie noch über ein neues Album, wie aus einem vom britischen Beatles-Historiker Mark Lewisohn fast auf den Tag genau fünfzig Jahre später der Öffentlichkeit präsentierten Tonband hervorgeht. Ringo Starr ist trotz abgewendeter Asienreise an diesem Tag wegen Darmbeschwerden im Krankenhaus, daher schneiden sie ihr Meeting im Apple-Büro an der Savile Row für ihn mit.

Lennon will mit dem, wie er es nennt, »Lennon-McCartney-Mythos« aufräumen, denn Lieder schreiben sie tatsächlich schon lange nicht mehr gemeinsam. Jeder Songwriter soll vier Stücke auf dem nächsten Album unterbringen dürfen – auch Harrison. Starr darf zwei Lieder singen – »wenn er will«. »Ich dachte bis zu diesem Album immer, Georges Songs wären nicht gut genug«, wirft McCartney mit offensichtlich durch den Gebrauch von Rauchwaren verlangsamter Stimme ein, und spielt damit

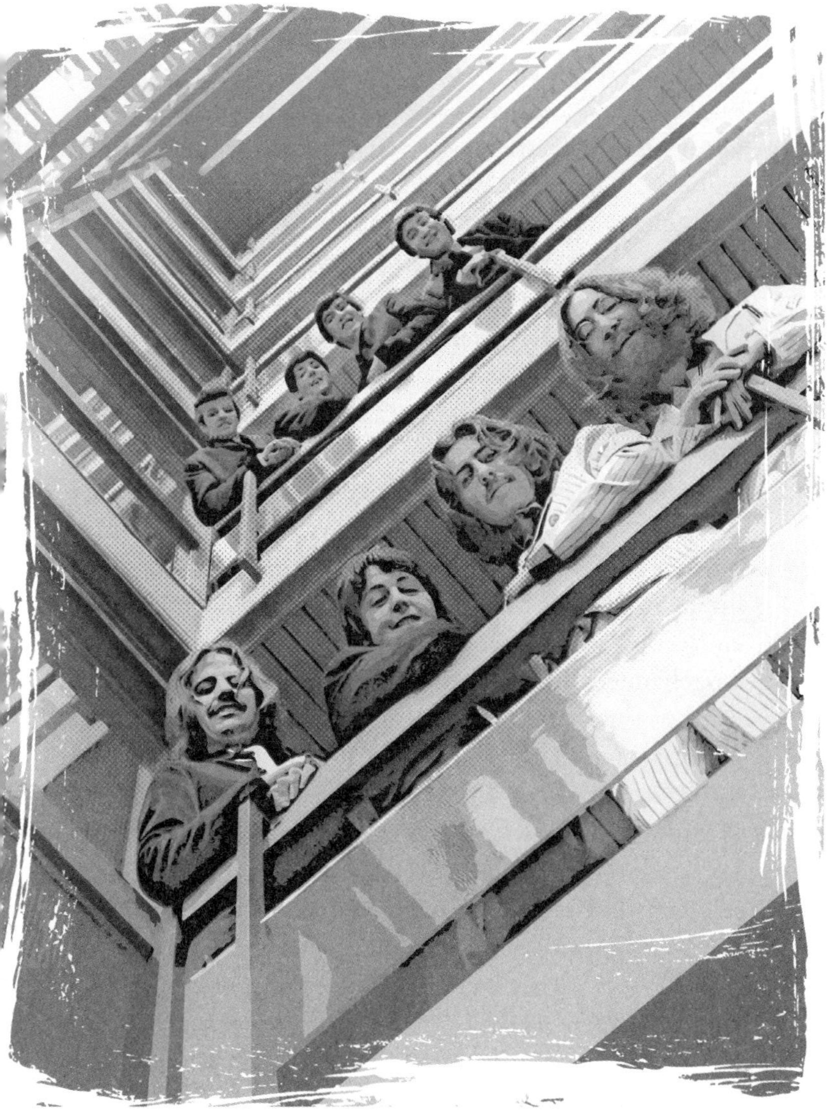

natürlich auf Lennons in den vergangenen Monaten im Studio immer wieder zur Schau gestellte Geringschätzung des Junior-Beatle an.

»Das ist Geschmackssache«, erwidert Harrison. »Bisher haben die Leute meine Songs immer gemocht.« Das sei bei McCartneys »Maxwell's Silver Hammer« dagegen nicht der Fall gewesen, returniert Lennon und schlägt vor, »solche Songs« (damit meint er wohl von McCartneys Music-Hall-Leidenschaft inspirierte Stücke) doch künftig einfach anderen Künstlern wie der Sängerin Mary Hopkin zu überlassen. »Ich habe den Song aufgenommen, weil ich ihn mochte«, entgegnet McCartney. Besonders harmonisch klingt das alles nicht, aber der Wille weiterzumachen, ist da.

Als sie sich Mitte des Monats wiedertreffen, erfahren sie, dass Lew Grade mittlerweile 54 Prozent der Anteile an ihrem Songverlag besitzt. Aber Allen Klein hat einen neuen Vertrag zu besseren Konditionen mit *Capitol Records* ausgehandelt. Lennon ist gerade aus Toronto zurückgekehrt, wo er beim Rock & Roll Revival Festival mit einer unterprobten Band aus Yoko Ono, Eric Clapton, dem Schlagzeuger Alan White und seinem alten Freund aus Hamburg-Tagen, Klaus Voormann, am Bass ein desaströses Konzert gegeben hat. Dass sie fast alle auf Heroin waren (er brauchte das, um seine Aufregung zu bekämpfen), hat beim ungeübten Zusammenspiel sicher nicht geholfen. Als McCartney beim Apple-Meeting anregt, ein paar Gigs zu spielen, weil die Beatles doch immer noch so eine »great little band« seien, platzt es aus ihm heraus: »Du bist bekloppt! Ich wollte es dir nicht sagen, bis wir den

Capitol-Vertrag unterschrieben haben, aber ich verlasse die Band.«

Auf einem kurz darauf entstandenen Foto hält Klein triumphierend den Vertrag in die Kamera, zu seiner Rechten grienen Lennon und Ono, McCartney zu seiner Linken sieht aus, als sei er gerade nach einem schweren Unfall einem Autowrack entstiegen, Starr überlegt noch, was passiert ist, und Harrison hat die schlechten Schwingungen wohl schon vorher gespürt und ist an diesem Tag lieber zu seiner Mutter nach Cheshire gefahren. Auf Kleins Drängen hält Lennon seinen Ausstieg geheim.

Die Beatles sind bereits Geschichte, und die Lennon-McCartney-Songs gehören einem anderen, als »*Abbey Road*« am 26. September 1969 erscheint. Die Reaktionen auf das Album sind eher gemischt. »Die Kritik hat sich gegen die Beatles gewendet«, schreibt Robert Christgau von der *Village Voice* nach einem Treffen mit dem *Rolling Stone*-Kritiker Greil Marcus im kalifornischen Berkeley, »alle machen ›*Abbey Road*‹ nieder.«

Erstmals seit »*Rubber Soul*« klingt ein neues Beatles-Werk nicht wie eine Pop-Revolution. Die Qualitäten dieses Werks liegen woanders. Nach anderthalb Jahren intensiven Zusammenspiels bei den Aufnahmen zu »*The Beatles*« und den »Get Back«-Sessions ist die Band ziemlich gut eingespielt, und jeder scheint den Songs des jeweils anderen großenteils mit wesentlich mehr Empathie und Zärtlichkeit zu begegnen als dem Menschen dahinter. Harrison hat als Songwriter und Gitarrist einen großen Sprung gemacht, als er sich von seinem Ausflug in die indische Musik wieder verstärkt der Rockmusik zuwendet. Ringo Starr klang nie besser, denn er hat zum ersten Mal seine Trommeln mit neuem Fell beziehen lassen. McCartney spielt einige der besten Basslinien seiner Karriere und setzt sein ganzes Talent ein, um das womöglich letzte Beatles-Lebenszeichen zum Triumph zu machen. George Martin hat erstmals acht Spuren zur Verfügung, und sein Augenmerk liegt einzig und allein auf dem Stereo-Mix, während bei allen Alben zuvor die Monofassung entscheidend war. Daher wird »*Abbey Road*« später selbst für die »*Dark Side Of The Moon*«-getuneten Ohren von Classic-Rock-Hörern ziemlich gut klingen. (Vielleicht kein Zufall, dass der spätere Pink-Floyd-Produzent Alan Parsons bei »*Abbey Road*« als Assistent von Geoff Emerick und dem zweiten Tontechniker, Phil McDonald, arbeitete.) Ja, vermutlich ist »*Abbey Road*« das erste Werk des Classic Rock; ganz sicher aber ist es das Album, auf das sich alle Menschen einigen können, die eigentlich keine Beatles-Alben mögen.

»*Abbey Road*« wird bis Ende des Jahres vier Millionen Exemplare verkaufen und somit erfolgreicher als jedes Beatles-Album davor. Ein Klassiker (fast noch) zu Lebzeiten. Im Oktober 1969 erscheint »Cold Turkey«, die erste Single der Plastic Ono Band, zu der zu diesem Zeitpunkt neben Clapton und Voormann auch Ringo Starr gehört. Auf der Plattenhülle wird McCartney erstmals nicht als Co-Autor eines Lennon-Songs genannt.

Anfang November nimmt McCartney im *Life Magazine* zu den am »*Abbey Road*«-Cover entflammten Gerüchten Stellung, er sei tot. »The Case Of The ›Missing‹ Beatle: Paul is still with us« steht auf dem Titel, und man sieht den wiedergefundenen Beatle mit seiner Frau Linda, der siebenjährigen Stieftochter Heather, die einen Hirtenstab in den Händen hält, und der zwei Monate alten Tochter Mary auf einer Wiese stehen. Die Reporterin Dorothy Bacon und der Fotograf Terence Spencer haben ihn an einem Sonntagmorgen Ende Oktober auf seiner Farm nahe der schottischen Ortschaft Campbeltown aufgespürt, auf die er sich mit seiner Familie zurückgezogen hat, um nicht an weiteren Treffen mit dem ungeliebten Allen Klein teilnehmen zu müssen.

Ein verschlafener, unrasierter und ungekämmter McCartney wirft einen Eimer nach den beiden Eindringlingen, steht dann aber doch Rede und Antwort: »Ich bin glücklich, mit meiner Familie zusammen zu sein, und ich werde wieder arbeiten, wenn ich eben wieder arbeite«, erklärt er kryptisch. »Ich war zehn Jahre lang eingeschaltet und habe nie abgeschaltet. Jetzt schalte ich ab, wann immer ich kann. Ich wäre heutzutage lieber etwas weniger berühmt.« Er wolle weiter Musik machen, »aber das Beatle-Ding ist vorbei. Es ist explodiert, teilweise durch das, was wir getan haben, und teilweise durch andere Menschen. Wir sind Individuen – alle verschieden. John hat Yoko geheiratet, ich habe Linda geheiratet. Wir haben nicht dasselbe Mädchen geheiratet.«

Anfang Januar 1970 stehen zumindest drei der Beatles (die Ono-Lennons urlauben um die Jahreswende in Dänemark, wo sie Kyoko besuchen, die bei Onos Ex-Mann Tony Cox lebt) dann doch wieder gemeinsam im Studio an der Abbey Road, um mit George Martin für den Soundtrack des *Get Back*-Films den Harrison-Song »I Me Mine« aufzunehmen und an McCartneys »Let It Be« zu arbeiten, das die nächste Single werden soll. Den Song hat McCartney bereits im Herbst 1968 während der Arbeiten am »White Album« geschrieben, als er die angespannte Situation im Studio nur noch mit Alkohol ertragen konnte. Da erschien ihm seine 1956 verstorbene Mutter, Mary, im Traum und sagte: »Lass es sein, wie es ist. Es wird schon.«

Doch auch wenn er selbst das Ende der Beatles als erster bereits öffentlich ausgesprochen hat, kann er im Januar 1970 noch immer nicht loslassen. Zumal Klein endlich einen Verleih für *Get Back* gefunden hat und der Film im Frühjahr in die Kinos kommen soll. Ende März steht aber erst mal Ringo Starrs »*Sentimental Journey*« in den Läden, eine Platte, auf der der nur ungern singende Schlagzeuger die liebsten Tin-Pan-Alley-Songs seiner Mutter Elsie und seines Stiefvaters Harry interpretiert. Es ist das erste Mainstream-Soloalbum eines Beatle; seine Kollegen haben bis dahin nur Soundtrack-Arbeiten und Avantgarde-Collagen veröffentlicht. Ob die Band damit dann jetzt passé sei, will der BBC Radio 2-Moderator Pete Murray am 31. März in der Wünsch-dir-was-Sendung »*Open House*« wissen. Er sei sich sicher, dass sie wieder zusammenkommen würden, wenn jeder seine Soloprojekte beendet habe, sagt Ringo.

Was er nicht sagt: Nach der Sendung hat er noch einen Termin in St John's Wood, ganz in der Nähe der Abbey Road. Er klingelt am Haus Nummer 7 an der Cavendish Avenue. In seinem Jackett steckt ein Brief von John Lennon und George Harrison. Auf dem Umschlag steht nur: »From Us To You«, und Starr hat sich bereit erklärt, ihn zuzustellen. Die Tür öffnet sich, und McCartney schaut ihn missmutig an.

Er ist auf seine Bandkollegen nicht gut zu sprechen. Nicht nur wegen Allen Klein. Auch wegen des »Get Back«-Projekts. Er ist der Einzige, der immer noch hinter dieser Idee steht und die ungeschönten Aufnahmen aus Twickenham und der Savile Row als Album veröffentlichen will. Glyn Johns hat mittlerweile eine neue LP daraus zusammengestellt, weil einer der Songs der ersten Fassung nicht im Film zu sehen ist: »Teddy Boy«. Der soll nun auf McCartneys erstem Soloalbum erscheinen, das der tatsächlich, wenn man von ein paar Harmonien seiner Frau Linda absieht, ganz allein aufgenommen hat – teilweise unter dem Pseudonym Billy Martin in den Studios an der Abbey Road, in den *Morgan Studios* in Willesden, nordwestlich von London, aber großenteils mit einem herdgroßen Vierspurgerät, das er sich nach Hause hatte kommen lassen, an der Cavendish Avenue. Es ist ein rohes, spontanes, auf für einen Beatle und zudem für den Perfektionisten McCartney verstörende Weise unfertiges Album, auf dem er, wie es scheint, die Entfremdung von seinen Bandkollegen musikalisch verarbeitet.

Lennon hat derweil an der Abbey Road die zweite Single der Plastic Ono Band aufgenommen: »Instant Karma«, produziert von Phil Spector, den Allen Klein vermittelt hat. Lennon mag dessen Spiel mit Echo und Hall, diese sogenannte »Wall of Sound«, die der geborene New Yorker schon um Songs der Ronettes, der Crystals und der Righteous Brothers gezogen hat. Nach dem Ende der gemeinsamen Sessions überzeugte Lennon den irren Hitmacher, sich der »Get Back«-Bänder der Beatles anzunehmen. Harrison, der ebenfalls auf »Instant Karma« zu hören ist,

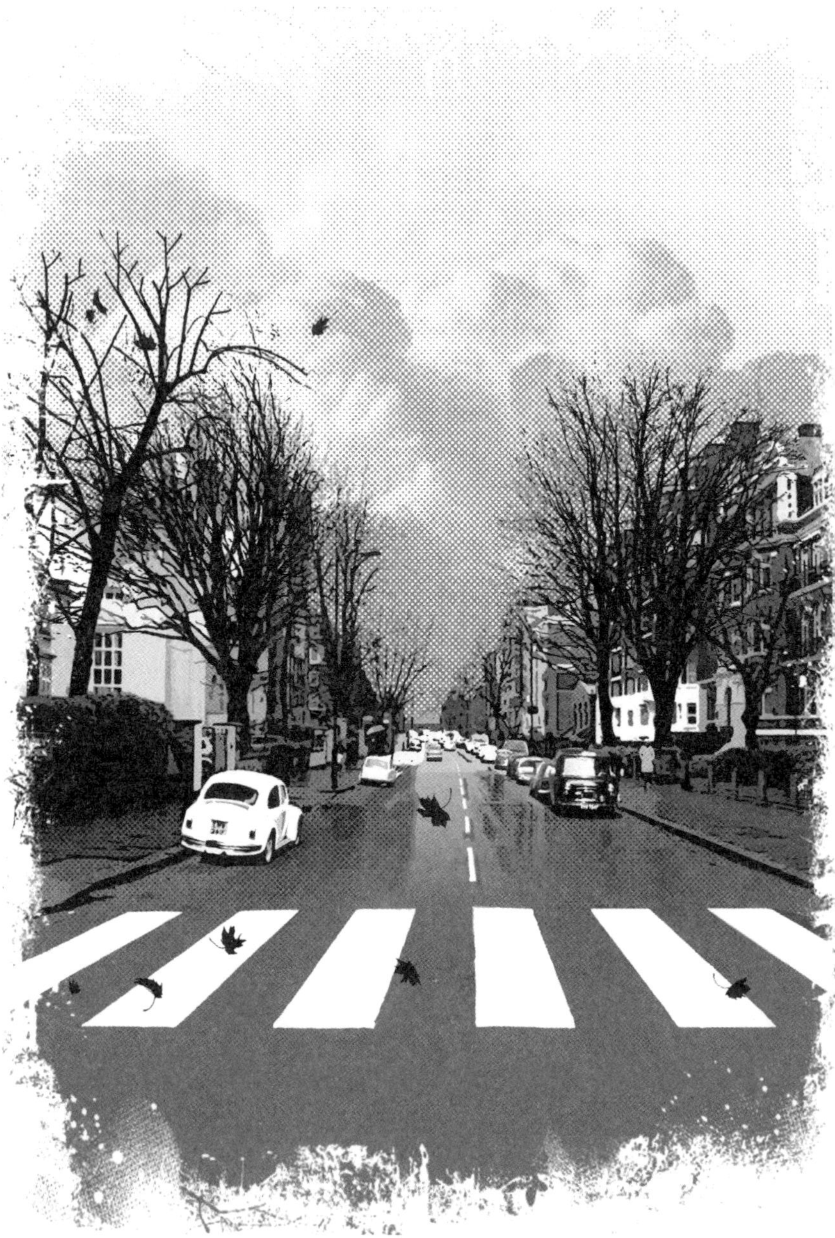

hatte er auf seiner Seite. McCartney fragte er erst gar nicht. Der hörte über Umwege davon und beschwerte sich bei George Martin – der ebenfalls aus allen Wolken fiel.

McCartney hat also an diesem Tag Ende März durchaus Gründe, einen Groll zu hegen. In dem Brief, den Ringo Starr ihm überreicht, erklären Harrison und Lennon, sie hätten ihr Label *EMI* gebeten, die Veröffentlichung seines Solodebüts von Mitte April auf Anfang Juni zu legen, damit es nicht dem neuen Beatles-Album in die Quere käme. »Tut uns leid, dass es so gelaufen ist – ist nichts Persönliches. Love, John & George. Hare Krishna. A mantra a day keeps MAYA! away.«

Maya, für Hindus die Schöpferin des materiellen Universums und damit der Illusion, ist in diesem Moment allerdings McCartneys kleinstes Problem. Er ist in seinem längst zum Albtraum gewordenen Beatles-Traum zum Zuschauer degradiert worden. Er fühlt sich bevormundet und ohnmächtig. Doch die Hände sind ihm noch nicht gebunden – die befinden sich bereits an der Gurgel des gutmütigen Überbringers der Nachricht. »Ich mach euch alle fertig!« und »Dafür werdet ihr bezahlen!«, wütet er, drängt Starr aus dem Haus und knallt die Tür zu.

Aber der Hinausgeworfene bleibt Diplomat und überzeugt seine Kollegen, McCartneys Album wie geplant im April erscheinen zu lassen.

Am nächsten Tag ist Starr an der Abbey Road neben 18 Geigern, vier Bratschisten, vier Cellisten, einem Harfenisten, drei Trompetern, drei Posaunisten, zwei Gitarristen und 14 Sängerinnen der einzige Beatle bei den einzigen Beatles-Sessions unter der Leitung von Phil Spector.

»Across The Universe«, »The Long And Winding Road« und »I Me Mine« sollen eine Wall of Sound bekommen.

Spector sei der seltsamste Mensch, mit dem er je gearbeitet habe, erklärte der anwesende Tontechniker Brian Gibson später Mark Lewisohn: »Normalerweise haben Produzenten eine ziemlich genaue Vorstellung davon, wie ein Song klingen wird, wenn er fertig abgemischt ist. Während der Aufnahmen lassen sie ihn meist vollkommen unbehandelt, vielleicht setzen sie ein bisschen Echo aus den Monitorboxen ein, aber sicher nicht die Effekte, die später draufgelegt werden sollen. Auf ›*Let It Be*‹ hat Spector das genaue Gegenteil getan. Er wollte alles hören, während es aufgenommen wurde, genau so, wie es klingen würde, wenn es fertig wäre: mit all dem Bandecho, Nachhall, Kammerecho, allen Effekten.«

Das ist wohl in dem altertümlichen Studio 1 an der Abbey Road technisch nicht ganz so einfach hinzukriegen. Spector wird immer ungehaltener, und Starr muss schließlich – wieder mal – vermittelnd einschreiten. Die Sessions ziehen sich bis weit nach Mitternacht und kosten die *EMI* ein Vermögen. Apple-Tontechniker Malcolm Davies schickt McCartney schließlich eine Azetatpressung von »The Long And Winding Road«. Es seien einige Veränderungen notwendig gewesen, hat Allen Klein auf einer beiliegenden Karte vermerkt.

Er habe seinen Ohren nicht getraut, als er die kitschigen Chöre und Streicher gehört habe, erklärt McCartney wenige Wochen später dem Journalisten Ray Connolly vom *Evening Standard*. »Ich gebe Spector keine Schuld«, sagt er, »aber es zeigt, dass es nichts bringt, hier zu sitzen und zu denken, ich hätte alles unter Kontrolle, wenn das offensichtlich nicht stimmt. Jedenfalls habe ich Klein einen Brief geschrieben und ihn gebeten, einige Sachen zu ändern, aber ich habe noch keine Antwort von ihm bekommen.« Er hätte den Brief vielleicht nicht mit den Worten »Dear Fuck Klein« beginnen sollen. (Allen Kleins Antwort kommt erst zur Veröffentlichung des Albums, das nun nicht mehr »Get Back«, sondern wie die letzte Hitsingle »*Let It Be*« heißt. Für Änderungen sei es leider schon zu spät gewesen, schreibt er, und, ach ja, »The Long And Winding Road« werde nun die nächste Singleauskopplung.)

Noch unter dem Eindruck seines vermurksten Songs stellt McCartney mit Apple-Pressechef Derek Taylor ein Interview zusammen, quasi eine frühe Form der FAQs, in dem er zur Veröffentlichung seines Soloalbums alle brennenden Fragen der Medien und der Fans beantwortet.

Planen Sie ein neues Album oder eine neue Single mit den Beatles?

Nein.

Ist dieses Album eine Pause von den Beatles oder der Beginn einer Solokarriere?

Die Zeit wird es zeigen. Da es ein Soloalbum ist, bedeutet das ›den Beginn einer Solokarriere‹ ... Und nicht mit den Beatles fertig zu sein bedeutet nur eine Pause. Also ist es beides.

Ist Ihr Bruch mit den Beatles vorübergehend oder dauerhaft? Sind persönliche oder musikalische Differenzen der Grund dafür?

Persönliche Differenzen, geschäftliche Differenzen, musikalische Differenzen, aber vor allem, weil ich eine bessere Zeit mit meiner Familie habe. Temporär oder dauerhaft? Ich weiß es nicht wirklich.

Sehen Sie eine Zukunft, in der Lennon-McCartney wieder eine aktive Songwriting-Partnerschaft wird?

Nein.

Die ersten Rezensionsexemplare des Albums, das den Titel »*McCartney*« trägt, gehen am 9. April inklusive Interview an die Presse. Tags darauf titelt der *Daily Mirror*: »Paul Quits the Beatles«.

Im *Evening Standard* versucht McCartney anderthalb Wochen später zurückzurudern, nachdem die Presse in ihm den Schuldigen am Aus der Band ausgemacht hat und ihn mit schlechten Kritiken seines Soloalbums straft. »Ich muss zugeben, ich möchte nicht derjenige sein, der rausgeht und sagt: Die Beatles sind am Ende. Es stimmt, sie waren eine Institution, und ich möchte sie nicht zerstören, aber nun bin ich der Leidtragende. Ich nehme wirklich an, dass wir nicht mehr gemeinsam auftreten und auch nicht mehr gemeinsam aufnehmen werden. Vielleicht liege ich auch falsch, aber ich muss zugeben, dass mir das, was ich jetzt mache, Spaß macht.«

Let It Be macht dagegen überhaupt keinen Spaß. Weder der Film, der dem Projekt nicht gerecht wird und mangels Dramaturgie wie ein eilig zusammengekehrter Scherbenhaufen wirkt, noch der Soundtrack, der keiner ist, weil die Stücke nachträglich verschlimmbessert wurden, um das, was sich wirklich zugetragen hat, zu verhüllen. »*Let It Be*«

ist der einzige Fehler in der Diskografie der Beatles und der Stolperstein in ihrer Geschichte. Es wird Zeit, dass diese verdrängte Episode den Platz bekommt, der ihr zusteht: als mutiger Versuch eines Neustarts, als Wiederauferstehung der Live-Band The Beatles, als letztes Dokument einer Freundschaft, die schon bessere Zeiten gesehen hat, und als Blueprint für die Retroschlaufen, die seitdem jede Band in ihre Geschichte einbaut. Niemand soll weinen müssen, wenn er ins Kino geht.

Off The Beatle Track

Die besten Soloalben

Bei einem ihrer letzten Treffen als Band im September 1969 schlug John Lennon seinen Beatles-Kollegen vor, für das nächste Album die Lennon/McCartney-Songwriting-Partnerschaft aufzulösen. Stattdessen sollte jeder Songwriter – auch Harrison – gleichviele Lieder beisteuern können, und Ringo durfte auch mal, wenn er wollte. An diesen paritätischen Vorschlag habe ich mich bei meiner Auswahl der zehn besten Beatles-Soloalben für den *Rolling Stone* gehalten, was mir als Paul-Jünger und George-Fan nicht leichtfiel. Eine solche Auswahl muss natürlich sowohl dem Autor als auch dem Leser wehtun, das ist Teil des Spiels. Aber um die 50 Jahre, die seit der Trennung der Band vergangen sind, einigermaßen zu repräsentieren, sind zehn Alben einfach zu wenig. Daher habe ich mich entschlossen, die Auswahl für dieses Buch um fünf Alben zu erweitern. Hinzugekommen sind Starrs »*Beaucoups Of Blues*«, »*Some Time In New York City*« von Lennon und Ono, Harrisons »*Cloud 9*« (übrigens die erste LP, die ich mir in meinem Leben gekauft habe), McCartneys Lennon-Hommage »*Tug Of War*« und sein exzentrisch freigeistiges Spätwerk »*McCartney III*«. Der Schmerz, Alben wie McCartneys Solodebüt und die ersten beiden Wings-Platten, Lennons Hommage an die Musik seiner Jugend, »*Rock'n'Roll*«, und Harrisons postumes »*Brainwashed*« ignorieren zu müssen, schien mir immer noch groß genug, um diese Entscheidung zu rechtfertigen.

RINGO STARR »Beaucoups Of Blues« (1970)

Um die Post-Beatles-Karriere von Ringo Starr machten sich seine ehemaligen Bandkollegen die größten Sorgen, denn er war weder ein Songwriter noch ein besonders guter Sänger. Und sein erstes Soloalbum, »*Sentimental Journey*«, schien ihre Bedenken zu bestätigen, knödelte er sich da doch durch die Lieblingslieder seiner Mutter – amerikanische Standards von Cole Porter, Hoagy Charmichael und Johnny Mercer, die jenseits seiner stimmlichen Möglichkeiten lagen und zudem Anfang der 1970er-Jahre den Gipfel ihrer Uncoolness erreicht hatten. Auf seinem zweiten Solowerk macht er dagegen alles richtig: Schon seit seiner Jugend ein großer Country-Fan, covert er hier einige seiner liebsten Songs aus dem Genre. Und so klingt »*Beaucoups Of Blues*« wie das britische Gegenstück zu Bob Dylans im selben Jahr erschienenen, leichtgewichtigen Country-Exerzitien »*Nashville Skyline*«. Es ist bis heute Starrs beste Platte, weil er sich hier nicht wie auf allen folgenden Alben von Freunden Songs auf den Leib schreiben ließ, die ihn immer auf das Image des drolligen Nicht-Sängers reduzierten, sondern sich wirklich Mühe gab, diesen Liedern gerecht zu werden, und viel Herz in seine Interpretationen legte.

GEORGE HARRISON »All Things Must Pass« (1970)

Was für ein Triumph! Harrison macht aus den Liedern, die Lennon, McCartney und George Martin nicht wollten – »Isn't It A Pity« stammt noch aus »*Revolver*«-Zeiten –, ein von Phil Spector pompös überproduziertes Doppelalbum, hängt noch eine zusätzliche Platte mit einer superb besetzten Jam-Session hintendran und verkauft davon weitaus mehr als seine Ex-Kollegen mit ihren ersten Soloalben. Tatsächlich hat er, wie auf dem Cover angedeutet, seine ehemaligen Mitstreiter, rein kommerziell gesehen, zu Gartenzwergen degradiert. Und den Gitarrensound, den man bis heute mit ihm verbindet, bringt Harrison eigentlich erst hier, nach dem Ende der Beatles, zur Perfektion. »My Sweet Lord« ist die erste Single eines Ex-Beatle, die es in England und den USA an die Charts-Spitze schafft (und die Harrison eine Copyright-Klage einbringt – die mit einem 1,6 Mio.-Dollar-Vergleich endet –, weil sein Welthit qua Urteil zu sehr wie der Chiffons-Hit »He's So Fine« klingt). In Zeiten, da die Jugend auf allerlei spirituellen Pfaden unterwegs ist, hat Harrison einen Nerv getroffen.

JOHN LENNON »John Lennon/Plastic Ono Band« (1970)

Auf seinem ersten Soloalbum verarbeitet Lennon die Erfahrungen, die er machte, als er sich Arthur Janovs Primärtherapie unterzog und sich seinen Kindheitstraumata stellte. Der Unfalltod seiner Mutter, seine Herkunft, der Preis des Ruhms, der Heroin-Entzug und der Hass, der seiner Frau Yoko Ono entgegenschlug, stehen im Mittelpunkt dieser Lieder. Begleitet wird er von Ringo Starr am Schlagzeug und Klaus Voormann am Bass. Doch es ist seine Gitarre, die den Sound dieser Platte bestimmt und klingt, als würde er auf seinen Nervenenden spielen. Am Ende sind alle My-

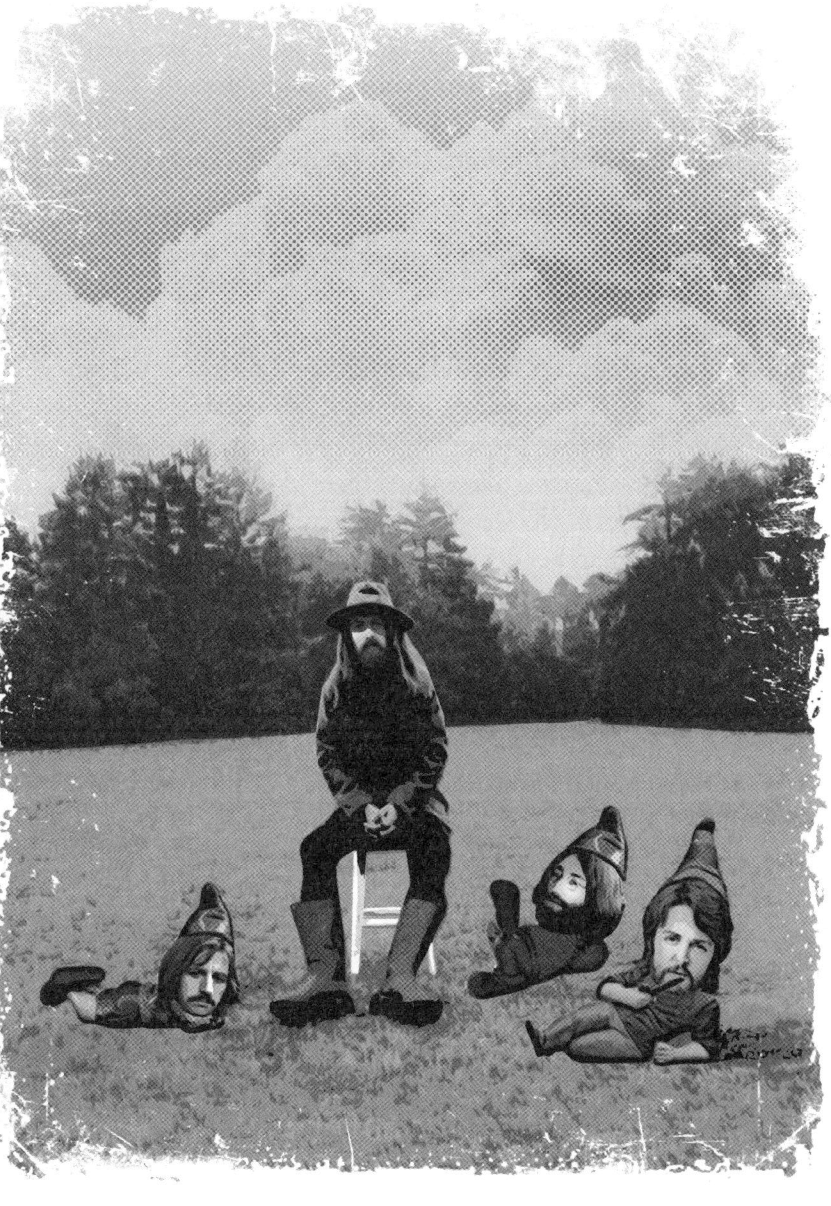

then geplatzt und alle Geheimnisse gelüftet, und Lennon steht – wenn man von dem Hall absieht, den Produzent Phil Spector um seine Stimme legt – nackt da.

PAUL & LINDA McCARTNEY »Ram« (1971)

Sein Debüt, »*McCartney*« von 1970, stellte die Post-Beatles-Depression aus, »*Ram*« ist ein Jahr später sein geradezu manischer Neuanfang. »Piss off« singt er zu Beginn (bzw. »piss-off cake« wie »piece of cake«), so als wolle er sagen: »Geht ruhig alle weg, ich kann das auch allein«, um dann die ganze Palette seines Könnens, vom hingeworfenen Akustikstückchen bis zur Pop-Sinfonie, vom räudigen Rocker bis zur zarten Ballade, zu zeigen. Und mit Linda singt er Harmonien, wie sie nur Verliebte singen können. 1971 fiel das Album bei der Kritik und den Ex-Kollegen durch. In den vergangenen zwei Jahrzehnten wurde es von neuen Generationen wiederentdeckt. Wenn die Genrebezeichnung Power-Pop jemals eine Berechtigung hatte, dann als Beschreibung dieses Albums.

JOHN LENNON »Imagine« (1971)

Nach dem nackten »*John Lennon/Plastic Ono Band*« greift Lennon zum Zuckerguss und singt gleich mehrere große, nicht ganz pathosfreie Klavierballaden, wie sie bei den Beatles gegen Ende McCartney lieferte. Das Titelstück entstand nach einer Idee von Yoko Ono (die dafür seit 2017 in der Autorenzeile geführt wird), »Jealous Guy« ist eine textlich überlegene Neufassung des Beatles-Outtakes »Child Of Nature«, »Oh My Love« und »How« bedecken die Nacktheit, die Lennon auf »*Plastic*

Ono Band« ausgestellt hat, mit Watte. Den Sprachwitz und die Schärfe, die ihn ausmachen, liefert er nicht nur im McCartney-Diss-Track »How Do You Sleep?«, sondern auch im besten Song des Albums, dem ebenfalls schon Beatles-erprobten »Gimme Some Truth«.

JOHN LENNON & YOKO ONO/PLASTIC ONO BAND »Some Time In New York City« (1972)

John Lennon, der vielen als der Politische und der Avantgardist unter den Beatles gilt, hat in seinem Leben genau ein politisches Album mit Ausflügen in die Avantgarde gemacht – und das ist weder bei Fans noch bei Kritikern besonders beliebt. Dabei ist »*Some Time In New York City*« sehr viel besser als sein Ruf: Die im Studio aufgenommene erste LP dieses Doppelalbums ist roh und spontan, hat Witz und Herz, mit »Woman Is The Nigger Of The World« und »New York City« (eine Art Fortsetzung von »The Ballad Of John And Yoko«) zwei der unmittelbarsten Lennon-Solosongs und dazu ein paar tolle Stücke von Yoko Ono, wie etwa die feministische Hymne »Sisters, O Sisters« und das grandiose »We're All Water«. Lennons achtminütige Live-Version von »Cold Turkey« vom Dezember 1969 mit George Harrison an der Gitarre auf der zweiten LP ist epochal, und auch der irre Jam mit Frank Zappa und seinen Mothers Of Invention aus dem *Fillmore East* auf der vierten LP-Seite hat seinen Charme. »*Some Time In New York City*« ist das letzte Album, auf dem man die impulsive und rebellische Seite von John Lennon hören kann.

RINGO STARR »Ringo« (1973)

Alle drei Beatles helfen Ringo Starr nach den Coveralben »*A Sentimental Journey*« und »*Beaucoups Of Blues*« bei seinem ersten Soloalbum mit neuen Songs. George Harrison schreibt mit ihm den Top-Ten-Single-Hit »Photograph« und gemeinsam mit dem ehemaligen Beatles-Assistenten Mal Evans entsteht »You And Me (Babe)«, die McCartneys verschenken das hübsche »Six O'Clock«, und Lennon schreibt ihm »I'm The Greatest« auf den Leib (auch wenn er damit vielleicht sich selbst meinte). Die zweite Single, Starrs Version von Johnny Burnettes »You're Sixteen«, wird ebenfalls ein Hit und »*Ringo*« sein erfolgreichstes Soloalbum.

GEORGE HARRISON »Living In The Material World« (1973)

Zweieinhalb Jahre vergehen, bis Harrison einen Nachfolger seines Triple-Albums »*All Things Must Pass*« veröffentlicht. Nicht weil ihm die Songideen ausgegangen waren, sondern weil er mit dem »Concert For Bangla-Desh« beschäftigt war. Auf »*Living In The Material World*« führt Harrison seine spirituelle Suche fort, ohne die weltlichen Probleme der Post-Beatles-Streitereien auszublenden. Zugleich versucht er aber, seiner alten Identität in Songs wie »Be Here Now«, »The Light That Has Lighted The World« und »Who Can See It« zu entkommen. Wenn »*All Things Must Pass*« eine Art Greatest-Hits der von den Beatles verschmähten Songs war, ist »*Living In The Material World*« ein geschlossenes Album. Harrison hat es geradezu intim selbst produziert, nachdem Spectors Verhalten zunehmend erratisch wurde.

PAUL McCARTNEY & WINGS »BAND ON THE RUN« (1973)

Die Post-Beatles-Depression scheint endgültig überwunden, McCartney ist aus der Einsiedelei zurückgekehrt, hat wieder Ohren für das, was in der Popwelt vor sich geht (Glam- und Prog-Rock etwa), und baut sich aus den angesagten Klängen einen Sound zusammen, der für seine neue Band charakteristisch werden sollte und wenig mit den Beatles gemein hat. Dabei scheinen die Wings vor den Aufnahmen zu ihrem dritten Album bereits am Ende, verließen Schlagzeuger Denny Seiwell und Gitarrist Henry McCullough doch am Vorabend des Abflugs nach Lagos, wo große Teile von »*Band On The Run*« entstehen sollen, die Band. Unter widrigsten Umständen nehmen die McCartneys mit Denny Laine als Trio einen Klassiker aus epischen Rocksongs und betörenden Melodien auf. Während die ehemaligen Kollegen ihr Pulver verschossen zu haben scheinen, startet McCartney durch, und die Wings werden eine der größten Rockbands der 1970er-Jahre.

GEORGE HARRISON »GEORGE HARRISON« (1979)

Die eher schwachen Alben »*Dark Horse*« und »*Extra Texture*«, eine durch zu viel Kokain zerschossene Stimme und eine desaströse US-Tour, bei der er sich auch noch mit John Lennon überwarf, führten dazu, dass George Harrisons Solokarriere Mitte der 1970er-Jahre die Luft ausging. Das wieder ganz gute »*Thirty Three & ⅓*« von 1976 schaffte es weder in den USA noch in England in die Top

Ten, Harrison widmete sich lieber der Filmproduktion und dem Autorennen. Nach drei Jahren Pause erscheint dann ebenfalls relativ unbemerkt sein wohl schönstes Pop-Album, das nicht nur im nächtlichen »Here Comes The Sun«-Sequel »Here Comes The Moon« und dem »White Album«-Outtake »Not Guilty« durchaus beatleske Anklänge hören lässt und durch Russ Titelmans slicke Yacht-Rock-Produktion und Steve Winwoods Keyboards zugleich zeitgemäß klingt. Das Eröffnungsstück »Love Comes To Everyone« (mit Clapton-Solo) und der kleine Single-Hit »Blow Away« gehören zu Harrisons schönsten Liedern.

JOHN LENNON & YOKO ONO »Double Fantasy« (1980)

Das Comeback nach fünf Jahren Pause soll eigentlich aus zwei Alben bestehen, auf denen Yoko Ono und John Lennon einander mit Songs abwechseln. Fertig wird nur das erste, auf dem Lennon zum Ärger der damaligen Kritik nicht mehr wie das zerrissene Genie oder der schnoddrige Rebell klingt, sondern wie ein bei sich angekommener Ehemann und Vater. Songs über das Glück wie »Watching The Wheels«, »Beautiful Boy« und das beatleske »Woman«, die nach seinem Tod eine tragische Dimension bekommen, sind frühe Beispiele für das, was man später »Adult Contemporary Pop« nennen wird, und auf ihre Art so ehrlich und schonungslos wie die Lieder auf »*John Lennon/Plastic Ono Band*«. Ono gibt derweil in »Kiss Kiss Kiss« und »Give Me Something« die New-Wave-Eiskönigin.

PAUL McCARTNEY »TUG OF WAR« (1982)

Ursprünglich als nächstes Wings-Album geplant, legte McCartney seine Band nach dem Tod von John Lennon auf Eis und machte – produziert von George Martin – ein geradezu klassisches Werk, das klingt wie der McCartney-Teil eines späten Beatles-Albums. Doch auch Lennon ist auf der ersten Seite von »*Tug Of War*« in fast jedem Song präsent. »We were trying to outdo each other in a tug of war«, singt McCartney etwa im eröffnenden Titelsong, einem sinfonischen Meisterstück, das spielerisch an seine besten Arbeiten mit den Beatles heranreicht. In »Here Today« wendet er sich direkt an Lennon und antizipiert, dass der von dieser Rührseligkeit vermutlich nichts hätte wissen wollen – zu sehr haben sie sich voneinander entfernt, zu viele Welten liegen zwischen ihnen. »But as for me/ I still remember how it was before«, singt McCartney zu akustischer Gitarre und von George Martin arrangierten Streichern. »And I am holding back the tears no more.« Und dann erinnert er an einen Abend in Key West im September 1964[3], an dem sich die beiden Freunde betrunken und überfordert von Beatlemania und Tourstress heulend in den Armen lagen: »What about the night we cried/ Because there wasn't any reason left to keep it all inside?/ Never understood a word/ But you were always there with a smile.«

Die zweite Seite von »*Tug Of War*« hat mit der großen Klavierballade »Wanderlust« und dem in seiner Ideenvielfalt an den »*Ram*«-Track »Uncle Albert/Admiral

3 Es ist der Abend, dem ich das letzte abgeschlossene Kapitel meiner »Ballade von John und Paul« gewidmet habe.

Halsey« erinnerden »The Pound Is Sinking« zwei weitere Klassiker – und am Ende steht natürlich der Hit »Ebony And Ivory«. Zyniker haben sich oft lustig gemacht über dieses naive Lied, in dem McCartney mit Stevie Wonder im Duett die Harmonie zwischen Schwarz und Weiß beschwört. Aber sein erstes Album nach dem Mord am einst besten Freund und Lebensmenschen mit einer solch positiven, in eine der eingängigsten Melodien der 1980er-Jahre gehüllten Botschaft zu beenden, scheint durchaus angemessen. Und tatsächlich ist auch in diesem Song eine Erinnerung an Lennon aufgehoben, schließlich gingen die Bilder, die Wonder zeigten, wie er seinen Fans bei seinem Konzert im *Oakland Coliseum* am 8. Dezember 1980 vom Tod Lennons erzählte, um die Welt.

GEORGE HARRISON »Cloud Nine« (1987)

Es klingt ein wenig zynisch, aber es war John Lennons gewaltsamer Tod, der George Harrisons Solokarriere Anfang der 1980er-Jahre rettete. Die Plattenfirma hatte sein aktuelles Album bereits abgelehnt, doch erweitert um die Hommage an den verstorbenen Freund, »All Those Years Ago«, auf der Paul McCartney und Ringo Starr mitwirkten, durfte *»Somewhere In England«* dann doch erscheinen und schaffte es in die oberen Regionen der Charts. Der etwas gelangweilt klingende Nachfolger *»Gone Troppo«* blieb ein Jahr später nahezu unbemerkt. Doch dann landete George Harrison mit seiner Interpretation des alten Rudy-Clark-Songs »Got My Mind Set On You« 1987 wieder einen Hit. Das relativ obskure Stück kannte er von einer Platte des R&B-Sängers James Ray, die er 1963 beim

Besuch seiner in Benton, Illinois lebenden Schwester Louise gekauft hatte. So frisch wie auf diesem Cover hatte Harrison lange nicht mehr geklungen, und auf dem zugehörigen Album, »*Cloud Nine*«, offenbart er lang verschüttet geglaubte Pop-Qualitäten. Die hat sein Co-Songwriter und Produzent Jeff Lynne, der sich seit den 1970er-Jahren mit seiner Band Electric Light Orchestra als genialischer Beatles-Epigone auf diesen Job vorbereitet hatte, in ihm geweckt. Gemeinsam mit Harrison schrieb er unter anderem die äußerst komische und anspielungsreiche Fab-Four-Hommage »When We Was Fab«, die ebenfalls ein kleiner Single-Hit wurde, und half, »*Cloud Nine*« zu Harrisons erfolgreichstem Album seit »*All Things Must Pass*« zu machen. Die Plattenfirma *Warner* bat Harrison und Lynne schließlich sogar, für die B-Seite einer dritten Singleauskopplung (»This Is Love«) einen neuen Song aufzunehmen. Das taten sie in Bob Dylans Studio in Santa Monica, und neben dem Hausherrn waren durch eine Verkettung von Zufällen auch noch Tom Petty und Roy Orbison anwesend. Diese Session war die Geburtsstunde der Supergroup Traveling Wilburies, der Song, den sie aufnahmen, »Handle With Care«, wurde ihr erster Hit.

PAUL McCARTNEY »Chaos And Creation In The Backyard« (2005)

John Lennons Tod stürzte McCartney in eine große kreative Krise. Er löste die Wings auf, nahm mit »*Tug Of War*« noch ein geradezu klassisches Album auf und suchte in Kooperationen mit Stevie Wonder, Michael Jackson, 10ccs Eric Stewart und Elvis Costello nach einem neuen

Songwriting-Partner und Lennon-Ersatz. Doch es braucht schließlich einen Produzenten, der ihm die Stirn bietet. Den findet er in dem durch seine Arbeiten mit Radiohead und Beck zu Ansehen gekommenen Briten Nigel Godrich. Der zwingt McCartney, seine Songs auszuformulieren, seine rockistische Tourband zu Hause zu lassen und – wie auf seinen Soloalben »*McCartney*« (1970) und »*McCartney II*« (1980) – so gut wie alle Instrumente selbst zu spielen. »*Chaos And Creation In The Backyard*« ist ein Album, auf dem McCartney die Maske des ewigen Jungen abnimmt, sich verletzlich und introspektiv gibt und meisterliche Songs wie »Jenny Wren«, »Friends To Go« und »Too Much Rain« mit viel Liebe zum Detail arrangiert. Godrich und McCartney gehen nicht im Guten auseinander, aber das Ergebnis gibt dem Produzenten recht.

PAUL McCARTNEY »McCARTNEY III« (2020)

Es hat einen großen Zauber, Paul McCartney zuzuhören, wenn er sich unbeobachtet fühlt und nicht – Entertainer, der er nun mal ist – versucht, den Erwartungen eines Produzenten oder seines Publikums gerecht zu werden. So wie auf seinem ersten Soloalbum, »*McCartney*«, das seinen Anfang nahm, als er sich im Winter 1969/70 ein Vierspurgerät nach Hause liefern ließ, um sich von seiner Post-Beatles-Depression abzulenken, ohne dabei die Absicht zu haben, aus dieser Hausmusik ein Album zu machen. Die Kritik dankte ihm die Veröffentlichung trotz großer Songs wie »Junk«, »Every Night« und »Maybe I'm Amazed« seinerzeit nicht, doch heute wird »*McCartney*« als mutiges und lässiges Home-Recording-Experiment geradezu kultisch verehrt. Als McCartney zehn Jahre später auf seiner Farm nur mal einen analogen Synthesizer ausprobieren und dem Rockband-Alltag mit den Wings entfliehen wollte, entstand wiederum ein Album wider Willen: die Elektro-Pop-Pioniertat »*McCartney II*«, die sogar John Lennon beeindruckte und nach fünf Jahren Pause wieder ins Studio trieb. Noch mal 30 Jahre später, während des ersten Pandemie-bedingten Lockdowns, ging McCartney in sein privates Studio, um ein kleines Instrumentalstück für den Abspann eines auf seinem alten unveröffentlichten Song »When Winter Comes« basierenden Animationsfilms von Geoff Dunbar aufzunehmen; und blieb dann etwas länger, um sich die durch Konzert- und Festivalabsagen frei gewordene Zeit zu vertreiben. So arbeitete er an ein paar liegengebliebenen Songideen und machte – wie er beteuert – unabsichtlich den dritten Teil der »McCartney«-Reihe. Es ist der freie und ungebremste Spieltrieb, der den Reiz dieses Albums ausmacht und sich in den vielschichtigen Arrangements jedes Stücks zeigt, besonders aber, wenn die *one man band* McCartney mit Formen experimentiert; wie beispielsweise im achtminütigen Versuch in zeitgenössischem R&B, »Deep Deep Feeling«, der sich von einem minimalistischen Fundament in psychedelische Höhen schraubt. Klingt ein bisschen wie der amerikanische Pop-Avantgardist Beck, könnte man meinen – wenn man nicht wüsste, dass es eigentlich genau anders herum ist: Es ist Beck, der manchmal wie McCartney klingt. Neben Experiment und Spielerei sind auf »*McCartney III*« zudem noch einige der größten McCartney-Songs des 21. Jahrhunderts: der Leadbelly-inspirierte

Blues »Women And Wives« etwa und das versponnene Popstück »Find My Way«, in dem er sich direkt auf die Corona-Krise bezieht: »You never used to be afraid of days like this/ And now you're overwhelmed by your anxieties/ Let me help you out/ Let me be your guy/ I can help you reach the love you feel inside.« Selbst wenn Paul McCartney sich unbeobachtet fühlt und ganz bei sich ist, denkt er an uns.

Bonus-Track

Gib mir ein kleines bisschen Wahrheit

(1940–1980)

Als frisch gebackener Vater legte ich wegen des Songs »Beautiful Boy« mal wieder das Lennon/Ono-Album »*Double Fantasy*« auf und stellte fest, dass ich plötzlich einen ganz anderen Zugang zu diesen Liedern hatte. Vor allem aber begann ich mich für die Jahre zu interessieren, in denen John Lennon keine Platten gemacht hatte und sozusagen – so die Legende – in Elternzeit war, mit seinem Sohn Sean spielte, Windeln wechselte und ab und zu ein Brot buk. Auch ich habe nämlich in meiner Elternzeit mein erstes Brot gebacken und festgestellt, wie befriedigend es ist, wenn man als normalerweise schreibender und sonst zu nichts zu gebrauchender Mensch plötzlich sein im Ofen aufgegangenes Werk in den Händen hält. Es ist fast eine kleine Geburt (so was kann man nur als Mann sagen, ich weiß). Ich war jedenfalls bereit für eine große Lennon-Geschichte. Als sich sein Todestag zum 40. Mal jährte, durfte ich sie schreiben.

Als ich eines Morgens Anfang Oktober das Küchenradio einschaltete, hörte ich ein paar sehr vertraute Akkorde in C-Dur – so vertraut, dass ich das Instrument vor Augen hatte, auf dem man den Sänger in einem Film dieses Lied spielen sieht: einen weißen Stutzflügel der Marke Steinway. Und natürlich wusste ich, dass gleich seine Stimme einsetzen würde: »Imagine there's no countries, it isn't hard to do.«

Was war da los? Ein Lied mit so einer weihevollen Botschaft, das dazu noch fast ein halbes Jahrhundert alt ist, läuft ja nicht einfach so im Radio. Man spielt auch nicht mal eben Johann Sebastian Bachs »*Weihnachtsoratorium*«, wenn es einem gerade passt. Da braucht es schon einen Anlass. In dem Fall: Weihnachten. Ich schaute auf den Kalender und sah: Es war der neunte. Der Tag, an dem John Lennon geboren wurde. Vor 80 Jahren während eines deutschen Bombenangriffs auf Liverpool. Im Maternity Hospital an der Oxford Street, das heute ein Studentenwohnheim ist. Gelebt hat er von diesen achtzig Jahren nur vierzig. Nun ist er also genauso lange weg, wie er hier war, dachte ich. Und alles, was den Leuten vom Radio zu ihm noch einfällt, ist »Imagine«. Ich schaltete wieder aus.

Die Idee zu »Imagine« stammt von Yoko Ono. 2017 hat sie endlich eine Nennung in der Autorenzeile bekommen. Der Text liest sich wie eine Aneinanderreihung der kleinen poetischen Sinnsprüche, Handlungsanweisungen und Gedankenexperimente, die sie noch heute manchmal twittert: »A dream you dream alone is only a dream. A dream you dream together is reality.« Oder: »Approach the biggest fear of your life by thinking that it is not.« Oder: »Let go of anger by counting blessings.«

Lange vor Twitter, 1964, veröffentlichte sie ein ganzes Buch mit solchen Sätzen: *Grapefruit*. Es steht in der Tradition des Fluxus, der Kunstrichtung, die Ono mitbegründet hat und in der die schöpferische Idee im Mittelpunkt steht, nicht ein daraus entstehendes Kunstwerk. »Imagine the clouds dripping, dig a hole in your garden to put them in«, heißt es etwa in ihrem großzügig gesetzten Buch, in dem jeder Gedankenblitz eine Seite einnimmt – wie ein Gedicht. John Lennon hat aus dieser Fluxus-Idee ein Kunstwerk gemacht, eine Hymne. Er hat das Flüchtige in Pathos getränkt, sodass es einem in den Gehirnwindungen kleben bleibt: »Imagine all the people living life in peace.« Kitsch nennt man das wohl. Und gegen Kitsch wäre auch überhaupt nichts einzuwenden – wenn der John Lennon, den ich liebe, nicht das absolute Gegenteil davon wäre.

Der John Lennon, den ich liebe, ist der Typ, der die königliche Familie bei der Royal Variety Performance auffordert, zu »Twist And Shout« mit den Juwelen zu rasseln, der in *A Hard Day's Night* in der Badewanne sitzt, »Rule, Britannia!« schmettert und ein deutsches Plastik-U-Boot versenkt, der auf dem Höhepunkt der Beatlemania klagt, er sei ein Verlierer und um Hilfe ruft, der mit Mitte 20 den Trubel nicht mehr erträgt und zurückblickt auf die Menschen und Orte seiner verlorenen Jugend, der sich fragt, ob er ganz allein in seinem Kindheitsgartenbaum sitzt oder einfach nur sehr weit oben oder sehr tief unten, der stark depressiv auf seinem Anwesen inmitten von Golfplätzen sitzt und die Welt um sich herum wiedergibt, weil ihm selbst nichts mehr einfällt: Zeitungsberichte, ein Zirkusplakat, das er bei einem Trödler gekauft hat, und das Fernsehprogramm zur Frühstückszeit. Der sich über Gurus lustig macht und Scharlatanen verfällt, der wie ein weiser Mann über Gott singt und wie ein kleiner Junge über den Tod seiner Mutter; der Avantgardeplatten macht und gleichzeitig beteuert, er interessiere sich ausschließlich für Rock'n'Roll; der nicht an die Beatles glaubt und sich beschwert, man würdige seinen Beitrag zum Œuvre der Band nicht ausreichend, der in Liedern ehemalige Vertraute und Freunde attackiert, aber eigentlich immer sich selbst meint, und der Bob Dylan nach dessen Verkündigung, dass man entweder Gott oder dem Teufel dienen müsse, fragt, was denn mit seiner Mutter sei, die habe ihn doch schließlich in irgendeinem Hinterzimmer voller Pisse, Scheiße und verdammter Hebammen auf die Welt gebracht. Wo ist dieser anarchische, komische, egozentrische, unsichere, genialische, widersprüchliche, zerrissene Lennon an solchen Jahrestagen?

Man muss weit zurückgehen, um eine Antwort auf diese Frage zu finden. Ende November 1980 erschien in den USA zum Weihnachtsgeschäft ein Coffee-Table-Book über die Beatles mit einem Vorwort von Leonard Bernstein. Das Cover zeigte den Ende der 1970er-Jahre erfolgreichsten Solo-Beatle, McCartney, gezeichnet von Andy Warhol. Mit der Band ließ sich immer noch gutes Geld verdienen, obwohl sie bereits ein knappes Jahrzehnt nicht mehr existierte. Aber das schienen die meisten zu verdrängen. Eine ganze Generation hoffte darauf, die Beatles, die wie nichts sonst für den Geist und die Aufbruchstimmung der 1960er-Jahre standen, würden wieder zusammenfinden. So könnten alle, die damals jung gewesen waren, die verlorene Zeit (auch als Jugend bekannt) wiederfinden.

Im April 1976 hatte sich der Produzent des »Saturday Night Live«-Vorläufers, »NBC's Saturday Night«, Lorne Michaels, live auf Sendung vor etwa 22 Millionen Zuschauern speziell an »vier sehr besondere Menschen« gewandt: »John, Paul, George und Ringo – The Beatles«. Es habe in letzter Zeit eine Menge Gerüchte gegeben, die vier könnten wieder zusammenkommen, erklärte er, »und das wäre großartig. Für mich sind die Beatles das Beste, was der Musik je passiert ist. Und noch mehr, ihr seid nicht nur eine Musikgruppe, ihr seid ein Teil von uns. Wir sind mit euch aufgewachsen. Aus diesem Grund lade ich euch hiermit ein, in unsere Show zu kommen. Wir haben viel über die persönlichen und rechtlichen Streitigkeiten gehört, die euch davon abhalten, euch wieder zusammenzutun, aber das ist nicht meine Angelegenheit, das müsst ihr schon untereinander klären. Aber es heißt auch, dass bisher einfach noch niemand mit der richtigen Geldsumme um die Ecke gekommen ist, die euch zufriedenstellen würde. Also, falls es ums Geld geht, sehe ich kein Problem. Die National Broadcasting Company hat mich autorisiert, euch einen Scheck über 3.000 Dollar anzubieten.«

Tatsächlich hielt er einen Scheck in die Kamera.

»Wie ihr sehen könnt, ein nachweisbar auf euch, The Beatles, ausgestellter Scheck über 3.000 Dollar. Ihr müsst dafür einfach nur drei Beatles-Lieder singen. ›She loves you, yeah, yeah, yeah‹, und 1.000 Dollar gehören euch. Ihr kennt den Text – alles ganz einfach. Wie ich schon sagte, der Scheck ist auf die Beatles ausgestellt. Ihr könnt ihn aufteilen, wie ihr wollt. Wenn ihr Ringo weniger geben wollt, ist das eure Sache. Da möchte ich mich lieber nicht einmischen. Ich bin ganz ehrlich, was das angeht. Wenn es euch hilft, eine Entscheidung zu treffen, ob ihr euch wieder zusammentut, ist das eine gute Investition. Ihr habt Agenten, ihr wisst, wo man mich erreichen kann. Ich glaube, das ist alles. Okay? Danke.«

Der Gag lag natürlich in dem Kleckerbetrag, über den der Scheck ausgestellt war, wo doch Konzertveranstalter bereits Millionen für einen einzigen Beatles-Auftritt geboten hatten. Noch besser wird die Nummer, wenn man weiß, dass er damit fast Erfolg gehabt hätte, denn uptown saßen John Lennon und Paul McCartney in der siebten Etage des *Dakota Building* am Central Park West gemeinsam vor einem Fernseher und schauten zu.[4] Sie sollen wirklich erwogen haben, sich in ein Taxi zu setzen und zum Studio an der Rockefeller Plaza zu fahren. Das hätte nicht länger als zehn Minuten gedauert. Warum sie es nicht taten – weil zu bekifft (wahrscheinlich) oder aus Angst vor der eigenen Courage (möglich) –, ist nicht überliefert.

Aber die Reunion lag in der Luft, und sei es nur, weil viele sie herbeisehnten. So hielt sich eine Zeit lang das Gerücht, hinter dem im August 1976 erschienenen Debütalbum der kanadischen Prog-Rock-Band Klaatu, »*3:47 EST*«, steckten eigentlich die Beatles, und als McCartney Weihnachten 1979 ein Benefizkonzert für die vom Joch der Roten Khmer befreite Bevölkerung Kambodschas veranstaltete, kochten

---

4 Wie schon in der Anmerkung weiter oben (siehe »Die Ballade von John und Paul«) beschrieben, sind die genauen Umstände dieses Treffens nicht geklärt. Saßen sie während der Live-Ausstrahlung wirklich gemeinsam vor dem Fernseher? Sahen sie sich eine Aufzeichnung an? Hat Lennon McCartney nur von Michaels' Angebot erzählt? Jedenfalls gab es im Frühjahr 1976 kurz nach der Ausstrahlung dieser 18. Episode von »NBC's Saturday Night« einen Moment, in dem sie überlegten, sich einfach nur zum Spaß auf eine Reunion einzulassen.

die Spekulationen um einen gemeinsamen Auftritt mit Lennon, Harrison und Starkey erneut hoch.

Nach den vier Kugeln, die John Lennon am Abend des 8. Dezember 1980 gegen zehn vor elf Eastern Standard Time tödlich trafen, war dieser Traum für immer ausgeträumt. Die 1960er-Jahre waren endgültig vorbei. Und Lennons Tod wurde zum Symbol für all die untergegangenen Versprechungen und Hoffnungen, die so viele mit diesem Jahrzehnt verbundenen hatten. Ausgerechnet der Sänger, dessen Stimme »ich« sagen konnte wie keine zweite (und die er daher, wenn er an sich zweifelte, durch Studiotricks verfremden ließ), stand plötzlich stellvertretend für eine ganze Generation. Es schien, als ob sich bestätigte, was er bereits 1969 in einem Interview mit dem *Melody Maker* gesagt hatte: »Die Leute ziehen einen toten Heiligen einem lebenden Ärgernis wie John und Yoko vor.«

1988 erschien Andrew Solts Filmporträt *Imagine: John Lennon*. Und einen besseren Titel hätte der Regisseur für seine Doku nicht finden können, denn der Lennon, von dem er erzählte, war eine Einbildung, die mit dem acht Jahre zuvor Verstorbenen nur sehr wenig gemein hatte. Geblieben war eine romantische Liebesgeschichte zwischen einem Weltstar und einer japanischen Avantgardekünstlerin, die gemeinsam gegen den Rest der Welt für Frieden und Feminismus kämpften. »Imagine«, »Jealous Guy« und »Woman« wurden der Soundtrack dazu. Lennon war ein Heiliger geworden, die Beatles wurden zu einem Fall für die Geschichtsbücher.

Tatsächlich erschien schon wenige Monate nach Lennons Tod die erste ernstzunehmende Bandbiografie: *Shout!*

The True Story Of The Beatles. Dieses Buch sollte die Art, wie man über die Beatles schreiben und reden würde, für Jahre, wenn nicht Jahrzehnte prägen. Der Autor, der britische Journalist und *Times*-Musikkritiker Philip Norman, schien auch elf Jahre nach der Trennung der Band noch verbittert und enttäuscht und sah – wie seinerzeit die gesamte Presse – nur einen Schuldigen: Paul McCartney. In *Shout!* porträtierte er ihn als bescheiden talentierten, manipulativen Bösewicht mit Hang zu seichter Unterhaltung. George Harrison kam nur wenig besser weg, und Ringo Starr wurde kaum erwähnt, denn John Lennon, so Norman, »war drei Viertel der Beatles«, die anderen drei im besten Fall wenig mehr als Assistenten, im schlechtesten Hemmnisse für den großen Avantgardisten und Revolutionär.

Albert Goldman versuchte diesen Mythos mit seiner Skandalbiografie *The Lives of John Lennon* (1988) zu zerstören und zeichnete Lennon als gewalttätigen, verkappt homosexuellen, von Yoko Ono im *Dakota* gefangen gehaltenen Junkie. Das brachte ihm unter anderem den heiligen Zorn des U2-Jehovas Bono ein, der sich ermächtigt sah, eine Fortsetzung von Lennons »God« zu schreiben, in der es hieß: »I don't believe in Goldman/ His type like a curse/ Instant karma's gonna get him/ If I don't get him first.«

»Instant Karma« hatte seinerzeit allerdings Besseres zu tun, als Goldman zu jagen – das Lied stand nach einem Auftritt in einem Werbespot eines Sportartikelherstellers wieder in den Charts. Ursprünglich hatte Yoko Ono »Revolution« für die Kampagne freigegeben, das natürlich prima auf Lennons Image des Rebellen und Bilderstürmers eingezahlt hätte, doch die Beatles-Firma Apple klagte dagegen, und so hörte man stattdessen zu Bildern von durchtrainierten, besneakerten Menschen im Gegenlicht – es sah fast so aus, als habe Leni Riefenstahl ein HipHop-Video gedreht – Lennons Stimme, wie sie sang: »Who on earth do you think you are? A superstar? Well, right you are.« Eine neue Generation wurde in den Lennon-Mythos eingeführt.

Es war schließlich der britische Beatles-Forscher Mark Lewisohn, der sich mehr für die Geschichte interessierte als für ihre Verklärung und sich die Mühe machte, ins Archiv hinabzusteigen, um sich durch Hunderte Stunden von Tonbändern zu hören und Fakten zu checken. Seine gewissenhafte Studie *The Complete Beatles Recording Sessions* von 1988 widerlegte die Norman'sche Arithmetik und befreite McCartney, Harrison und Starr aus ihrer Viertelexistenz. Der *NME*-Kritiker Ian MacDonald baute mit seinem Standardwerk *Revolution In The Head* 1994 auf Lewisohns Arbeit auf, beleuchtete die Aufnahmen und die Geschichten hinter den Liedern. Und er war in den 1990er-Jahren nicht der Einzige, der Lennon wieder als Musiker statt als Messias begriff, der sein Werk wieder stärker in den Fokus rückte. Und natürlich spielten bei diesen Betrachtungen auch Lennons Herkunft, die Wurzeln seines Witzes und seiner Originalität eine Rolle, seine Begeisterung für die absurde Logik und Sprachverdrehung von Lewis Carroll und die Anarchie der »Goon Show« etwa. Lennon war nicht länger die von Bob Gruen ins Bild gefasste Ikone im New York City-T-Shirt, er war (zumindest im britischen Diskurs, in den USA interessierte das kaum jemanden) wieder ein Typ aus dem Norden Englands, denn ohne die Kultur, aus der er stammte, ließ er sich gar nicht verstehen.

Zu diesem Zeitpunkt beriefen sich auch junge britische Bands wieder verstärkt auf die Traditionen ihrer Heimat, weil ihnen die kulturelle Hegemonie der USA zum Hals raushing. Oasis bauten sich aus dem Lennon von 1966 eine ganze Karriere, Blur zimmerten aus dem Vorstadt-Ennui seines »Good Morning, Good Morning« ihr Album »*Parklife*«. Für eine Neuentdeckung der Beatles kamen die offizielle Dokumentation *The Beatles Anthology* und die damit verbundene Veröffentlichung rarer Aufnahmen sowie zweier »neuer« Singles Mitte der 1990er-Jahre genau zur rechten Zeit.

Doch bei diesem Projekt musste auf so viele Empfindlichkeiten der Beteiligten Rücksicht genommen werden, dass letztlich nur alte Mythen wiederholt werden konnten und McCartney sich bereits zwei Jahre später gezwungen sah, gemeinsam mit Barry Miles in *Many Years From Now* seine Version der Geschichte zu erzählen – in der natürlich *er* der Avantgardist und Revolutionär war. Je mehr Bücher man über die Beatles liest, desto klarer wird: Es gibt in dieser Saga keine zuverlässigen Erzähler, es gibt vielmehr mindestens so viele Versionen der Wahrheit wie es Akteure gibt – und irgendwie ist in der Geschichte der berühmtesten Band der Welt ja die ganze Welt Akteur.

Schon die erste, noch dazu autorisierte Beatles-Biografie von Hunter Davies wurde bereits zwei Jahre nach Erscheinen 1968 von Lennon persönlich als Lügengeschichte entlarvt. »Es gab dort nichts über Orgien und die ganze Scheiße, die auf Tour passiert ist, zu lesen«, urteilte er in seinem berühmten Interview mit *Rolling Stone*-Gründer Jann S. Wenner. »Ich wollte, dass ein ehrliches Buch herauskommt, aber wir hatten alle Partnerinnen und wollten ihre Gefühle nicht verletzen ... Die Beatles-Touren waren wie der Fellini-Film *Satyricon*.«

Als Lennon das sagte, war die Band bereits Geschichte. Er hatte sich ein paar Monate zuvor seinen Kopf kahlgeschoren und seinen Bart abrasiert, um das Image des mit seiner Ehefrau Yoko Ono in Hotelbetten für den Frieden demonstrierenden Aktivisten abzulegen. Nun machte er Werbung für sein erstes Soloalbum, »*John Lennon/Plastic Ono Band*«, und das nicht minder reizvolle Pendant »*Yoko Ono/Plastic Ono Band*«. Er wusste natürlich, dass man ihn als Solokünstler am Erbe der Beatles messen würde, und tat alles, um deren Heiligsprechung entgegenzuwirken. Die Band sei schon nach dem Tod von Brian Epstein auseinandergebrochen, erklärte er. Und ihre besten Momente seien sowieso nicht für die Nachwelt festgehalten worden, da die Beatles ihren künstlerischen Höhepunkt in den Tanzhallen von Liverpool und Hamburg erreicht hätten. Alles danach sei Ausverkauf gewesen; er habe es nur wegen des Geldes getan. Weder die Beatles noch Dylan oder die Stones hätten letztlich Wesentliches zum Rock'n'Roll beigetragen.

»I don't believe in Elvis/ I don't believe in Zimmerman/ I don't believe in Beatles/ I just believe in me/ Yoko and me/ And that's reality«, sang er in »God« auf »*Plastic Ono Band*«, einem Album, das ohne die Raffinesse auskommt, die Paul McCartney und Produzent George Martin selbst seinen persönlichsten Songs bei den Beatles angetan hatten. »Ich denke, es ist das Beste, was ich je ge-

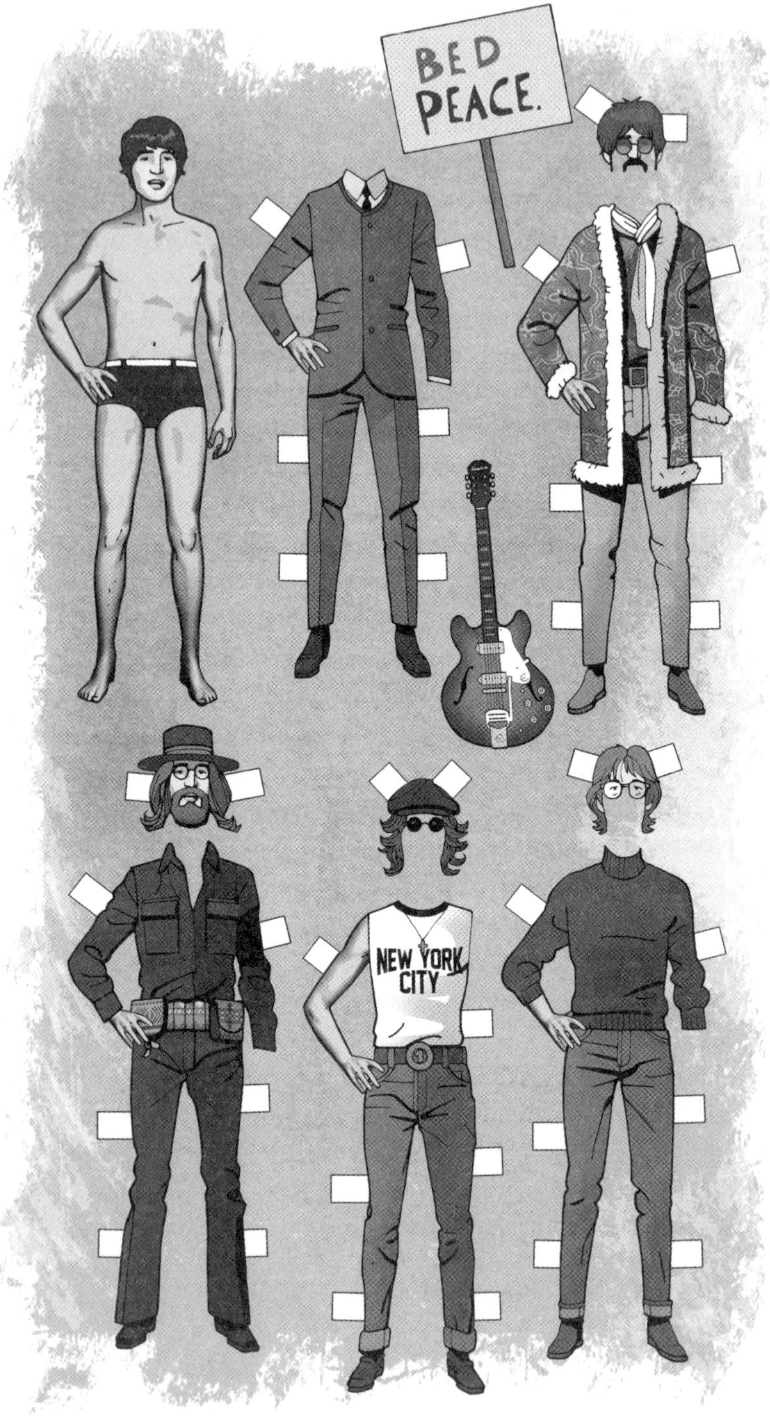
BED
PEACE.
NEW YORK
CITY

macht habe«, erklärte er Wenner. »Ich denke, es ist echt, und es wird dem Ich gerecht, das sich im Laufe meines Lebens entwickelt hat. ›I'm A Loser‹, ›Help‹, ›Strawberry Fields‹ – das sind alles persönliche Aufzeichnungen. Ich habe immer über mich geschrieben, wenn ich konnte. Ich habe es nicht wirklich genossen, Songs aus der dritten Person über Menschen zu schreiben, die in Wohnungen aus Beton lebten und solche Dinge. Ich mag Musik aus der Ich-Perspektive.« Am Ende, so scheint er zu sagen, waren die Beatles nichts als (m)ein Traum, aus dem ich aufwachen musste, um zu mir selbst selbst zu kommen.

Dass Lennon mit seinem Angriff auf den Beatles-Mythos einen neuen schuf, in dem er schließlich als einziger Held dastand, wurde ihm erst bewusst, als Wenner, der Superfan, der im Sinne seines Idols einen Verriss von McCartneys Solodebüt in Auftrag gegeben hatte, aus dem Interview ein Buch machen wollte und schließlich gegen Lennons Willen auch machte. Das war das Ende dieser ungleichen Freundschaft. *Lennon Remembers*, so der Titel des Bandes, wirkt dagegen bis heute nach, hat die Sicht auf die Beatles geprägt und war nicht zuletzt auch die Grundlage für Normans *Shout!*.

Doch Lennons Wahrheiten waren immer vom Moment abhängig, er wollte sie nicht in Stein meißeln oder in Buchform veröffentlichen. Schon in der ersten Version seines Songs »Revolution« hatte er den Zeilen »But when you talk about destruction/ Don't you know that you can count me out« ein »in« hinterhergeschoben. Als ich mal den Beatles-Vertrauten, Illustrator und Bassisten Klaus Voormann fragte, warum er ohne zu murren bei Lennons unschöner Attacke gegen McCartney, »How Do You Sleep?«, mitgespielt hatte, merkte er an: »So war John halt. In einem Moment war er der liebste Mensch der Welt, im nächsten konnte er sehr verletzend sein. Es war doch jedem, der dabei war, klar, dass auch diese Tirade nur einer seiner Momente war.«

Lennon war ein launischer und wankelmütiger Mensch, in einem Moment von etwas zutiefst überzeugt – um es wenig später wieder zu verwerfen. In »How?«, dem zarten Gegenstück zu »How Do You Sleep?« auf »*Imagine*«, fragte er: »How can I go forward when I don't know which way I'm facing?« Er war auf der Suche nach etwas, aber er wusste nicht, wonach und schon gar nicht, wo er danach suchen sollte. Aus der Ungewissheit über seine eigenen Ziele und seine eigene Identität entstand seine größte Kunst. Er fand mit therapeutischer Hilfe den Ursprung dieser Unsicherheit in seiner Kindheit (wo auch sonst?), beim Vater, der sich aus dem Staub machte, und der Mutter, die ihn weggab, als er klein war, und die starb, als sie wieder Kontakt zu ihm aufgenommen hatte und seine beste Freundin geworden war. »I heard something about my Ma and my Pa«, sang er in »I Found Out« auf »*Plastic Ono Band*«, »they didn't want me, so they made me a star.«

Dass der Ruhm ihn nicht heilen konnte, merkte er spätestens nach dem Skandal, den sein Zitat, die Beatles seien größer als Jesus, 1966 ausgelöst hatte: an den öffentlichen Anfeindungen und Verbrennungen von Beatles-Alben und -Memorabilia, den halbvollen Stadien und Hallen während der letzten US-Tour 1966. Gemeinsam mit Harrison machte er sich für das Ende der Beatles als Live-Band stark. Statt zu touren saß er daheim, langweilte sich, wurde depressiv, verlor den Antrieb, neue Songs zu schreiben. Kurz dachte er, der Maharishi Mahesh Yogi und die Transzendentale Meditation seien die Lösung, und seine Kreativität blühte in den Wochen, die er im Ashram des Gurus im indischen Rishikesh verbrachte, wieder auf. Aber die Postkarten einer japanischen Künstlerin und ihr Buch *Grapefruit* waren schließlich stärker als jedes Mantra. Er wandte sich vom Maharishi ab und stürzte sich in Yoko Onos Welt, in Avantgarde und Aktionismus.

Als der *Daily Mirror* im April 1970 »Paul Quits the Beatles« titelte, befand sich das Paar in der Obhut des kalifornischen Psychologen Arthur Janov, der seine Patienten das Trauma der Geburt und frühe Verletzungen noch einmal durchleben ließ, um ihnen einen bewussten Umgang damit zu ermöglichen. Lennon hatte sein Buch *The Primal Scream* gelesen und ihn daraufhin in sein neues Haus in Tittenhurst Park südwestlich von London kommen lassen, um ihm dann wenig später in dessen Primal Center nach San Francisco zu folgen. Nicht Gott, der Rock'n'Roll oder der Maharishi waren die Lösung aller Probleme, sondern die Urschreitherapie, da war er sich nun sicher. Er wollte eine ganzseitige Anzeige im *San Francisco Chronicle* schalten, die einfach nur sagte: »This is it«.

Visaprobleme zwangen Lennon schließlich, die Therapie vorzeitig abzubrechen. Er musste die von Janov geweckten Traumata ohne fremde Hilfe verarbeiten. Er verarbeitete sie zu Songs. So hatte er es schon mal gemacht, als er Mitte der 1960er-Jahre einen Blick in sein Innerstes gewagt hatte. Damals hieß der Therapeut, der Verdrängtes zutage gefördert hatte, nicht Janov, sondern Bob Dylan. Der hatte ihn nämlich bei ihrem ersten Treffen am 28. August 1964 im New Yorker *Delmonico Hotel* an der Park Avenue (das heute übrigens *Trump Park Avenue* heißt) mit Cannabis vertraut gemacht. Bis dahin hatte Lennon hauptsächlich Amphetamine und Alkohol konsumiert, um sich aufzuputschen und nicht zu sehr über sich nachdenken zu müssen, doch die neue Droge bewirkte das Gegenteil, stellte ihn ruhig, ließ ihn in seine inneren Abgründe blicken, die sich bald auch in seinen Songs auftaten. Mit Liedern wie »Help!«, »You've Got To Hide Your Love Away«, »Norwegian Wood (This Bird Has Flown)«, »In My Life« und »Girl« erreichte er 1965 seinen Zenit als Songwriter.

Doch die Lieder waren nichts als Notwehr, niemand half ihm, mit dem Schwindelgefühl nach dem Blick in den eigenen Abgrund umzugehen. Er hatte sich verletzlich gemacht und musste sich die Welt nun mit Halluzinogenen und Opioiden vom Leib halten.

Fünf Jahre später war er in einer ähnlichen Situation. »Wir hatten ihn geöffnet und hatten nicht mehr die Zeit, ihn neu zusammenzusetzen«, erklärte Janov Jahrzehnte später in einem Interview und zeigte sich nicht verwundert, dass Lennon nach der abgebrochenen Therapie nicht zur Ruhe gekommen war, Zuflucht in Drogen gesucht und zu emotionaler und körperlicher Gewalt geneigt hatte.

»Your mother left you when you were small/ But you're going to wish you wasn't born at all«, sang er 1974 in einem Song, der eigentlich an den letzten Beatles-Manager,

Allen Klein, gerichtet war, von dem er einst so überzeugt gewesen war, dass er lieber die Band hatte platzen lassen, als auf seine Dienste zu verzichten. Er hatte sich in ihm getäuscht, so wie er sich auch oft in sich täuschte, und diese Zeilen handelten mindestens ebenso von ihm selbst.

Dieser Song, »Steel And Glass«, findet sich auf dem Album »*Walls And Bridges*«, das großenteils aus Liebes- und Entschuldigungsliedern an Yoko Ono besteht, die ihn nach einigen ihr zugefügten Demütigungen während der Arbeiten an ihrem Album »*Feeling The Space*« aus dem Studio und wenig später aus der gemeinsamen Wohnung geworfen hatte. Um ihn nicht ganz zu verlieren und um ihn weiter kontrollieren zu können, hatte sie ihn mit ihrer Assistentin May Pang verkuppelt. Lennon verbrachte danach viel Zeit an der Westküste, wo er sich mit neuer Freundin, Kokain, Alkohol und Harry Nilsson selbst therapierte – »The Lost Weekend« nannte er diese Zeit später in Anlehnung an den gleichnamigen Film von Billy Wilder, in dem Don Birnam einen erfolglosen Schriftsteller und erfolgreichen Alkoholiker spielt. Lennon telefonierte regelmäßig mit Ono, und er vermisste New York, die Stadt, die so widersprüchlich und kaputt, egozentrisch, seltsam und unberechenbar war wie er selbst und die ihn 1971 zu seiner einzigen politisch und musikalisch wirklich radikalen Platte inspiriert hatte: »*Some Time In New York City*«. Natürlich sein unpopulärstes Werk.

»*Walls And Bridges*« lief dagegen ganz gut und brachte ihm mit »Whatever Gets You Thru The Night« seinen ersten Nummer-1-Hit nach den Beatles – sowie seinen letzten öffentlichen Konzertauftritt. Er war eine Wette mit Elton John eingegangen, der bei dem Track mitspielte und im Gegensatz zu ihm an das Hitpotenzial der Single geglaubt hatte. Um seine Wettschuld einzulösen, musste er an Thanksgiving beim Elton-John-Konzert im Madison Square Garden auf die Bühne. Sie spielten gemeinsam »Whatever Gets You Thru The Night«, »Lucy In The Sky With Diamonds« und den alten McCartney-Song »I Saw Her Standing There«. Hinter der Bühne stand Yoko Ono.

Nachdem im Februar 1975 sein Album »*Rock'n'Roll*« erschienen war, das er der Welt nach einem Copyright-Streit mit Chuck Berry um »Come Together« noch schuldete, ließ er seinen Plattenvertrag auslaufen, ohne einen neuen zu unterschreiben. Eine Compilation noch, dann war er frei. Und nach Watergate und Nixons Rücktritt waren auch seine Aussichten auf eine Green Card nicht so schlecht. Die würde es ihm erlauben, dauerhaft in den USA zu leben und zu arbeiten.

Bei einem Auftritt in der »Tomorrow Show« am 28. April 1975 sah man ihn locker, warmherzig und humorvoll mit Gastgeber Tom Snyder über die Vergangenheit plaudern. Er hatte keine Agenda mehr, er musste nichts mehr verkaufen – er musste *sich* nicht mehr verkaufen. Er war versöhnt mit seiner Geschichte, telefonierte regelmäßig mit McCartney, ja, die beiden hatten sogar geplant, wieder gemeinsam ins Studio zu gehen, doch dann war er wieder mit Yoko zusammengekommen, und zu diesem Zeitpunkt war in seinem Leben Platz für nur eine Reunion. Die McCartneys kamen trotzdem öfter in der Prominenten-Trutzburg des *Dakota Building* in der Upper

Westside vorbei, wo Lennon und Ono sich bereits 1973 ein Apartment gekauft hatten und bis 1980 vier weitere erwerben würden – »imagine no possessions, I wonder if you can«.

»A conspiracy of silence speaks louder than words«, ließ Lennon sein Alter Ego Dr. Winston O'Boogie auf dem Cover der Singles-Sammlung »*Shaved Fish*« sagen und verstummte. Wenige Wochen vor Erscheinen des Albums im Oktober 1975 war er an seinem 36. Geburtstag Vater geworden und hatte seine Green Card bekommen. In den kommenden Jahren würde er Brot backen und seinem Sohn Sean nicht von der Seite weichen. So zumindest die offizielle Geschichte. Die meiste Zeit saß er allerdings stoned in seinem abgedunkelten Schlafgemach und schaute fern oder las, hauptsächlich Zeitschriften, manchmal auch Sachbücher über asiatische Philosophie und amerikanische Geschichte. Kreativ wurde er nur selten. Er merkte, dass er ohne den Druck eines anstehenden Albums keinen Song zu Ende brachte.

Er schrieb an einem Musical über sein Leben, »The Ballad Of John And Yoko«, das zwischenzeitlich zu einer Reflexion über Ruhm und Künstlerexistenz wurde. Er versuchte sich seiner selbst zu vergewissern, einen Sinn in seiner eigenen Geschichte zu finden. »Es ist irrelevant für mich, ob ich je wieder Musik aufnehmen werde«, schrieb er. »Ich habe mit Rock'n'Roll angefangen und mit reinem Rock'n'Roll, meinem ›*Rock 'n' Roll*‹-Album, aufgehört. Wenn das Verlangen je wieder über mich kommt und unwiderstehlich wird, werde ich es zum Spaß tun. Aber ansonsten lass ich es einfach sein. Ich war genauso wenig der

Überzeugung, dass Künstler ›der Öffentlichkeit irgendwas schuldig sind‹, wie der, dass die Jugend sich für König und Vaterland aufopfern muss. Ich habe mich zu dem gemacht, was ich heute bin. Im Guten wie im Schlechten. Die Verantwortung liegt ganz allein bei mir.« Ohne es zu wissen, war er mit diesen Zeilen vermutlich endlich bei sich angekommen. Er suchte nicht länger einen Schuldigen für das, was ihm fehlte – Eltern, Beatles oder Gurus. Doch es brauchte noch einen letzten Schritt, um sich dessen bewusst zu werden.

Im Juni 1980 waren er und Sean mit einem kleinen Segelschiff, der Megan Jaye, auf hoher See von Rhode Island zu den Bermudas unterwegs, als sich ein Sturm zusammenbraute. Alle Insassen des Boots – der Kapitän Hank Halsted, Lennons Segellehrer Tyler Coneys und dessen Cousins Kevin und Ellen – wurden nach und nach seekrank, nur Lennon schien immun und übernahm das Steuerrad. Sechs Stunden lang blieb er an Deck, schmetterte Seemannslieder in den Wind, und obwohl die Wellen ihn öfter von den Beinen holten, blieb er am Ruder. Er hatte die Verantwortung übernommen, er hatte zum ersten Mal selbst die Kontrolle.

Mit dieser Erfahrung im Kopf (und vermutlich mit Paul McCartneys »Coming Up« im Ohr, das er kurz zuvor im Autoradio gehört hatte und das ihn nicht losließ, weil sich sein alter Freund tatsächlich noch mal neu erfunden hatte), begann er zu schreiben, Songfragmente fertigzustellen und Demos aufzunehmen, die schließlich der Grundstein für sein Comeback werden sollten. Die neuen Lieder waren in ihrer Zufriedenheit und ihrem Glück ein Gegenstück zu den Tagebucheinträgen eines Entwurzelten auf »*John Lennon/Plastic Ono Band*«. Man hört die Lust am Neuanfang, die Sehnsucht, in die Welt zurückzukehren, aber auch die Angst, das Vertraute – die Frau, den Sohn, das Nichtstun – hinter sich zu lassen oder gar zu verlieren. Der Autor dieser Songs wusste, dass sein Glück nie dauerhaft sein konnte.

Auf den Bermudas fand Lennon auch den Titel für das neue Werk. Bei einem Spaziergang durch den Botanischen Garten stieß er auf eine Freesien-Art mit dem Namen *Double Fantasy*. Genau das sollte es werden: eine doppelte Fantasie oder die Fantasie eines Doppels – ein Album über die mittleren Jahre aus der Sicht zweier Liebender. Das Paar wollte die Songs unter sich aufteilen, so wie sie es bereits auf »*Some Time In New York City*« getan hatten. Die Aussicht, nicht nur Lennon, sondern auch Ono einkaufen zu müssen, dämpfte die Vorfreude der Plattenfirmen auf ein Comeback beträchtlich. Trotzdem boten alle mit. Jeder, der Lennon zu einem Soloalbum überreden wollte, war automatisch aus dem Rennen. *Atlantic*-Boss Ahmet Ertegun kam sogar persönlich in die *Hit Factory* in Hell's Kitchen, Manhattan, wo das Paar die neuen Songs mit dem Produzenten Jack Douglas aufnahm. Doch Lennon ließ sich nicht umstimmen, und David Geffen bekam schließlich den Zuschlag.

Als das Album im November 1980 erschien, vermissten die Kritiker den Rebellen von einst: »It sounds like a great life but it makes a lousy record«, schrieb Charles Shaar Murray im *NME*. Der Zeitgeist war auch woanders unterwegs. »Phony Beatlemania has bitten the dust«, hatte Joe

Strummer von The Clash ein paar Monate zuvor im Lied der Stunde gesungen, die Solokarrieren von Ringo Starr und George Harrison waren an einem Tiefpunkt, und das Comeback-Album des obersten Beatle schaffte es schließlich weder in England noch in den USA in die Top 10.

Der Mythos war aufgebraucht, und Lennon schien darüber nicht allzu unglücklich. Er arbeitete bereits am nächsten Album, das er sich wieder mit Ono teilen würde, die Pläne für eine ausgiebige Tour im kommenden Jahr wurden konkreter, und er hatte einen so guten Lauf beim Songschreiben, dass ein paar Lieder für Ringo abfielen, den er schon mal hatte sagen lassen, was er selbst dachte, aber sich nicht zu singen traute: »I Am The Greatest«. »They say life begins at forty«, begann eines seiner neuen Ringo-Lieder, das er auf dem Demo sang wie einen alten Hank-Williams-Song. »Age is just a state of mind/ If all that's true/ You know that I've been dead for thirty-nine.«

An seinen letzten Tagen schien John Lennon große Lust zu verspüren, der ganzen Welt zu erzählen, wie er sich in seiner Auszeit auf seine Geburt mit vierzig Jahren vorbereitet hatte. »Was ich in diesen fünf Jahren wirklich verstanden habe, ist: Ich kandidiere für kein Amt«, erklärte er Dave Sholin und Laurie Kaye vom RKO Radio Network wenige Stunden vor seinem Tod. »Es gefällt mir, gemocht zu werden. Ich beleidige nicht gern Leute. Ich möchte eine glückliche, zufriedene Person sein. Ich möchte nicht gleich wieder meine Seele verkaufen müssen, um einen Hit zu haben. Es ist ... Ich habe entdeckt, dass ich ohne leben kann. Ich wäre vielleicht glücklicher, wenn ich einen hätte, aber ich werde jetzt nicht noch mal reinkommen, um eine Person zu erschaffen, die nicht ich selbst ist.«

Lennon war gerade erst auf dem Weg, sich selbst kennenzulernen. Es lohnt sich, ihm zu folgen, denn er war mehr als ein Heiliger – er war ein Mensch.

From Me To You

Mein besonderer Dank gilt Frank Schäfer für die Vermittlung, Andreas Reiffer für den Glauben an dieses Buch, Karsten Weyershausen für seine Kunst und Max Lüthke für sein genaues und einfühlsames Lektorat. Auch Petra Kalb und Sebastian Zabel, die mir die Möglichkeit gegeben haben, die ursprünglich im *Rolling Stone* erschienenen Texte in diesem Band zu veröffentlichen, möchte ich danken, zudem den Erstlesern dieser Artikel: Birgit Fuß, Arne Willander und René Reinholz sowie Julia Friese – denn mit dir allein kann ich nur glu-u-u-cklick sein, yeah yeah yeah, yeah yeah yeah yeaaaaaah.

Editorische Notiz

Einige der hier versammelten Texte sind ursprünglich in der deutschen Ausgabe des *Rolling Stone* (RS) erschienen. Diese werden unter der Lizenz der Axel Springer Mediahouse Berlin GmbH als Rechteinhaberin © abgedruckt.

»In Liverpool« enthält Passagen aus der Titelgeschichte »Mitten im Moment« (RS 09/18). In Gänze übernommen wurden »Bringing It All Back Home« (aus RS 02/14), »Der letzte Schrei« (aus RS 09/16), »Zeiten des Aufruhrs« (aus RS 07/15), »Das Jahr nach dem Yeah« (aus RS 08/16), »Der Ikonenmaler« (aus RS 08/16), »Fathers of Invention« (aus RS 06/17), »Die Ballade vom Yogi und Yoko« (aus RS 11/18) und »Gib mir ein kleines bisschen Wahrheit« (aus RS 12/20). »Das Ende der Straße« ist aus den Texten »Das Ende einer Band« (aus RS 10/19) und »Vier Freunde sollt ihr sein« (aus RS 05/20) zusammengesetzt, »Off The Beatle Track« ist eine erweiterte Fassung von »Die zehn besten Soloalben« (aus RS 05/20). Die Artikel aus dem *Rolling Stone* wurden in der Regel zu aktuellen Veröffentlichungen oder Jahrestagen geschrieben, daher habe ich einige der bei Erscheinen aktuellen Bezüge herausgenommen oder aktualisiert, ansonsten die Texte großenteils in ihrer Form belassen. Die Anordnung der Texte in diesem Buch folgt der Chronologie der Beatles-Geschichte, nicht der der Erstveröffentlichung.

Auswahlbibliografie

Wenn man sich seit mehr als drei Jahrzehnten mit den Beatles beschäftigt und seit 20 Jahren professionell über sie schreibt, fällt es schwer, im Nachhinein alle Quellen zu nennen, die in die hier versammelten Texte eingeflossen sind. Natürlich hilft ein Blick ins Buchregal, in dem die Beatles-Literatur einen relativ großen Raum einnimmt. Ich habe mich hier aber auf die Bücher beschränkt, von denen ich weiß, dass sie auf die eine oder andere Art mein Bild der Beatles geprägt oder erweitert haben, und/oder die ich in den Texten erwähnt oder zitiert habe. Neben den Büchern habe ich meine Informationen aus zahllosen selbst geführten Interviews, Gesprächen, Reisen und Konzertbesuchen bezogen, aus der Lektüre von Magazinartikeln und Interviews, aus Filmen und Dokumentationen sowie vor allem natürlich aus der Musik selbst, den regulären Veröffentlichungen, aber auch vielen Bootlegs.

Barrell: The Beatles on the Roof, London 2017.

Beatles, The: The Beatles Anthology, London 2000.

Bedford, David: Liddypool: Birthplace of The Beatles, Deerfield 2009.

Bramwell, Tony / Kingsland, Rosemary: Magical Mystery Tours: My Life with The Beatles, New York 2005.

Braun, Michael: Love Me Do! The Beatles' Progress, London 1995.

Brown, Peter / Gaines, Steven: The Love You Make: An Insider's Story of The Beatles, New York 1983.

Clayson, Alan / Sutcliffe, Pauline: Backbeat. Die Stuart Sutcliffe Story, Bergisch Gladbach 1994.

Connolly, Ray: The Ray Connolly Beatles Archive, London 2016.

Davies, Hunter: The Beatles, Football and Me, London 2006.

Davies, Hunter: The Beatles: The Only Authorised Biography, 40th Anniversary Edition, London 2009.

Davies, Hunter (Hg.): The John Lennon Letters, London 2012.

Davies, Hunter: The Beatles Lyrics: The Unseen Story Behind their Music, London 2017.

DiLello, Richard: The Longest Cocktail Party: An Insider's Diary of The Beatles, their Million-Dollar Apple Empire and its Wild Rise and Fall, Edinburgh 2005.

Doggett, Peter: You Never Give Me Your Money: The Battle for the Soul of The Beatles, London 2009.

Doyle, Tom: Man on the Run: Paul McCartney in the 1970s, Edinburgh 2013.

Emerick, Geoff / Massey, Howard: Here, There and Everywhere: My Life Recording the Music of The Beatles, New York 2007.

Fascher, Horst: Let the Good Times Roll! Der Star-Club-Gründer erzählt, München 2007.

Goldman, Albert: The Lives of John Lennon, New York 1988.

Goodman, Fred: Allen Klein: The Man who Bailed Out The Beatles, Made The Stones, and Transformed Rock & Roll, New York 2015.

Gould, Jonathan: Can't Buy Me Love: The Beatles, Britain, and America, New York 2007.

Hagan, Joe: Sticky Fingers: The Life and Times of Jann Wenner and Rolling Stone Magazine, New York 2017.

Hanton, Colin / Hall, Colin: Pre:Fab!, Leicester 2018.

Hertsgaard, Mark: A Day in the Life, London 1996.

Heylin, Clinton: The Act You've Known for all these Years, Edinburgh 2007.

Leigh, Spencer: The Beatles in Hamburg: The Stories, the Scene and how it all Began, London 2011.

Lennon, John: In His Own Write & A Spaniard in the Works, London 1997.

Lewisohn, Mark: The Beatles Recording Sessions, London 1988.

Lewisohn: The Beatles Day by Day, New York 1990.

Lewisohn, Mark: The Complete Beatles Recording Sessions – The Official Story of the Abbey Road Years, 1962–1970, New York City 1990.

Kane, Larry: A Ticket to Ride: Inside the Beatles' 1964 Tour that Changed the World, Philadelphia 2010.

MacDonald, Ian: Revolution in the Head: The Beatles' Records and the Sixties, London 1995.

Martin, George / Hornsby, Jeremy: All You Need is Ears, New York 1979.

Miles, Barry: Paul McCartney: Many Years from now, New York 1997.

Miles, Barry: The Beatles: A Diary: An Intimate Day by Day History, London 1998.

Miles, Barry: The British Invasion: The Music, the Times, the Era, New York 2009.

Miles, Barry: London Calling: A Countercultural History of London since 1945, London 2010.

Norman, Philip: Shout! The Beatles and their Generation. Revised and Updated, New York 2005.

Norman, Philip: John Lennon: The Life, London 2008.

O'Donnell, Jim: The Day John Met Paul, New York 2006.

Rathjen, Friedhelm: Von GET BACK zu LET IT BE: Der Anfang vom Ende der Beatles, Berlin 2010.

Rodriguez, Robert: Revolver: How the Beatles Reimagined Rock'n'Roll, Milwaukee 2012.

Ross, Alex: The Rest is Noise – Das 20. Jahrhundert hören, München 2009.

Ross, Alex: Listen to this, New York 2010.

Sawyers, June Skinner (Hg.): Read The Beatles: Classic and new Writings on The Beatles, their Legacy, and why they still Matter, London 2006.

Sheffield, Rob: Dreaming The Beatles: The Love Story of one Band and the whole World, New York 2017.

Shotton, Pete: The Magical Memory Tour: The Beatles, Lennon and Me, New York 2017.

Spitz, Bob: The Beatles: The Biography, New York 2005.

Stanley, Bob: Yeah Yeah Yeah – The Story of Modern Pop, London 2013.

Taylor, Derek: As Time Goes by, London 1973.

Taylor, Derek: It was Twenty Years ago, London 1987.

Voormann, Klaus: »Warum spielst du Imagine nicht auf dem weißen Klavier, John«, München 2006.

Wald, Elijah: How The Beatles Destroyed Rock'n'Roll – An Alternative History of American Popular Music, Oxford 2009.

Wenner, Jann S.: Lennon Remembers: The full Rolling Stone Interviews from 1970, San Francisco 1971.

Womack, Kenneth: Maximum Volume: The Life of Beatles Producer George Martin. The early Years 1926–1966, Chicago 2019.

Womack, Kenneth: Sound Pictures: The Life of Beatles Producer George Martin. The later Years 1966–2016, Chicago 2019.

Womack, Kenneth: Solid State: The Story of Abbey Road and the End of The Beatles, Cornell 2019.

Womack, Kenneth: John Lennon 1980: The last Days in the Life, London 2020.

Wolfgang Welt

Kein Schlaf bis Hammersmith

und andere Musiktexte

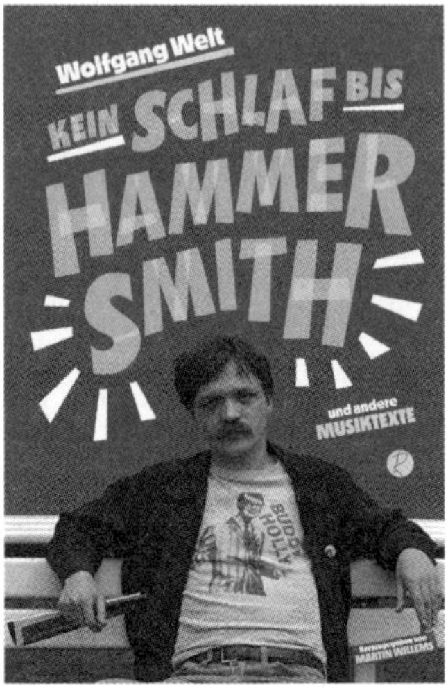

Wolfgang Welt (1952–2016) gilt als »der größte Erzähler des Ruhrgebiets« (Willi Winkler), davor war er furioser Rock- und Popschreiber. Seine meinungsstarken, radikal-subjektiven Kritiken, Konzertberichte und Storys wirbeln die Szene der frühen 80er Jahre ordentlich durcheinander. Zu den Leidtragenden gehören Herbert Grönemeyer, Heinz Rudolf Kunze und Motörhead. Welt hämmert aber nicht nur Totalverrisse in die Schreibmaschine, sondern auch regelrechte Liebeserklärungen. Doch selbst Lou Reed oder Stevie Wonder erreichen nicht die Bedeutung des jung verunglückten Rock 'n' Roll-Musikers Buddy Holly. Besonders gern widmet Welt sich Solokünstlern, die ein Außenseiterdasein fernab vom Mainstream fristen. So bietet die Lektüre immer wieder Gelegenheit für Neuentdeckungen. Der um zahlreiche Abbildungen ergänzte Band enthält Wolfgang Welts beste Texte aus *Sounds, Musikexpress, Marabo*, dem *Überblick* sowie verstreuten Publikationen.

Herausgegeben von Martin Willems

Wolfgang Welt: Kein Schlaf bis Hammersmith
Klappenbroschur 14,0 x 21,5 cm, 368 Seiten, zahlreiche (teilweise farbige) Abbildungen und QR-Codes zu O-Tönen von Wolfgang Welt
ISBN 978-3-945715-81-9

Karsten Weyershausen

Der finale Notausgang

Suizid im Showgeschäft. 28 bewegende Biografien

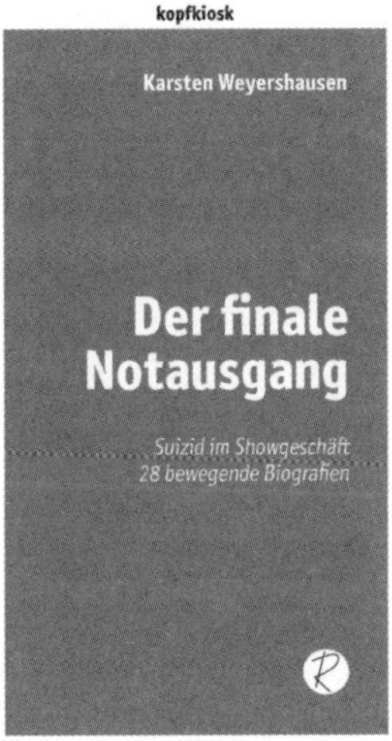

Die Fragen, die ein Suizid aufwirft, sind immer unbequem. Doch besonders im Showgeschäft hat der Freitod fast etwas wie eine traurige Tradition. Sie begann mit der Schauspielerin Peg Entwistle, die sich nach einem Karriereknick im September 1932 spektakulär vom fünfzehn Meter hohen Hollywood-Schriftzug in den Tod stürzte. Was treibt einen Menschen dazu? Selbst wenn ein Abschiedsbrief vorliegt, kann man die Beweggründe einer solchen Tat nur schwer nachvollziehen.

Karsten Weyershausen beleuchtet 28 Biografien – unter anderem von Robin Williams, Dean Reed, Raimund Harmstorf, Jean Seberg und Marilyn Monroe – sowie die damit verbundenen Selbsttötungen.

Karsten Weyershausen: Der finale Notausgang
Klappenbroschur 11,0 x 18,5 cm, 130 Seiten, zahlreiche Abbildungen
ISBN 978-3-945715-60-4 (Print), 978-3-945715-00-0 (Ebook)

edition kopfkiosk www.verlag-reiffer.de

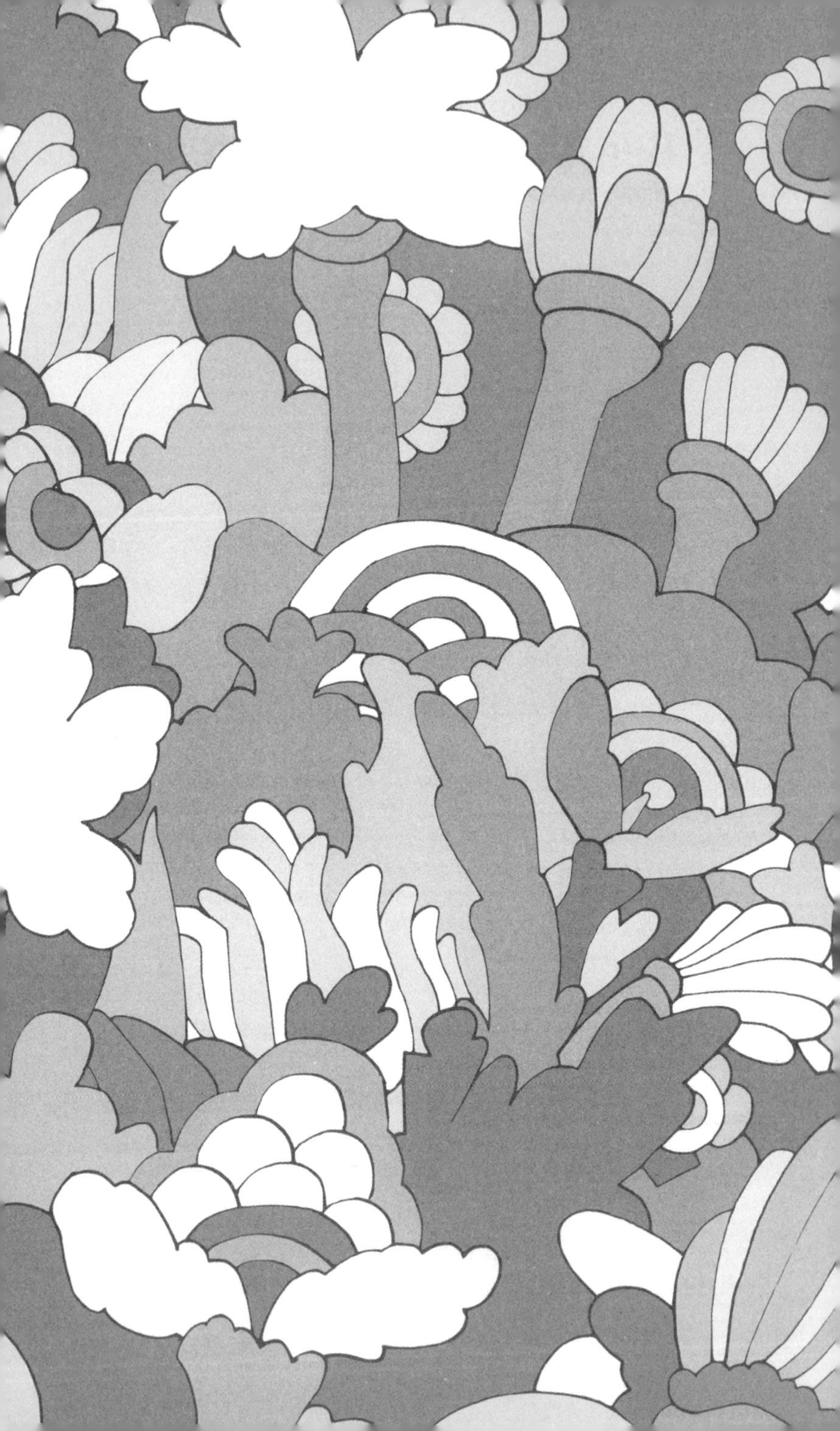